中国特色高水平高职学校和专业建设计划建设成果
浙江省高职院校重点暨优质校建设成果
浙江省高校"十三五"优势专业投资与理财专业建设成果
浙江省普通高校"十三五"新形态教材项目
浙江省高等教育"十三五"第一批教学改革研究项目（JG20180659）阶段性成果

U0596111

理财规划方案设计

FINANCIAL PLANNING SCHEME DESIGN

主　编　陆妙燕　裘晓飞
副主编　胡丽娟

浙江大学出版社
ZHEJIANG UNIVERSITY PRESS

前　言

由教育部公布的高等职业教育专业设置备案和审批结果可知，2019 年全国共有 192 所高职院校开设了"投资与理财"专业，而同时《高等职业学校投资与理财专业教学标准》中明确将"个人理财业务"课程作为专业核心课程之一，主要教学内容是个人理财业务分类、投资理财市场、客户关系建立、客户财务状况分析、理财规划计算工具、理财规划工作流程、理财规划设计、综合理财规划方案制作以及理财规划方案的实施和理财后续服务等。现有已出版的教材大多围绕着理财规划业务流程展开，但较少涉及方案本身的撰写。有鉴于此，本教材在进行理财规划业务介绍、理财工具及使用策略归纳以及理财规划方案基本要素梳理的基础上，以理财规划师在实际工作岗位中服务的客户群体为对象，并按照家庭事业生命周期理论将客户群体划分为单身期、家庭形成期、家庭成长期、退休前期等各个类型，针对不同类型客户，按照理财规划岗位业务流程设计不同方案，选取特定客户案例采用"点评"方式设计理财规划方案。

本教材具备如下特点：（1）内容较为全面，涵盖了个人理财业务的基本内容，理财规划业务流程的各个项目，以及不同类型客户理财规划的重点及实际操作等。（2）体例较为新颖，以不同客户案例为载体，边设计方案边点评，通过点评突出规划方案设计的要点，既保证了方案的完整性和连续性，又突出了重点。（3）教学资源更加生动化，由于是立体化教材，通过微课视频、案例、音频等多样化资源，大大扩展了教材本身资源的丰富性和生动化。在第一、二、三章内容相对较丰富的章节中，配备更多立体化资源，学生不仅可以通过"阅读"教材的方式，而且可以结合观看、听讲等方式，促进教学效果，更好地发挥线上线下混合教学的辅助工具作用。

本教材共分八章，包括了家庭理财规划概述、家庭理财规划常用工具、家庭理财规划方案基本要素以及单身期、家庭形成期、家庭成长期、退休前期客户理财规划方案设计等不同类型客户家庭理财规划方案设计，最后为了便于学生理解，增加了财务计算操作附录，从理论到实践，包含了家庭理财规划方案设计的各个方面，内容完整，逻辑明晰。本教材各章核心编写人员如下：第一和第二章由朱书琦、俞文斌（浙商银行）联合编写，第三和第六章由裘晓飞负责编写，第四和第五章由陆妙燕负责编写，第七和第八章由胡丽娟负责编写，财务计算部分由王子杭协助拍摄部分视频。陆妙燕负责本教材的统稿。

在本教材编写前，课程组对理财市场、理财规划师岗位流程与任务、已有相关教材做了较为充分的调研，并且与浙商银行的兼职教师共同合作开发，吸收了来自行业的经验与建议。但由于编者水平有限，且最后教材定稿于疫情期间，编者之间交流有所受限，难免有疏漏与不妥之处，恳请广大读者批评指正。

编　者

2020 年 9 月

Contents 目 录

第一章
家庭理财规划概述

► **知识目标**

    1. 掌握理财规划的基本内涵。

    2. 归纳理财规划师岗位的基本工作内容。

    3. 描述理财规划方案与家庭全生命周期的关联。

► **能力目标**

    1. 能分析当前理财规划的经济社会背景。

    2. 综合掌握理财规划师的基本职业要求。

► **数据导读**

    随着中国经济的快速发展，中国家庭财富的增长速度也在加快。经济日报社中国经济趋势研究院编制的《中国家庭财富调查报告（2019年）》显示，2018年中国家庭人均财产为208883元，比2017年的194332元增长了7.49％，增长速度高于人均GDP增速（6.1％）。家庭的人均财产增长主要由家庭成员收入的积累以及家庭财产市场价值的增加所导致。其中，城乡家庭财产差距较大，2018年城镇和农村家庭人均财产分别为292920元和87744元，城镇家庭人均财产是农村的3.34倍，且城镇家庭人均财产增长速度快于农村。进一步数据表明，城乡居民在财产构成方面也存在着一定差异：从我国居民家庭财产结构来看，房产占七成，城镇居民家庭房产净值占家庭人均财富的71.35％，农村居民家庭房产净值占比为52.28％，显然城镇居民家庭房产比重更高，这与城镇住房价格更高有关；人均财富增长的来源表明，房产净值增长是全国家庭人均财富增长的重要因素，房产净值增长额占家庭人均财富增长额的91％，由此，房产净值较高的城镇居民家庭将从房产净值大幅增长过程中获得更多的财富积累，但也存在着一定的风险，家庭财产在很大程度上会随着房价波动而波动。该调查报告还显示，居民家庭的金融资产分布依然集中于现金、活期存款和定期存款，占比高达88％，接近九成。① 相

---

① 该报告同时显示，在有数据可查的35个OECD（经济合作与发展组织）国家中，仅有8个国家的居民存款和现金占家庭金融资产比例超过了50％，其中超过60％的国家只有3个；在社会福利和社会保障覆盖范围比较广的北欧国家，瑞典、丹麦、芬兰和挪威的现金、活期存款和定期存款所占家庭金融资产比重分别为19.34％、19.95％、31.14％和38.75％，均处于较低水平。

比较而言，这类单一的金融资产结构不利于居民家庭平衡资产风险，而且难以实现保值增值。由此可见，不同的财富配置对家庭财富积累和增长速度有较大的影响。

究竟怎样的家庭财产结构有利于家庭在风险、收益等方面做到平衡呢？这需要根据各个家庭的财富现状、所处家庭生命周期阶段，进行合理有效的理财规划，并契合于当代越来越丰富的理财市场发展的大背景。各类丰富的理财方式的出现，如量化交易、科技金融、智能投顾等多种技术手段也催生了理财专业人才的需求，理财规划师的职业也成为当代社会的一种热门职业。

本章在中国经济发展的大背景下，介绍理财规划的基本概念、理财规划师的职业背景，以及理财规划方案与家庭生命周期是如何结合的。

中国家庭财富调查（2019 年）

第一节 理财规划的经济社会背景

中国自改革开放以来就进入高速的经济增长期，城乡居民收入水平不断提高，国民经济不断增长，一系列的财富积累过程让居民拥有越来越明显的财富自由。特别是对于中高收入群体而言，由于家庭财富盈余资金的增加，投资和财务管理意识的逐步提高，财富观念的转变，促进了投资工具的多元化发展。另外，对财务规划服务的需求也前所未有的显著提升。为了提供切合居民家庭发展需要的理财规划服务，需要对整个社会经济发展与居民财富情况有整体的了解。

一、社会经济发展与居民财富增长

国家统计局 2020 年 1 月 17 日的最新修订数据显示，2019 年，我国国内生产总值达到 990865 亿元，接近 100 万亿元；人均国内生产总值 70892 元，按照年平均汇率折算达到 10276 美元，首次突破 1 万美元大关。2019 年，按照年平均汇率折算，我国经济总量达到 14.4 万亿美元，与日、德、英、法四国国内生产总值之和大体相当，稳居世界第二位。国内生产总值比上年增长 6.1%，明显高于全球经济增速，在世界主要经济体中名列前茅。

随着国民收入的快速增长，居民迅速积累财富，越来越多的人走向富裕。截至 2018 年底，国内居民可投资金融资产总额达到 147 万亿元，国内居民个人财富增长的势头依然延续，个人可投资金融资产与 2017 年相比增长 8%。中国的个人收入分配格局和对金融活动的需求也发生了很大变化。个人资源逐渐增加，品种增多，内容丰富。从长期发展趋势来看，个人拥有各种经济资源，不仅有绝对数量，而且有相对数量。除了满足最低生存需求外，这些资源还有更多的剩余资金供个人选择和决策，这为中国个人理财业务的发展奠定了物质基础。

二、金融理财服务发展对居民的影响

居民家庭手中剩余资金的增加，特别是中高收入阶层的财富积累，必然会导致财富观念的转变，同时面临 CPI 指数的持续温和上升所带来的货币贬值，我国居民家庭不再满足于简单把资金以储蓄的方式存放在金融机构，投资和财务管理意识逐步提高，对投资工具的要求越来越高，居民拥有的金融资产结构也从过去的单一原型演变为多元化的方向。

目前，居民选择的国内投资工具主要包括储蓄、债券、储蓄保险、股票、基金、房地产、外汇、黄金等，但最大的资产仍然集中在储蓄存款，约占金融资产总额的 80%，与美国等金融发展历史更长期国家的居民的金融资产结构仍然大不相同。但与此同时，个人资产正在加速向股票、债券和基金等投资领域转变，银行存款比例下降，投资资产增速快于金融增长率资产，这表明个体家庭越来越多地接受各种风险投资，居民的金融资产结构已发展向具有各种形式、便利性、灵活性、安全性和营利性的金融产品。

三、居民理财规划需求的增长原因分析

随着我国社会经济的发展和人们生活水平的日益提高，居民对金融理财服务的需求也日益增加。近 20 年来我国居民的金融资产存量增长了 200 倍，年均名义增长率达到 30%，远高于同期的 GDP 增长速度。而居民金融理财规划需求的增长原因主要表现在以下几个方面。

（一）居民收入和财富实现了大幅度增长

为了应对未来可能出现的不确定性所带来的巨额支出，居民有增加个人财富的愿望和动力。个人财富包括个人拥有的现金、有价证券、股权或其他财产权益、房地产、知识产权和其他有形资产。个人财富的相对增加可以通过减少支出来实现，但个人财富的绝对增长最终通过增加收入来实现。

在过去几年中，我国居民人均可支配收入呈现逐步上升的趋势，居民收入的增加势必会带来财富的进一步积累。居民增加收入的途径很多，个人可以通过转换工作提高薪水而实现，也可以通过投资获得投资收益而实现。当然，取得更高薪水的工作和进行投资增加收入两者具有较大的差异性，且因居民家庭情况而异。因此，对于增加个人财富这个理财目标而言，理财规划师往往不能一厢情愿，必须通过对居民个人财务状况和其他非财务状况的综合分析后确定相应的理财方案。

拓展阅读

金融发展、收入水平与居民文化消费

中国经济发展步入新常态，经济增长从对投资和出口的依赖转而更多依靠消费和内需。消费需求是最终需求，是驱动经济增长的内在力量，2018 全年最终消费支出对我国国内生产总值增长的贡献率为 76.2%。现阶段消费业态的创新对消费的拉动效果非常显著，文化消费作为一种新兴的消费业态，在满足人民美好生活需要和促进经济增长方面扮演着重要的角色。居民个人可支配收入是影响我国现阶段文化消费的最重要因素，一般来说，地区经济发展水平决定了居民收入的高低，当一地区人均 GDP 达到 3000 美元时，居民文化消费支出在人均总消费支出的比例通常或达到约 23%。凯恩斯（Keynes）提出了边际消费倾向递减和平均消费倾向递减的理论，由此可认为高收入者用于消费的比例要低于低收入者的收入用于消费的比例，从而可推断出收入差距的扩大不利于整体消费水平的提高。金融发展是导致收入差距扩大的重要因素，城乡居民对金融服务的可获得能力存在差异，致使金融结构对城乡收入差距存在直接影响。此外，金融结构通过信贷配置功能影响经济增长和城市化，进而对城乡收入差距产生间接影响。

当前，我国金融业飞速发展，金融规模不断扩大，金融结构逐步优化。与此同时，我国贫富差距亦逐步扩大，阻碍了整体消费需求，不利于经济结构转型升级。我国的文化消费也存在显著的城乡差距、地区差距和结构性差异等问题。金融发展

影响我国居民的收入水平及城乡收入差距，而收入及收入差距对我国居民的文化消费以及城乡文化消费差异起着重要的作用。目前，关于金融发展与城乡居民文化消费的相关研究还较少，研究影响城乡居民文化消费水平及其差异的深层次因素，对于从整体上推动我国文化消费发展，缩小城乡文化消费差异，满足人民美好生活需要，推动文化产业发展，促进经济结构转型升级具有重要的理论和现实意义。

——资料来源：《农村经济》，2019（11），118-127

（二）理财规划满足人们对生活的期望

一般而言，个人收入通常是用于消费和储蓄两个方面，其中储蓄包含了有效投资[①]。而对于大多数人而言，消费开支占了个人收入的绝大部分，因此，如何正确规划自己的消费支出就是个人理财的一个重要目标。之所以将合理开支作为个人理财的一个最基础的目标，是由于如果支出得不合理，再怎么增加财富也难以确保个人或家庭财务状况的最终稳定。在现实生活中，合理的家庭开支往往比寻求高投资回报更重要，因为前者相对确定，后者不仅不确定而且风险也很大。实现合理的支出目标一般通过三个步骤：找出不合理的消费支出，制定改进措施，并将其付诸实践。因此，个人对自己的需求及合理消费支出要有清晰的认知。

马斯洛在需求层次理论中描述，人们在满足基本的生理需求和安全需求后会本能地追求社会需求、尊重需求和自我实现的需求（如图1-1）。因此，除了基本的生存目标，人们在生活中还有其他各种层次的生活目标。而要实现这些目标就要求人们在不同的生活阶段建立属于自己的核心理财目标。就比如，很多人会期望能够寻求高薪工作，积累足够的资金，购买舒适的房屋和漂亮的汽车。但是，这些目标通常很难同时实现，一个人想要实现自己的生活目标，必须在他们生命的某个阶段计划这些目标，确定顺序和实施步骤，甚至为某个目标放弃另一个目标。而实现这些目标的过程就是通过良好的理财规划以及专业的财务规划来更好地安排。

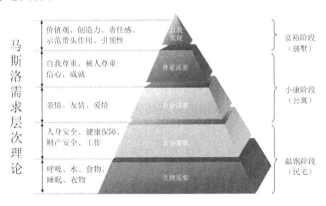

图1-1　马斯洛需求层次理论

[①] 有效投资是指投资资源能够得到合理的配置，形成可以回收成本，有所盈利的投资。

（三）理财规划能为退休和遗产规划财富

就目前的人口统计数据来看，中国人口的老龄化程度正在加速加深。国务院第七次全国人口普查数据显示，我国60岁及以上人口为2.6亿人，占总人口的18.70%，其中65岁及以上人口1.9亿人，占总人口的13.5%；80岁及以上人口3580万人，占总人口的比重为2.54%。2010—2020年，60岁及以上人口比重上升了5.44个百分点，65岁及以上人口上升了4.63个百分点，80岁及以上人口比重提高了0.98个百分点。人口老龄化是社会发展的重要趋势，也是今后较长一段时期我国的基本国情，这既是挑战也存在机遇（宁吉喆，2021）。2025年，60岁以上人口将达到3亿，成为超老年型国家。考虑到20世纪70年代末计划生育工作力度的加大，预计到2040我国人口老龄化进程达到顶峰，之后，老龄化进程将进入减速期。

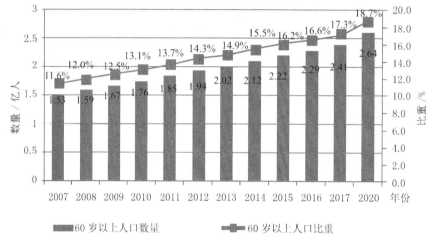

图1-2　2007—2020年中国60岁以上人口数量及比重

近年来我国人口老龄化速度的加快，老龄人口的供给支付额度对人口比例较小的青壮年形成压力。但老龄人口保障必须有着充分的经济基础和社会资源。我国当前的情况仍不具备足够的经济基础和社会条件，所以合理的理财规划不仅能够一定程度上解决个人未来的养老问题，也减轻了人口老龄化为社会带来的经济负担。

随着社会不断发展和进步，人们对生活品质的要求也越来越高，生活成本也越来越高，年轻时候积累财富为晚年生活拥有足够的用于生活支出、支付健康风险费用，甚至养育子女生活的财富都需要提早规划。因此，良好的金融理财服务能够帮助投资者在积累财富的同时，通过退休规划以及遗产规划的方式达到未来晚年生活的富足和幸福。

拓展阅读

这一届年轻人，更重视养老理财了！

《2019年中国养老前景调查报告》调查结果显示，相对2018年，人们的养老规划意识逐渐增强：在5万多名调查对象中，50%的受访者表示已经开始为退休储蓄，比前一年提升了4%；此外，18～34岁的年轻人开始为退休储蓄的比例也从44%上涨至48%（如图1-3）。

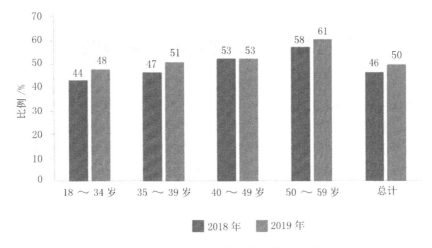

图 1-3 已开始为退休储蓄的受访者比例

尽管如今年轻人的养老理财意识有所增强，但"起步晚、储蓄额不足"的现象还远远没有改观，年轻一代不足半数的养老储蓄比例，仍然意味着我们有很长的路要走。进一步探究发现，以个人养老为目标的储蓄计划常常让位于父母和下一代，仅位居第四大财务目标。这说明，人们在理财过程中更多关注现在，而忽略未来。

但对于家庭而言，好的资产配置一定是当下和未来兼顾的。在备受认可的"标普家庭资产象限图"中，将家庭资产分为要花的钱、保命的钱、生钱的钱、保本升值的钱四个部分，兼顾了短、中、长期的资金需求和理财需求，其中"保本升值的钱"就涵盖了养老需求，是家庭资产配置中不可或缺的一部分。

人们需要面对的养老理财现实，远比想象中严峻。以目前 30 岁、计划 60 岁退休的个人为例，若平均寿命按 80 岁计算，人均每月 2000 元生活费，物价上涨按 4% 计算，退休生活 20 年，需要多少养老资金？答案是人均 241 万元。而这还未考虑到重大疾病可能带来的大额医疗支出。所以，我们应尽早进行养老理财，越早越好，借助长期积累和复利效应，让养老资产不断滚雪球。年轻时坚持的一点一滴积累，最终将成为保障老年生活的宝贵财富。

《2019 年中国养老前景调查报告》提出了每月退休基金储蓄方法，对于年收入为73604 元（调查参与者的平均值）的 30 岁人士，每月多缴款 1% 至 5%，60 岁时的退休基金可能会增加 76525 元至 382627 元；而多存的这 1% 或 5%，也就相当于每周省下一杯咖啡的钱（15 元）或少看场电影（71 元）。另一个测算显示，养老规划越早开始，最终收益越多。如果分别从 25 岁、35 岁、45 岁开始每周节省 15 元，那么到 60 岁退休时可以多拿的养老金分别为110210 元、51671 元、20367 元。因此，无须等到 30 岁或之后再考虑养老，25 岁甚至更早开启养老规划，更有可能在长时间的积累中，用较少的钱获得可观的收益。

——资料来源：《2019 年中国养老前景调查报告》

标准普尔家庭资产配置模型

理财规划的经济社会背景

第二节　理财规划的基本范畴

理财规划这一新兴行业在过去40年中随着社会不断的发展被赋予了各种各样的解释。ISO/TC2222004 对理财规划的解释是：能够帮助客户达到个人理财目标的互动过程。国际金融理财标准委员会（FPSB）将理财规划定义为：通过适当的财务策划达到个人生活目标的过程。有些学者在研究理财规划时将个人的自我规划也包含在内（卢萨尔迪和米切尔，2011）。目前最广泛接受的概念是由美国理财规划标准委员会提出的：理财规划是指通过恰当的金融资源的调配，从而帮助个人达到生活目标的过程。

一、理财规划的内容

理财规划的基本内容包括三个方面：客户数据分析，目标规划和财务规划。客户数据分析是指通过收集客户信息（包括财务和非财务信息）来分析客户的生命周期、财务状况、风险属性和家庭财务诊断，以判断客户的财务基础。目标规划是确定客户住所、退休和子女教育的职业目标，包括实施时间、重要性顺序和所需资金。财务规划是基于财务管理、实现财务目标而对现有和未来资产进行安排，包括投资管理、风险控制、债务管理、税收筹划和遗产规划等。

也就是说，理财规划是用来帮助个人或家庭设定他们的财务目标，制定和实施理财计划并使其实现的过程。在理财规划的整个实施过程中，理财规划师需要考虑适合家庭和个人实际情况的所有理财规划环节，保证规划的实施并进行定期跟踪监督。理财规划应被视为一个整体的过程，即使已经完成了全部的理财目标，理财规划仍需要定期检视理财实施的效果，是一种长期服务。

具体而言，理财规划主要包括了以下几项内容。

（一）客户资产管理

为了达到客户的财务目标，理财规划师需要在分析客户的基本信息后，根据客户的财务目标制定适合的理财方案来帮助客户进行相应的资产管理，选择合适的投资方式帮助客户实现资产增值，实现客户所希望的最大利益。另外，由于投资者面对多种投资选择，没有某一种投资产品是在各个方面都完全优于另外的投资产品，因此就需要理财规划师帮助客户一起分析不同投资产品不同的利弊，在充分尊重并确定客户的需求和目标的情况下，考虑到不同投资产品的风险和收益，帮助客户选择最优的投资组合。

（二）可能性风险管理

风险管理也是理财规划中重要的一项内容。人每天都在面临各种各样不同的风险，很多时候一些风险甚至是无可避免的，但是通过恰当的理财规划进行可能性风险管理可以将风险控制在更合理的一些限值内，将风险带来的损失降到最低。管理风险的策略有很多

种，最简单的方法是维持现有的风险敞口，不采取任何主动的策略直到事件发生后再进行处理。但是显然这不是理财规划中最合适的一种风险管理的办法，因为很多时候风险带来的后果超过了家庭所能承受的范围。此时，在理财规划中普遍选择的一种风险管理的方法就是通过为客户配置保险的方法进行风险转移。下面列举几种人生中可能发生的风险案例来理解理财规划中进行的风险管理的办法。

（1）早逝，即死亡发生时理财规划还未完成。例如，家庭收入主要来源者的死亡会造成家庭收入能力的大大降低。房贷和其他债务、子女教育及退休收入的累积都需要时间，这些目标尚未实现前任何一位家庭成员的死亡都会对整个家庭理财规划造成巨大的影响。因此，为了能够降低家庭成员早逝带来的财务影响，最重要的一个解决方法是通过购买终身寿险将风险转移。购买终身寿险的消费者需要向保险公司提供可保的证据及交纳一定的保费。虽然保险并不能阻止悲剧的发生，但是却可以在悲剧发生时，尽可能减少经济上对一个家庭的影响。

（2）伤残，即指人们在行动能力上受损或者受限。这不仅会影响人们的生活质量及以正常途径获取收入的能力，在有劳动能力的阶段发生的残疾受到的影响有时甚至会远远超过由于工伤死亡对于整个家庭的冲击。而这种残疾风险可以通过购买伤残险将风险转移给保险公司，购买者通常需要定期向保险公司交纳保费，以获得约定时间内提供给伤残人士的保险权利。伤残险不仅能够弥补由于伤残导致无法工作带来的损失，甚至有时能够根据伤残人士的具体情况提供额外的保健服务。

（3）疾病、受伤及相关的医疗花费。医疗费用的产生对个人的生活及财务也会产生影响。人们通常会通过购买保险来转移高昂的医疗费用支出，这样能够保障自己的生活不会受到医疗费用负担过重的影响。但是由于医疗保险是一种相对较为复杂的理财规划，一般来说，个人需要详细了解有关医疗保险的相关费用和承保范围，并且定期向保险公司支付一定的保费，保险公司会在约定的承保范围内向投保人支付医疗费用。

（4）财产及第三方责任损失。如果个人拥有房产、汽车、其他商业地产等就可能会发生财产及第三方责任风险损失。第三方责任风险可能包括与投资财产有关的人身安全风险。投资者也可以考虑通过购买保险来转移这一部分的风险，例如拥有汽车的个人往往会购买车险来转移可能发生的第三方责任风险。

（5）失业，即丧失原本由工作带来的收入来源。大多数情况下，人们的财富累积来源于受雇的收入或工资，因此，失业将使个人和家庭陷入财务困境。通常有几种方式能够避免失业带来的风险。首先，通过储蓄一定的备用金用以支付失业期间产生的生活费用。其次，可通过缴纳五险一金中的"失业险"建立失业保险基金，为因失业而暂时中断其收入来源的个人提供物质援助，以确保他们的基本生活。失业保险是社会保障制度的重要组成部分，也是社会保险的主要项目之一。

（三）财务目标修正及理财方案调整

人们通常有自己的投资目标，但是该投资目标因人而异，且随着时间的推移、人生阶段的变化而发生变化。因此，作为一名专业的理财规划师一定要有财务目标修正及理财方案调整的意识，这也是理财规划中重要的内容。

往往在一个完整的理财规划方案中，理财规划师花费了大量的时间和精力分析客户的

财务状况、制作理财规划方案并按部就班地实施理财规划建议，理想的状况是客户的财务状况如同预想的那般取得显著的改善，但是现实不一定会与期望完全相吻合，因此理财规划师一定要根据客户现实的状况及其财务目标的修正及时调整理财方案。只有定期评估和长期监督才能正确识别客户新的情况、问题和需求，才能稳步实现客户的理财目标。

此外，社会经济、法律、法规、税务、会计等方面的变化对理财规划也有显著影响。若客户本身不具备识别调整的专业知识，理财规划师就必须根据时代变化对之前的理财规划方案进行重新分析和及时调整，保证整体的理财规划的相关产品和服务对客户仍然适用，以有助于客户动态地实现财务目标。

二、理财规划与理财规划方案

理财规划的概念

为保证个人理财目标或者家庭理财目标的实现，理财规划的过程中会将一系列的目标转化为特定的规划，遵循相应的实施步骤，同时形成一套完整的理财规划方案。理财规划方案整合了理财规划过程中收集到的客户信息，并分析确定客户的理财目标，根据理财目标以及目前的财务分析设置合适的投资理财工具，最后再根据客户自身及所处环境变化进行方案调整。因此，想要了解理财规划方案首先要清楚理财规划流程。

（一）理财规划主要步骤

第一步，收集客户信息。理财规划开始的第一步就是了解客户，因此需要为客户制定个人财务报表，包括资产负债表、现金流量表（即收入支出表）。为了确保信息的准确性（由于客户有时也无法完全记得自己财务方面的所有信息），理财规划师可以在客户允许后，通过查阅客户的一些对账单来收集需要的信息，例如银行、投资账户对账单及退休金对账单等。资产负债表中还需要列示债务情况，因此需要客户提供自己所有与债务相关的财务报表，如房屋贷款、车辆贷款及信用卡对账单等。另外，由于家庭理财规划中保险规划是非常重要的一个环节，因此客户已经购买的保单也是重要的信息之一。其他方面，遗嘱及信托文件可以为理财规划师提供客户的有关资料。收集这些基本的财务信息是理财规划的起点，后期随着理财规划的深入可能还需要补充相关数据，收集每个阶段性的信息对理财规划方案能够适合客户需求变化提供帮助，同时还可供日后调整理财方案修改使用。

第二步，设定财务目标。俄国作家列夫·托尔斯泰曾说过："没有理想，就没有坚定的方向；而没有方向，就没有生活。"这句话放在理财规划中可以理解为：如果你没有理财目标的话，那就没办法进行理财规划，也没有任何理由进行理财规划。

财务目标必须是经过深思熟虑且希望能够实现的。社会中市场投资风险的改变，家庭中婚姻状况的改变，家庭成员的职业的改变、生病、残疾、死亡、遗产继承等，都会改变我们的财务目标。因此，在不同的阶段我们都需要建立该阶段希望实现的财务目标，并根据财务目标来进行相应的理财规划。

第三步，制定实现财务目标的工具和规划。在基本财务报表制作完毕，目标设定完成之后，理财规划师需要帮助客户制定完成财务目标的工具和规划。虽然信息的收集很容易，但是目标在客户的各个生命周期都会发生变化，因此严谨的理财规划师和客户会定期

评估理财规划，如果有任何情况发生变化，会随时更改相应的理财规划策略以保证财务目标的最终实现。

另外，在理财规划中需要充分考虑经济政策，以及通货膨胀在长期中对家庭理财的影响。虽然物价每年只上涨 1%～2%，不会对现有情况产生明显的影响，但如果在长期来看，影响是十分巨大的。由此，在进行大学教育金、退休后养老费用等问题时，通货膨胀因素都应该予以充分的考虑。

在理财规划的最后，理财规划师和客户都应当牢记："人"是理财规划的一部分。所有的目标都应当符合个人或家庭的理财目标。即使理财方案在逻辑上再合理准确，如果让客户离他们自己的目标越来越远，就是错误的。

（二）理财规划方案的实施

理财规划的类型和质量表明了理财规划师的专业技巧和能力，包括收集数据、分析数据及最终整合理财规划。设计周密的理财规划实施起来也较为容易，并更能帮助客户达成理财目标。理财规划方案的实施可以分为两个步骤：

第一，制定和评估理财规划方案。理财规划师应制定一个或多个符合客户当前情况的理财策略，并评估每个候选策略在实现客户目标、需求和优先级方面的可行性。评估可能包括与客户沟通他们的目标以及实现这些目标的优先级和时间要求，考虑各种可能性，进行调查或预估。

在确定和评估客户的各种理财策略和当前财务状况后，理财规划师应提供详细可行的理财建议，确定适合客户的理财规划方案。

第二，向客户提交理财规划方案。理财规划师应向客户提交理财规划方案，并为客户提供充分知情的决策依据。后期再随各类变化定期调整方案。

这些步骤如何在理财规划师工作流程中具体进行操作呢？我们将在第三章中详细展开。

理财规划基本流程与内容

第三节 理财规划师

理财规划师是指直接与客户进行交流，与客户共同明确理财目标，为客户设定合理的理财假设和投资区间，测算风险容忍度和风险能力并制定理财规划，最终能够帮助客户提高他们的财务幸福感的专业人士。

部分金融服务专业人士可能是理财规划师，但是并不是所有的金融服务专业人士都是。例如一个寿险销售人员几乎向所有的客户，不论任何情况，都推荐同一个保险产品，那他就仅仅是个理财产品销售人员而非理财规划师。

一、理财规划师的社会需求

（一）财富增加和人口老龄化

全球财富繁荣是促进理财规划行业发展的一个重要因素，高净值个人和家庭的数量增多意味着今后对理财规划服务需求的增加。作为一个正在发展的专业职业，理财规划师的发展前景是十分乐观的。理财规划服务需要客户拥有足够的、可支配的现金流供理财规划师管理及向理财规划师支付服务费用，居民日益增长的可支配收入及财富，高净值客户的数量不断增加，意味着对理财规划的需求也会随着居民财富的不断积累而不断上升。社会老龄化现象越来越明显，伴随着退休金融资问题和健康风险防范问题，这两大问题都增加了对理财规划服务的需求，也就是对专业理财规划师的需求。

（二）储蓄率提升和资产配置的多元化

有研究表明，全球金融危机的发生促使全世界家庭储蓄率的提升，但银行利率的持续下跌，又让很多家庭不再满足于单纯的银行储蓄，投资产品不断丰富和创新使得客户选择余地越来越大，可是缺乏专业的投资知识也限制了家庭的投资配置。投资资金从原来的以"存款＋债券"为主的配置结构快速转变为传统资产与非标、股权等另类资产多元化配置结构。更复杂的投资品种和资产配置模式的选择使得投资者比以往更需要专业人士的引导。家庭理财规划成为一种更为专业的运作模式。

（三）企业发展需求

企业运行离不开金融服务，我国也一直强调金融发展应服务实体经济发展。稳健运行的实体企业大多有一定量的闲置资金，在闲置期间具有旺盛的投资需求。近年来企业级理财市场逐日升温。以上市公司为例，在 2012 年之前，上市公司的闲置资金绝大部分用于补充流动资金、兼并收购、银行存款等非主营业务；而近年来，理财产品作为现金管理的一种方式，凭借回报稳定、周期性较短、风险可控等特点，越来越受到上市公司的青睐。以 2018 年为例，Wind 数据显示，有 1252 家上市公司购买理财产品。这主要是由于对理财产品的投资大大地提高闲置资金的利用效率，从而获取利益。

二、理财规划师的职业界定

理财规划师为客户提供的服务具有综合性、专业性和长期性。理财规划师所提供的服务不仅仅包括投资规划，还包括风险控制、子女教育、养老、医疗等多个领域。理财规划师除本身要具有投资、保险、法律、税务等相关专业领域的理财知识和实践能力外，还要与其他专业领域的专业人士合作，共同为客户提供服务。和其他专业人士不同，理财规划师为客户理财是从客户整体利益和整个人生目标出发，而不仅仅局限于客户的某一单个需要。理财规划师重在为客户制定综合、整体的理财方案，并协助客户实施和评估理财方案的执行。因此，理财规划师在提供服务的过程中首要的任务是帮助客户理清理财思路，并提供专业的理财建议。

三、理财规划师的资格认定

（一）国外主要理财规划师职业资格认证介绍

随着财富管理成为一门学科，传统的保险营销人员式的非标准咨询活动不再适用于金融发展的需要。理财规划师协会成为一个标准化组织，旨在培养理财规划师并保持行业发展方向。经过 20 世纪 70 年代和 80 年代的发展，理财规划师协会不断探索相对完善的管理体系，初步形成了国外理财师资格认证体系和完善的课程体系。在国外成熟市场中获得高度认可的几位主要理财规划师的专业资格如下。

（1）CFP（Certificated Financial Planner）国际金融理财师。CFP 资格证书是美国和全球金融管理行业公认的权威级证书。CFP 资格证书广泛授予财务管理领域的专业人士，包括财务经理、基金经理、财务总监、投资顾问、投资银行家、财务顾问等。

（2）CFA（Chartered Financial Analyst）特许金融分析师。CFA 由美国特许金融分析师协会（CFA 协会）于 1963 年创立，是金融投资从业者的国际公认的专业资格，被公认为世界金融和证券行业的最高认证。其考试是金融领域最权威的考试之一，也是世界上最大的专业考试之一。

（3）RFP（Registered Financial Planner）注册财务策划师。RFP 是由美国财务规划师协会（RFPI）建立的国际认可的认证。RFPI 于 1983 年在美国正式成立，并在全球 15 个国家和地区设有协会。其成员组织分布在 21 个国家和地区，包括美国、中国、加拿大、英国、法国、德国、瑞士、澳大利亚、新西兰、日本、新加坡、韩国、印度、马来西亚和南非，以及中国香港等。2004 年，RFP 学会中国中心成立，RFP 检测中心在上海成立。

（4）CWM（Chartered Wealth Manager）特许财富管理师。CWM 由美国财务管理学院（AAFM，美国金融管理学院）发起。AAFM 成立于 1995 年，是美国一家颇受欢迎的金融从业者认证机构。CWM 已经获得了 100 多个国家和 800 多所大学，美国证券交易商协会和美国政府劳工部等国际知名组织的认可。

（5）CFC（Corporate Finance Consultant）注册财务顾问。CFC 由理财咨询协会（IFC）发起。它专为金融从业者设计，如商业银行和公共部门员工等专业人士，为企业投资和融资，以匹配公司的生命周期。目的是选择不同的投融资方式，运用不同的金融工具和理

论、方法和技巧，有效规避金融风险，整合企业的战略发展方向和财务状况，结合税收法律法规、中观和宏观经济学，以及不同地区政策，实现短期、中期和长期财务管理目标，并为他们提供金融咨询服务。

（6）RFC（Registered Financial Consultant）注册财务顾问。RFC 由美国国际认证财务顾问协会（IARFC，国际注册财务顾问协会）颁发。IARFC 成立于 1984 年。会员分布在 40 多个国家和地区，如美国、加拿大、英国、意大利、澳大利亚、新加坡等，主要面向保险业。

（7）IFA（Independent Financial Advisor）独立财务顾问师。IFA 是英国理财规划专业资格，主要指从事金融咨询业的从业人员。通常通过理财规划师考试并取得资格证书的从业人员称为理财规划师，英国人称为独立财务顾问 IFA。英国的独立财务顾问不是资格考试，而是从业考试。其通过标准主要是获得相关职业资格，而不是必须通过考试。

（8）CLU（Chartered Life Underwriter）特许人寿理财师。CLU 由美国人寿保险管理协会（LOMA）于 1972 年推出。它是美国三大财务管理认证之一，被公认为人寿保险行业的最高资质。LOMA 是一家国际保险学术组织，成员遍布 30 多个国家和地区，包括美国、加拿大、日本、欧洲和中国香港。这是人寿保险行业最高级别的认证。随着 CLU 的发展，其范围超出了人寿保险的范围，现在它是一个全面的理财规划认证。

（二）我国理财规划师职业资格认证介绍

随着中国经济持续增长，国民财富迅速积累，金融产品和服务不断创新，市场对理财规划师的需求随之攀升。鉴于国务院对于各类证书的梳理，目前可以获取的理财规划方面的认证并不多。除了以上认证，只有银行从业资格考试"中国银行业从业人员资格认证"，简称 CCB（Certification of China Banking Professional），由中国银行业从业人员资格认证办公室负责组织和实施银行业从业人员资格考试。该考试认证制度，由四个基本的环节组成，即资格标准、考试制度、资格审核和继续教育。考试科目为《银行业法律法规与综合能力》《银行业专业实务》。其中，《银行业专业实务》下设《个人理财》《公司信贷》《个人贷款》《风险管理》《银行管理》5 个专业类别。考生可自行选择任意科目报考。但按照《中国银行业从业人员资格认证考试证书管理办法》规定，通过《银行业法律法规与综合能力》考试并获得证书是获取专业证书的必要前提。

银行从业资格证已经得到了广大会员银行和从业人员的普遍认可与支持，建立了较好的行业公信力和社会认可度。新设立的银行业职业资格考试制度也将为中国银行业的专业人才培养，促进银行业稳健、可持续发展发挥越来越重要的作用。各大银行的员工现已基本实现了持证上岗，而银行业从业人员资格认证考试也成为众多银行招聘、选拔、录用、晋升等的重要标准和依据。

银行业专业人员资格考试　理财规划师职业简介

第四节　理财规划与家庭生命周期

正如一个人在不同年龄中有不同的特质一样，一个家庭在不同的存在阶段也表现出不同的收入和支出结构以及消费特征、理财需求等。要设计适合其家庭的理财规划并实现其理财目标，我们必须首先了解一个基本问题，即家庭全生命周期的阶段划分及不同阶段的不同特点。

一、家庭生命周期的概念及影响因素

（一）家庭生命周期的概念

家庭生命周期是指一个家庭诞生、发展、代际传递直至消亡的运动过程，反映了家庭从形成到解体呈循环运动的变化规律。这是 1947 年由美国人类学家 P.C. 格里克归纳出来的。生命周期消费理论认为，人们在较长时间周期内规划他们的生活消费开支，以达到在整个生命周期内消费的最佳配置。如图 1-4 所示，人一生的收入和支出曲线呈正态分布，第一阶段处于教育期，其收入很少，几乎为 0，支出比收入要多；第二阶段参加工作处于奋斗期，此时家庭收入增加直到顶峰，超过了支出；第三阶段退休后进入养老期，此时一般纯消费而收入较少，支出又高于收入。当然，随着科技的发展，许多行业从业人员呈现的生命周期图形与图 1-4 有所差异，但它仍有一定的代表性。

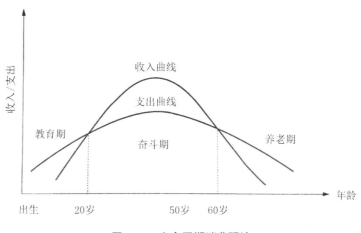

图 1-4　生命周期消费理论

（二）家庭生命周期的影响因素

研究家庭生命周期时发现，通常影响家庭生命周期的因素主要包括：该家庭成员的社会经济地位、性别等。

（1）家庭成员的社会经济地位。一般而言，一个人接受教育程度的高低与其从事的工作的复杂性成正比，而工作复杂程度又常常与获得的报酬直接相关。随着社会平均受教育

年限的增加，教育期也适当延长；同时，随着退休年龄延迟等问题的出现，整个家庭生命周期也会因此而向未来推迟。

（2）家庭成员的性别。由于在社会中不同的分工，男女在参与社会工作时有不同的工作目标和价值观，因此，在家庭形成之后，他们的生命周期是不同的。且就目前来看，不同性别的退休年龄也有所不同。

二、家庭事业生命周期的构成

典型的家庭生命周期可分为以下阶段：家庭的形成、扩张、稳定、收缩、空巢和崩解。为了便于理解，同时兼顾职业发展，可将家庭事业周期分为单身期、家庭事业形成期、家庭事业成长期、退休前期和退休期，如图1-5所示。

生命周期与理财需求

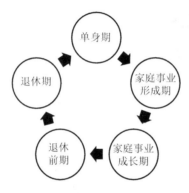

图1-5 家庭事业生命周期循环

（一）单身期

单身期是指一个人从参加工作至结婚的时期，一般为1～5年。从目前我国的实际情况来看，很多年轻人都是在接受了高等教育之后才正式进入社会参加工作，第一次获得独立而稳定的工作报酬。随着接受高等教育比重的提升，单身期起始年龄有逐步增长的趋势。同时，随着观念的变化，年轻人步入婚姻的平均年龄也逐渐延后，导致单身期存在着延长的可能性，即单身期可能超过5年以上。

在这一阶段，个人的收入比较低，消费支出大，资产较少，甚至可能还有负债，导致净资产为负。相对于整个家庭生命周期而言，虽然单身期的收入不高，却是整个周期的开端，因此年轻人应该把握时间充实自己，为今后组建家庭奠定基础。

（二）家庭事业形成期

家庭事业形成期是指从结婚到新生儿诞生这段时期，一般为1～5年，夫妻双方的年龄主要集中在25～35岁。这一时期是家庭的主要消费期，由于双方往往已经参加工作有一段时间，因此具有比较成熟的工作技能和较为稳定的经济收入，家庭通常生活稳定且已经有一定的财力和基本生活条件，在住房、出行等方面逐步开始或完善配置。该阶段的年轻家庭计划主要集中于改善生活条件为即将出生的新生儿做准备，而为提高生活质量往往需要较大的家庭支出。

（三）家庭事业成长期

家庭事业成长期是指从孩子出生到大学教育结束，通常是 18～25 年。在这个阶段，随着家庭成员的年龄增长，家庭的主要消费从购买大型耐用消费品转向生活费、医疗保健费和教育费等。由于持续周期较长，且涉及范围也较广，经济负担通常较重。同时，这一阶段的客户，积累了一定的工作经验和投资经验，投资能力大大提高；但由于年龄的增长，身体健康状况及其保障需要重点关注。

（四）退休前期

退休前期是指从孩子参加工作到自己退休这段时期，通常是 10～15 年。在这个阶段，客户自身的工作能力、工作经验和经济状况都达到了顶峰，子女已经基本实现经济独立，部分子女甚至逐渐开始组建自己的家庭，相对财务负担下降，债务负担一般情况下也逐渐缓和，财务管理的重点是扩大稳健性投资，为退休期做准备。

（五）退休期

退休养老期是指退休以后的时期，延续的时间跟寿命有关。根据世界卫生组织公布的数据，2019 年全球 224 个国家和地区中，男性的平均寿命为 70.31 岁，女性为 75.33 岁；中国平均寿命为 76.1 岁，其中女性 77.6 岁，男性 74.6 岁。这一时期的主要内容是安度晚年，投资的花费通常都比较保守。当然，随着时代进步和投资理财服务的进步，也有越来越多的老年人在退休后可能产生较高的投资热情，积极参与各类金融市场有价证券产品的交易活动。

家庭事业生命周期各阶段及其特征参见表 1-1。

表 1-1　家庭事业生命周期各阶段及其特征

周期	起始点	年龄	特征
单身期	起点：参加工作 终点：结婚	一般为 18～30 岁	自己尚未成家，在父母组建的家庭中。 从工作和经济的独立中建立自我。
家庭事业 形成期	起点：结婚 终点：子女出生	一般为 25～35 岁	婚姻系统形成。家庭成员数随子女出生而增长（因而经常被称为筑巢期）。
家庭事业 成长期	起点：子女出生 终点：子女完成 教育	一般为 30～55 岁	孩子降临，加入教养孩子、经济和家务工作，与大家庭关系的重组，包括养育下一代和照顾上一代的角色。 家庭成员数固定（因而经常被形象地称为满巢期）。
退休前期	起点：子女独立 终点：夫妻退休	一般为 50～65 岁	重新关心中年婚姻和生活的议题。 开始转移到照顾更老的一代。 家庭成员数随子女独立而减少（因而经常被称为离巢期）。
退休期	起点：夫妻退休 终点：夫妻身故	一般为 60～90 岁	家庭成员只有夫妻两人（因而经常被称为空巢期）。

➤ **本章小结**

　　随着社会发展及居民收入的不断提高，理财规划服务行业越来越为大家所接受，成为当今社会炙手可热的行业之一，理财规划师这一职业也应运而生。本章从理财规划的经济社会背景入手，介绍了理财规划行业的产生背景和发展前景，总结归纳了理财规划的基本概念，梳理了包括理财规划的内容、形式以及理财规划方案设计三个方面。然后对理财规划师这一职业进行全方位的解读，包括社会需求、职业界定、资格认定。最后介绍了家庭生命周期的不同阶段及其影响因素，分析不同家庭生命周期的收支消费特点及其适用的理财规划方案。

➤ **阅读与思考**

　　1. 什么是理财规划？如何理解这一概念的内涵？

　　2. 理财规划的目标是什么？

　　3. 家庭理财规划业务包括哪些具体内容？

　　4. 最基本的家庭生命周期包含哪几个阶段？各阶段的收支消费特点及理财规划重点是什么？

➤ **案例分析任务**

　　（一）客户资料

　　李先生，28岁，是一名企业的财务总监，年税后收入14.96万元，公司有交五险一金，年终奖5万元，每年缴纳公积金2.4万元。李太太今年27岁，是一个医院的护士长，年税后收入10.05万元左右，年终奖2万元，每年缴纳公积金1.58万元。两人公积金余额19.9万元。两人结婚两年，目前在租房，每年房租需要5万元支出。有一辆15万元的汽车。2018年购置了一套属于夫妻俩的房子，首付已付150万元，该笔首付资金由李先生父母出资，剩下的60万元为公积金贷款按揭20年。现在房子正在装修，预计还需要1年左右的时间可以入住。

　　李先生家庭目前有现金3万元，活期存款6万元，定期存款20万元（利率2.1%），余额宝4万元（年化收益率约2.31%）。孩子刚好2岁，未读学前班，孩子养育每年需要花费3万元左右。李先生有意向给孩子购买意外险和教育险。李先生的家庭除去孩子的支出，基本消费支出每月5500元，旅游每年花费2万元。李先生的父母健在，但李母身体不好，已经退休，退休工资4000元/月。李先生的父亲还在工作，年税后收入6万元，五险一金也是齐全。李先生每年需要承担2万元的赡养费用。李太太父母也健在，身体健康，有基本的养老保险，暂时不需要承担赡养费用。

　　李先生有意向为自己和妻子购买大病险和意外险。目前的主要压力是孩子的教育支出问题，以及按揭问题。一年后等装修完成，就不用考虑房租问题了，会减少一些压力，然后是为孩子读幼儿园做准备。

　　（二）根据案例分析以下问题

　　①分析案例中的家庭情况属于家庭生命周期中的哪个阶段，该阶段家庭主要的收支消费特点是什么？适用于什么类型的理财规划方案？

②试分析该家庭每月、每年现金流情况如何？需不需要另做现金规划？

③试分析该家庭财务状况，说明其可能存在的财务风险及产生原因。

④对于该家庭的现状，还有哪些可以改善的建议及理财规划？

⑤根据文中学习的理财规划流程，对该客户简单做一个理财规划设计。

➤ 实训任务

　　针对杭州任意一家社区的居民做一次理财市场调研，主要围绕目前居民对理财需求日益增强的现状，调查居民实际参与理财规划的比例，以及选择的理财工具的种类。要求：设计一份调研问卷，向杭州某些社区的居民投放并回收（有效问卷数量不少于100份），针对回收的问卷撰写一份图文并茂的理财市场调研报告，字数不少4000字。

理财市场调查问卷设计（1）　　理财市场调查问卷设计（2）

第二章
家庭理财规划常用工具

➤ **知识目标**

1. 熟知银行业理财规划工具及其风险。

2. 熟知保险业理财规划工具及其风险。

3. 熟知证券业理财规划工具及其风险。

4. 熟知实物理财规划工具及其风险。

5. 熟知互联网理财规划工具及其风险。

➤ **能力目标**

1. 能根据客户的实际情况，综合运用银行业理财规划工具。

2. 能根据客户的实际情况，综合运用保险业理财规划工具。

3. 能根据客户的实际情况，综合运用证券业理财规划工具。

4. 能根据客户的实际情况，综合运用实物理财规划工具。

5. 能根据客户的实际情况，综合运用互联网理财规划工具。

➤ **案例导读**

付先生，今年25周岁，是宁波市的一位检测工程师，已经工作四年，税后月收入为8700元，年终奖为3万元，公司缴纳五险一金，每月公司缴纳社保3180元、住房公积金880元；每月个人缴纳社保1130元、住房公积金880元。付先生对于理财工具并不熟悉，目前主要将闲余资金存入银行，现有三年期定期存款5万元，年利率为3%（2022年底到期），两年期定期存款7万元，年利率为2.1%（2021年底到期），活期存款1万元（利息忽略不计）。付先生还有一套价值150万元的住房，还在进行等额本息按揭还款，月均还款为6700元，按揭年数为25年（300期），目前还有房贷90万元未还。由于刚刚交付，尚未装修，因此付先生自己现居住在员工宿舍无须住宿费，每月基本消费支出为2000元，还有一张额度为1万元的信用卡。家中父母健康且有足够的养老金，无须考虑父母的生活费。

付先生由于工作的特殊性，经常出差在外奔波，现在暂无自主购买的商业保险。付先生目前已有女朋友且准备在2年后结婚，婚后想购买一辆价值20万元左右的车，且在婚后3年

之后想生育孩子。根据延迟退休的趋势，付先生预估自己的退休年龄为 65 岁。

通过对付先生的基本情况、财务状况及理财需求的分析，根据付先生的理财目标合理运用资金，合理配置家庭资产，实现保值、增值，实现客户一系列目标：

1.运用银行理财产品、债券、基金等理财工具，实现闲置资金的利用，提升现有资产的收益率。

2.通过购买保险为其提供风险管理，在医疗、养老等方面加强保障。

3.合理理财实现财富增值的同时，实现其消费需求。

4.运用债券、基金、银行理财产品、保险等理财工具，实现其未来所需资金的投资规划及养老、教育规划。

随着社会经济的发展，人均可支配收入日益增长，在个人或家庭的理财规划中，我们都希望一方面使拥有的资产保持一定的流动性，能够保证日常开支，另一方面又能使资产产生一定的收益。同时，无论处于哪个生命周期阶段的个人或家庭都面临着更加多元化的理财需求，也需要更多运用理财工具组合。但从现有的诸多调研结果来看，很多客户家庭（尤其是本身并未接触过金融类专业或职业的客户家庭）对理财工具并不熟悉，无从比较并加以选择。同时，随着我国金融市场的不断发展与完善，投资工具也更加多元化，由此也需要理财规划师能从专业角度，在自身熟悉掌握各类理财工具基础上，为客户提供多元化的选择。从实际操作的角度出发，理财规划师熟悉不同的理财规划工具的内在逻辑和业务开展的规律，能够帮助客户更好地对家庭进行合理的理财规划。

家庭常用理财规划工具简介	常见投资理财工具的使用	金融市场	金融市场分类（1）	金融市场分类（2）

第一节　银行业理财规划工具

　　一直以来，银行都是国人的首选投资途径，我们习惯于将赚来的钱放在银行保管，这使得中国的储蓄率一直位于全球前列。当然在投资渠道稀缺的年代，将钱存放在银行似乎是最稳妥的方式，但是随着经济的发展，在投资方式和投资渠道日益丰富的今天，全世界的人们都在逐渐改变他们的理财方式，但相对而言，银行依旧是大部分国人的首选。本节就银行目前开展的理财业务、主要的理财产品类型和风险，以及进行理财规划时如何选择合适的产品进行详细的讲解。

银行业理财规划工具

一、银行业基本理财业务

　　众所周知，存款与贷款是银行的基本业务，也是个人与家庭早起获取财富收益的基本途径。但随着经济发展，银行所提供的业务日益丰富，比如人民币理财产品就成为较受欢迎的业务之一。随着金融业的不断发展，银行、保险、证券三大行业业务的交叉也越来越多，银行也开始通过发行理财产品、提供资金存管结算等方式开展代客理财业务。

　　银行个人业务范围参见图 2-1。

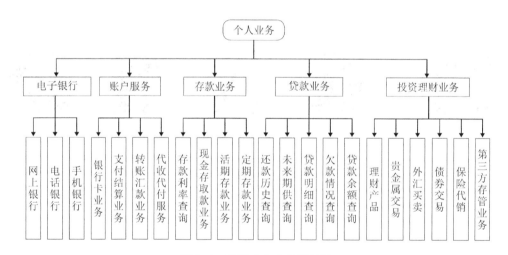

图 2-1　银行个人业务明细图

二、银行业理财规划工具主要类别

（一）存贷款理财工具

　　存款与贷款是银行最基本的业务，也是个人与家庭获取财富收益最基础的理财手段。国际货币基金组织（International Monetary Fund，下简称 IMF）公布数据显示，中国的国民储蓄率从 20 世纪 70 年代至今一直居世界前列。从 Wind 数据库可知，20 世纪 90 年代初居民储蓄占国民生产总值的 35% 以上，到 2008 年中国储蓄率更是达到历史高点

（51.84%），而全球平均储蓄率仅为 19.7%。2018 年我国国民储蓄率为 44.91%，与 2008 年相比，出现明显下滑。IMF 还预测，2023 年中国国民储蓄率将降至 41.61%。即便如此，还是远高于世界平均水平（见图 2-2）。如此高的储蓄率，储蓄资金主要去往何处？从现有的统计数据来看，受传统理财工具偏好的影响，储蓄资金主要是存入了银行。当然，银行业理财业务不局限于存贷款业务本身，但存贷款业务是其最为基础的业务。

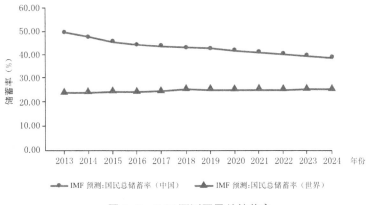

图 2-2　IMF 预测国民总储蓄率

数据来源：Wind 数据库

1. 人民币储蓄类工具

（1）活期储蓄存款，即投资者能够随时存取银行账户内的存款，不受限制，但是存款的利率较低，目前只有 0.3% 左右。

（2）整存整取定期储蓄存款，即储户选定存款期限本金一次存入，到期一并支取本息的储存种类。这类业务的形式一般是定期一本通或定期存单。存期人民币可分为 3 个月、半年、1 年、2 年、3 年、5 年。人民币开户起存金额为人民币 50 元。存款的利息根据存款期限和本金金额的不同会有所不同。

（3）零存整取定期储蓄存款，即投资者可将本金分次存入，到期一次支取本息的储蓄存款方式。这种业务可以逐月存储，每月存入固定金额；存期分 1 年、3 年、5 年三个档次。这一业务对单身期的客户较为适用，即便利率不高，但其对培养理财习惯的意识有较好的作用。它还具有以下特点：

①每月存入固定金额，存款金额在开户时与银行约定。每月存入一次，中途如有漏存，应在次月补齐，未补存者，视同违约，对违约后存入的部分，支取时按活期利率计算利息。

②若是提前支取，按照支取日公告的活期利息计息，但一般银行均规定不可部分提前支取。

③若逾期支取，逾期部分均以支取日活期利率计息。

④开户起存金额为 5 元。

（4）存本取息定期储蓄存款，即投资者一次存入本金，分次支取利息，到期归还本金的定期存款种类。投资者一次存入本金后，根据与银行商定的取息期限，到期后可支取利息，如到取息日后未取息，以后也可以随时支取本期利息，但本金需到期后一次性取回。该业务存期分为 1 年、3 年、5 年三个档次。开户起存金额为 5000 元。

（5）整存零取定期储蓄存款，即投资者本金一次存入后，分期支取固定本金，到期一次性支取利息的定期储蓄存款种类。与存本取息定期储蓄存款类似，不过投资者在规定期限内可支取固定本金，存款期满后才能结清利息。

（6）定活两便储蓄存款，是一种不确定定存期限的储蓄存款种类。一般情况下，存期不足3个月的，按支取日挂牌的活期储蓄利率计付利息；存期3个月以上（含3个月），不满半年的，整个存期按支取日定期整存整取3个月利率打六折计息；存期半年以上（含半年）不满一年的，按支取日定期整存整取半年期利率打六折计息；存期在一年以上（含一年），无论存期多长，整个存期一律按支取日定期整存整取一年期利率打六折计息。起存金额为50元。

各大银行存款利率参见表2-1。当然银行存款类业务还有较多类型，例如通知存款、个人定期到期约定转存、礼仪存单、礼仪存折以及一些银行较具特色的业务。

表2-1 2019年各大银行存款利率一览表

银行	活期存款（%）	定期存款（整存整取）（%）					零存整取、整存零取、存本取息（%）		
		三个月	半年	一年	三年	五年	一年	三年	五年
工商银行	0.3	1.35	1.55	1.75	2.75	2.75	1.35	1.55	1.55
农业银行	0.3	1.35	1.55	1.75	2.75	2.75	1.35	1.55	1.55
建设银行	0.3	1.35	1.55	1.75	2.75	2.75	1.35	1.55	1.55
中国银行	0.3	1.35	1.55	1.75	2.75	2.75	1.35	1.55	1.55
交通银行	0.3	1.35	1.55	1.75	2.75	2.75	1.35	1.55	1.55

资料来源：各大银行官网

案例

银行特色业务——"扶贫月捐"

产品介绍：2010年12月，中国某银行联合中国扶贫基金会在全国范围内推出"扶贫月捐"业务，以"让家庭传递爱"为主题，把家庭和社会紧密地联系在一起，倡导以家庭为参与主体，实现全民公益。通过公众主动、持续、小额地参与公益慈善事业，帮助贫困的弱势群体脱贫致富、自强不息，从而营造平等友爱、融洽和睦的社会环境。

产品说明："扶贫月捐"业务是指中国某银行作为中国扶贫基金会指定的代理银行，通过网点柜台渠道代收捐赠人的一次性捐款（以下简称"次捐"）或每月定额捐款（以下简称"月捐"），并将捐赠资金划转至中国扶贫基金会账户的业务。

①"次捐"：捐赠人通过银行网点柜台渠道，向中国扶贫基金会进行一次性捐款。次捐金额不限。

②"月捐"：捐赠人授权银行，每月从其指定账户按照约定的金额划款至中国扶贫基金会账户的新型捐赠方式。每月捐款10元起。

适用对象：本业务对捐赠人的年龄没有限制，对于18岁（含）以上的捐赠人均

可申请在中国某银行境内网点开办该业务；对于18岁以下的捐赠人，应由监护人代理或陪同，并出具监护人的有效身份证件办理。

资料来源：国内某上市银行金融服务

通常而言，存款理财适用于风险厌恶的投资者，由于存款是由银行信用做担保，一般情况下不会出现兑付风险，同时也能满足投资者大额资金流动性和收益性的需求。在家庭理财当中，考虑到这一特点，一般将存款类资金均作为流动资产，或称之为现金及现金等价物。

2. 个人贷款类工具

（1）个人住房贷款，指银行利用信贷资金向购房者发放的，用于购买普通住房并通常以购买的房产作抵押的贷款业务。该产品的特点：一是贷款期限长，一般最长可达30年之久；二是担保便利，通常由开发商承担阶段性担保和以所购房产抵押相结合的方式；三是还款方式灵活，能够选择等额本金、等额本息、等额递增、等额递减、组合还款等多种方式归还贷款本息，并可根据需要办理多次提前还款，能够很好地满足投资者的购买刚需以及投资房产的需求规划。

（2）个人经营贷款，指贷款人向借款人发放的用于借款人合法投资经营活动所需资金周转的人民币担保贷款。针对有无经营实体的自然人，商业银行都有相应的贷款条件，一般为年龄限制、居住情况、资信条件、还款能力等。

（3）个人质押贷款，是指借款人以权利凭证作质押，取得一定金额的人民币贷款，并按期归还贷款本息的个人贷款业务。权利凭证包括整存整取、存本取息、大额可转让存单（记名）等人民币定期储蓄存单、外币定期储蓄存单、凭证式国债、保险单以及依法可质押的其他种类的权利凭证。

（4）个人信用贷款，指具有完全民事行为能力，具有正当的职业和稳定的经济收入，具有按期偿还贷款本息能力的18周岁至60周岁的公民，在相应银行开立活期存款账户，以个人信用为担保并且个人信用为银行所评定认可的，向银行申请的个人贷款，一般信用贷款都有额度的限制。

（5）个人综合消费贷款，是指银行向借款人发放的用于指定消费用途的人民币贷款。个人综合消费贷款具有消费用途广泛、贷款额度较高、贷款期限灵活等特点，是广大消费者实现"预支未来财富，享受超前生活"的理想选择。

（6）个人汽车消费贷款，是指商业银行向申请购买本人名下全新非营运小汽车的借款人发放的，用于支付所购车辆车款的贷款。一般在购车时通过经销商向商业银行申请贷款，由保险公司提供信用保证保险或担保公司提供担保，可选每月等额月供或等额本金还款方式。汽车消费贷款的期限一般最长可达5年，手续较为简单，是目前汽车消费者常常选择的一种方法。

总之，贷款业务是家庭理财中投资者选择提前消费、合理投资以实现其理财目标常用的一种手段，也是居民消费观和金融理念转变的重要指标之一。

银行存贷款基准利率参见表2-2。

表 2-2　2019 年银行存贷款基准利率表

各项存款利率（银行信息港提供）	利率（%）
活期存款	0.35
整存整取定期存款	利率（%）
三个月	1.10
半年	1.30
一年	1.50
二年	2.10
三年	2.75
各项贷款	利率（%）
一年以上（含一年）	4.35
一至五年（含五年）	4.75
五年以上	4.90
公积金贷款	利率（%）
五年以下（含五年）	2.75
五年以上	3.25

拓展阅读

存量浮动利率贷款定价基准转换自 2020 年 3 月 1 日如期启动

为深化利率市场化改革，进一步推动贷款市场报价利率（LPR）运用，现就存量浮动利率贷款的定价基准转换为 LPR 有关事宜公告如下：

一、本公告所称存量浮动利率贷款，是指 2020 年 1 月 1 日前金融机构已发放的和已签订合同但未发放的参考贷款基准利率定价的浮动利率贷款（不包括公积金个人住房贷款）。自 2020 年 1 月 1 日起，各金融机构不得签订参考贷款基准利率定价的浮动利率贷款合同。

二、自 2020 年 3 月 1 日起，金融机构应与存量浮动利率贷款客户就定价基准转换条款进行协商，将原合同约定的利率定价方式转换为以 LPR 为定价基准加点形成（加点可为负值），加点数值在合同剩余期限内固定不变；也可转换为固定利率。定价基准只能转换一次，转换之后不能再次转换。已处于最后一个重定价周期的存量浮动利率贷款可不转换。存量浮动利率贷款定价基准转换原则上应于 2020 年 8 月 31 日前完成。

三、存量浮动利率贷款定价基准转换为 LPR，除商业性个人住房贷款外，加点数值由借贷双方协商确定。商业性个人住房贷款的加点数值应等于原合同最近的执行利率水平与 2019 年 12 月发布的相应期限 LPR 的差值。从转换时点至此后的第一个重定价日（不含），执行的利率水平应等于原合同最近的执行利率水平，即 2019 年 12 月相应期限 LPR 与该加点数值之和。之后，自第一个重定价日起，在每个利率重定价日，利率水平由最近一个月相应期限 LPR 与该加点数值重新计算确定。

四、金融机构与客户协商定价基准转换条款时，可重新约定重定价周期和重定价日，其中商业性个人住房贷款重新约定的重定价周期最短为一年。

五、如存量浮动利率贷款转换为固定利率，转换后的利率水平由借贷双方协商确定，其中商业性个人住房贷款转换后利率水平应等于原合同最近的执行利率水平。

六、金融机构应利用官方网站和网点公告、电话、短信、邮件和手机银行等渠道通知存量浮动利率贷款客户，协商约定定价基准转换具体事项，依法合规保障借款人合同权利和消费者权益。

七、中国人民银行分支机构应加强对地方法人金融机构的指导，确保地方法人金融机构按照统一部署，妥善做好存量浮动利率贷款定价基准转换工作。

资料来源：中国人民银行官网

（三）银行理财产品

随着 2018 年《关于规范金融机构资产管理业务的指导意见》的出台，金融机构资产管理业务进一步规划，在统一同类资产管理产品监管标准、有效防控金融风险、引导社会资金流向实体经济以能更好地支持经济结构调整和转型升级等方面取得了一定的成效。银行理财产品业务的规范化也在其中之列。

根据 2018 年资管新规，结合银行实际理财业务，目前银行理财产品主要有以下分类：

1. 按产品风险等级分类

根据产品风险特性，一般银行将理财产品风险由低到高分为 R1—R5 五个等级：R1（谨慎型），该级别理财产品保本保收益，风险很低。R2（稳健型），该级别理财产品不保本，风险相对较小。R3（平衡型），该级别理财产品不保本，风险适中。R4（进取型），该级别理财产品不保本，风险较大。R5（激进型），该级别理财产品不保本，风险极大。根据对投资者的风险评估，对客户的风险偏好进行评级，风险评估的内容主要包括年龄、家庭年收入、可支配金融资产、可投资金额占金融资产的比例、对各种不同风险投资案例的选择等（见表 2-3）。

表 2-3　银行理财产品风险划分等级

风险等级	风险	收益类型	适合投资类型
R1 级谨慎型	低风险	保本保收益、保本浮动收益	一般中小投资者
R2 级稳健型	中低风险	非保本浮动收益	中产阶级家庭
R3 级平衡型	中等风险	非保本浮动收益	高收入群体
R4 级进取型	中高风险	非保本浮动收益	高收入且具有扎实投资理财知识
R5 级激进型	高风险	非保本浮动收益	具有高风险处理能力的投资人

不同的风险偏好适应不同风险等级的产品，具体产品有以下几种类型。

（1）保证收益类，指按照《商业银行个人理财业务管理暂行办法》的有关定义，商业银行按照约定条件向投资者承诺支付固定收益，银行承担由此产生的投资风险，或银行按照约定条件向投资者承诺支付最低收益并承担相关风险，其他投资收益由银行和投资者按照合同约定分配，并共同承担相关投资风险的理财产品。该类产品对于投资者而言风险较小，但银行要承担较大的风险，目前市场上比较少。

（2）保本浮动收益类，指按照《商业银行个人理财业务管理暂行办法》的有关定义，商业银行按照约定条件向投资者保证本金支付，本金以外的投资风险由投资者承担，并依据实际投资收益情况确定投资者实际收益的理财产品。本类产品一般是来源于银行存款收益和投资国债收益等，由于国有银行、商业银行在中国金融行业中具有绝对的稳定性，本产品属于低风险类的理财产品，几乎可以说是市场上最安全、风险最低、最有稳定收益保障的理财产品了，适合风险厌恶型的中小投资者。

（3）非保本浮动收益类，指按照《商业银行个人理财业务管理暂行办法》的有关定义，商业银行按照约定条件和实际投资收益情况向投资者支付收益，并不保证投资者本金安全的理财产品。本类产品根据理财产品投资的风向不同拥有不同风险等级，中低风险产品一般投资于各类型的货币基金，货币基金属于风险较低的投资产品，加上由银行做保障，可以说是在同类型的货币基金中降低了相应风险，适合中产阶级的家庭理财。中等风险理财产品一般指信托类理财产品和外汇理财产品，风险相对较高，受不稳定因素的影响较大，但收益也有明显增长，适合高收入群体投资。高风险理财产品通常具有最高的理财收益，但高收益也伴随着高风险，它主要适合有较高风险处理能力及扎实投资理财知识的投资人，不具备相应投资知识和风险应对能力的投资者需要谨慎，避免风险导致的巨大损失。

案例

某银行"惠利鑫"系列 3001 号非保本浮动收益型理财产品

募集期：2019 年 8 月 15 日—8 月 20 日

预计收益起息日：2019 年 8 月 21 日

投资期：14 天起

起购金额：10000 元

业绩比较基准：3.6% ～ 4%

产品特色：本产品主要投资于债券及现金，同业资产、货币市场工具、衍生工具及其他符合监管要求的资产，以及通过其他具有专业投资能力和资质的受金融监督管理部门监管的机构发行的资产管理产品所投资的前述资产。

①中低风险——银行确保在理财产品存续期间投资资产的比例将按上述计划配置比例合理浮动。

②无提前终止权——理财期内，该银行与投资人均无提前终止本理财计划的权利。

资料来源：国内某上市城商银行理财产品说明书

2. 按照理财产品募集方式分类

根据 2018 年的资管新规，银行理财产品按照募集方式的不同，分为公募产品和私募产品。其中，公募产品面向不特定社会公众公开发行，公开发行的认定标准依照《中华人民共和国证券法》执行。私募产品面向合格投资者通过非公开方式发行。

3. 按照理财产品投资性质分类

按照产品投资性质的不同，银行理财产品可分为固定收益类产品、权益类产品、商品及金融衍生品类产品和混合类产品。

（1）固定收益类产品投资于存款、债券等债权类资产的比例不低于 80%。

（2）权益类产品投资于股票、未上市企业股权等权益类资产的比例不低于 80%。

（3）商品及金融衍生品类产品投资于商品及金融衍生品的比例不低于 80%。

（4）混合类产品投资于债权类资产、权益类资产、商品及金融衍生品类资产且任一资产的投资比例未达到前三类产品标准。

除此之外，在实际业务中，银行还会有现金管理型理财产品，主要投资于货币市场，其投资方向主要是信用级别较高、流动性较好的各类金融资产，如国债、金融债、央行票据等。其信用风险较低，流动性风险较小，属于保守、稳健型产品。这一产品性质与公募基金中的货币市场基金类似。

4. 按照运作方式分类

银行理财产品根据运作方式的不同，可以分为两大类开放式理财产品和封闭式理财产品。封闭式理财产品是指有确定到期日，且自产品成立日至终止日期间，投资者不得进行认购或赎回的理财产品。开放式理财产品是指自产品成立日至终止日期间，理财产品份额总额不固定，投资者可以按照协议约定，在开放日和相应场所进行认购或赎回的理财产品。

对于以上任何类型的产品，2021 年 5 月银保监会《理财公司理财产品销售管理暂行办法》明确规定不得有下列情形：误导投资者购买与其风险承受能力不相匹配的理财产品；虚假宣传、片面或者不当宣传，夸大过往业绩，预测理财产品的投资业绩，或者出具、宣传理财产品预期收益率；使用未说明选择原因、测算依据或计算方法的业绩比较基准，单独或突出使用绝对数值、区间数值展示业绩比较基准；将销售的理财产品与存款或其他产品进行混同等。

（四）外汇业务类理财工具

1. 外币存款产品

（1）外币活期存款。这是指不确定存期，可随时存取款、存取金额不限的一种储蓄方式。外币活期储蓄存款在存入期间均按结息日挂牌公告的相应币种活期储蓄存款利率计付利息；利息每年结算一次，并入本金起息。

有的银行推出了活期外汇存款靠档计息。其最大的特点是，储户无须和银行事先约定，其银联卡内的外币资金计息方式可随存期而变，银行将自动按实际存期靠档计息。例

如，活期账户上的钱如果存够1个月，银行就自动按1个月定期存款计息；存够12个月按照一年计息。靠档计息的最高档利率是一年定期存款利率。

（2）外币定期存款。这是一种由存款人预先约定期限、到期支取，一次存入外币本金、整笔支取本金和利息的储蓄。

（3）外币通知存款。这是指在存款时不约定存期，支取时需提前通知银行，约定支取存款日期和金额方能支取的一种存款方式。有最低起存金额和最低支取金额的限制，最高存款金额不限。本金一次存入，可一次或分次支取。外币通知存款较好地兼顾了流动性和收益性，它的年利率高于活期存款，使短期内无投资方向的闲置外币资金获取较大收益。但须注意外币通知存款的其他条款。

（4）外币协议储蓄。这是传统"协议存款"的创新品种，是银行与存款人以协议方式约定存款额度、期限、利率等内容，由银行按协议约定计付存款利息的一种外币储蓄方式，协议存款的利率一般比定期存款利率要高。外汇协议存款存入银行的外汇越多，其协议存款的利率越高。

（5）优利存款。这是金融机构为个人客户提供的利率特别优厚的外汇定期存款。其开户、办理、计息、还本付息、存款人提前支取及存款凭证均与现有的普通定期存款一样，但优利存款到期不自动续存，每期存款有固定销售期间，存期更灵活，收益率高于普通存款。

外汇存款产品利率参见表2-4。

表2-4　2020年3月汇丰银行外币存款产品利率一览表

外币种类	活期存款年利率（%）	定期存款年利率（%）	协定存款年利率（%）
澳元（AUD）	0.2375	0.5～0.75	1.0
英镑（GBP）	0.0500	0.2～0.5	1.0
加元（CAD）	0.0100	0.05～0.4	1.0
欧元（EUR）	0.0001	0.0001	1.0
港币（HKD）	0.0100	0.04～0.6	1.0
美元（USD）	0.0500	0.2～0.6	1.0

2. 外汇理财产品

（1）外汇结构性存款产品，是金融机构（主要是银行）根据客户所愿承担的风险程度，将固定收益产品和利率期权、汇率期权等相结合，设计出的一系列风险、收益程度不同的复合型外币存款产品。该外汇产品主要是将客户收益率与市场状况挂钩，可与利率、汇率、黄金价格、油价、股票指数和美国公债收益率、信用主体等挂钩，也可以根据客户的不同情况量身打造。由于这种产品包含了外汇存款的固定收益和期权价值两个部分，投资者有可能获得比普通存款更高的收益。

（2）外汇结构性存款产品作为一种较好的外汇理财方式，首先，其收益率远远高于外汇固定存款，兼顾了风险和收益。其次，具有特有的风险机制即合约交易双方风险收益的非对称性。就期权买方而言，风险一次性锁定，最大损失是已付出的期权费，但收益却可以很大，甚至是无限量的；相反，对于期权卖方而言，收益被一次性锁定，最大收益限于

收取的买方期权费，然而其承担的损失却可能很大，以致无限量。但买卖双方风险收益的不对称性一般会通过彼此发生概率的不对称性而趋于平衡。

由于个人外汇期权产品的本金和收益同挂钩的国际市场利率、汇率、商品价格甚至信用等变化相关联，要求投资者需要具备一定的外汇交易方面的专业知识和预测这些经济变量的能力。同时该产品对投资起始金额有一定限制，适合于风险偏好适中，具有良好的投资理财知识，对汇率或利率走势预测有一定把握，但没有太多精力和时间来跟踪走势的高收入人群。

除此之外，随个人理财业务的不断拓展，财富管理大时代的到来，商业银行都争相推出了私人银行业务，又称"财富管理业务"，是专门面向富裕阶层的个人财产投资规划与管理服务。私人银行具有一定的客户门槛，一般是为300万元资产以上的客户进行量身定做的金融服务，包括资产管理、投资、信托、税务、遗产规划、收藏及拍卖领域等。

三、银行业理财工具应用策略

（一）发掘客户真实需求

面对日益丰富的银行理财工具，掌握客户信息与银行金融产品，懂得分析客户自身财务状况，通过了解和发掘客户需求，制定客户财务管理目标和计划，并帮助选择合适的银行金融产品以实现客户理财目标是非常重要的。理财规划人员为客户选择合适的银行理财产品，主要满足客户以下几方面的需求。

（1）投资管理的需要。满足客户投资管理的需求，要求理财规划师具有全球资源和专业能力，可以帮助客户选择和管理投资，以实现财富增长的目标。

（2）家庭财务规划的需要。选择能够满足家庭及家庭成员未来家庭理想的财务规划需要的银行理财产品，因而需要考虑如银行保险代理、遗产规划、信托基金等规划类的产品。

（3）工作生活的需求。部分客户已缴纳社保的情况下，通常可以通过补充银行代理的一些商业保险产品进行补充；职员每月的工资除了留有部分开支以外，也可以进行基金定投来帮助提升收益。

（4）养老规划的需要。理想的财务规划应保障客户理想的退休生活，因此养老保险代理产品和退休金储蓄计划就很有必要。

（二）合适的银行理财产品

了解了客户的投资需求后，也需要对客户进行风险评估，制订合适的理财规划策略，从而选择合适客户的专业银行产品组合，并定时对客户持有的理财产品进行持续评估。

（1）客户风险评估。收集客户资料及相关信息有助于对客户的风险承受意愿与能力做出更为合理和正确的判断，并对投资期限及其他可能影响策略的因素进行评估。

（2）规划策略。根据客户的需求、目标及现有资产的分布情况，主要从资产的分配和理财经理的选择两方面为客户制订策略，帮助其选择能够实现其理财规划目标的最优产品组合。

（3）从专业角度判断并选择合适客户的产品投资组合。为了保证投资产品长期绩效的收益性，要选择能满足客户理财规划的产品组合，需要对银行产品的投资业绩进行连贯性、专业性的全面和严格评估，根据专业经验和对市场的把握来挑选合适客户的产品组合。

（4）对客户持有的理财产品进行持续评估。一段时间内不间断跟踪和把握购买理财产品的业绩，与适当的市场指数或业内同行进行比较。也会不断评估其业务能力是否符合客户动态的投资理念，以便于及时调整和更改战略及产品选择。

银行理财产品

第二节　保险业理财规划工具

家庭理财规划中不可避免会遭遇各种各样的风险，能够了解相应的风险管理工具，进行风险识别、风险估测、风险评级、风险控制，以减少风险负面影响，对家庭风险进行良好的把控是非常重要的。家庭理财规划中的保险理财业务就来源于风险的存在，保险可以说是处理风险、实现损失补偿和经济保障最重要的社会方式。首先介绍家庭管理风险的几种方法，鉴于保险具备防范风险和获取收益双重功能，需介绍适合家庭理财的保险产品，分析产品的匹配度。

一、保险业理财规划工具的保障功能

保险理财规划工具

在投资理财时，大部分的客户会优先考虑怎样才能承担最小的风险获得最大的收益，但是其实任何一种投资手段都具有一定的风险，风险管理是相比于收益和投资组合更重要的部分。只有管理好最大的风险，没有后顾之忧之后，再考虑其他投资理财手段，才能安全地享受收益。

因此，保险的理财功能就在于万一收入中断或者大难临头，全家人仍然拥有足够的财力以保证和维持现有的生活。可以说，保险是家庭财富的"救生圈"。投资者每年支付一笔保费，就可以得到相对高额的保障，而其余的资金仍然可以拿去投资获利。

随着中国金融市场的完善，人们收入水平的提高，购买保险与股票、债券、国库券、商品房等一样，也成为人们家庭理财的选择之一。

保险工具的理财功能可以从以下几点体现：

（1）稳健的理财工具。一份好的保险计划能够使人们轻易实现自己的理财目标，如子女教育计划、储蓄计划、养老退休计划等。只要设定好了自己的目标，从开始投保就有了保障。保费豁免功能更能够使投保人残疾、身故时，免交余期保费，而被保险人（子女或配偶）享受的权益不变，能够按计划完成学业、拿到养老金。

（2）强制性储蓄。保险由于其不可随时支取的特性，能够一定程度保证客户的储蓄得到较好的实行，从而理财目标得以完成。

（3）保险的收益性。保险和股票、基金、房地产等很多投资工具相比，收益性不可同日而语。但是如果有意外发生，保险的赔付却是任何投资工具都无法相比的。另外，有一种专门为了抵御通货膨胀而开发的分红险，用复利计息的方式计算红利，在保险期限内也能收获一笔不菲的资金。

（4）最好的资产保全工具。保险的保单受到法律保护，任何单位个人都不能干涉收益人的权益。若产生经济纠纷，对方要求法院做诉讼保全时，投保人的保险的保单不在被法院冻结范畴内，此时，保单就起到作用，可以拿保单的现金价值来向保险公司贷款，以做应急之用。

（5）人寿保险的税务筹划功能。《中华人民共和国个人所得税法》《中华人民共和国继承法》等，均规定了人寿保险的受益金不予征税。发生继承时，也不会作为一般财产分

配，而要按保单指定的收益顺序和比例受益。人寿保险是唯一的能够满足在人身故时引致大量现金需求的金融工具。

二、保险业理财规划工具主要类别

（一）家庭财产保险

家庭财产保险主要包括普通家庭财产保险和家庭财产两全保险两种，主要目的是进行家庭财产风险管理。它是以物质财产及其有关利益、责任和信用为保险标的的一种保险。当保险财产遭受保险责任范围内的损失时，由保险人提供经济补偿。

普通家庭财产保险的投保范围一般涵盖家庭房屋及房屋装修，衣服、卧具、家具、燃气用具、厨具、乐器、体育器械、家用电器；附加险有盗窃、抢劫和金银首饰、钞票、债券保险以及第三者责任保险等（见表2-5）。

家庭财产两全保险投保范围和普通家庭财产保险并无太大差异，只是保费的计算略有不同，是指以所交费用的利息作保费，保险期满退还全部本金的险种。因此，普通家庭财产保险属于消费型险种，家庭财产两全保险是兼具经济补偿和到期返本性质的险种。

另外，由于大部分社会人具备的商务属性，除却保障家庭财产外，还会涉及工作中的部分财产，包括开公司、运输、国际贸易中涉及各种有形财产和无形财产，通常也会配置其他的财产险种。广义的财产保险是指以物质财产，以及与此相关的利益作为保险标的的保险，包括财产损失保险、责任保险和信用（保证）保险。狭义的财产保险仅仅是指以有形的物质财产，以及与此相关的利益作为保险标的的保险，主要包括火灾保险、海上保险、货物运输保险、汽车保险、航空保险、工程保险、利润损失保险和农业保险等。

表2-5　某公司家庭财产保险保障详情解读

保障项目	保险金额	保障解读
房屋主体	20万~2000万元	承保由火灾、爆炸、空中运行物体坠落、外界物体倒塌、台风、暴风、暴雨、龙卷风、雷击、洪水、冰雹、雪灾、崖崩、冰凌、突发性滑坡、泥石流和自然灾害引起地陷或下沉造成的房屋损失。房屋指房屋主体结构，以及交付使用时已存在的室内附属设备。
房屋装修	5万~200万元	承保由火灾、爆炸、空中运行物体坠落、外界物体倒塌、台风、暴风、暴雨、龙卷风、雷击、洪水、冰雹、雪灾、崖崩、冰凌、突发性滑坡、泥石流和自然灾害引起地陷或下沉造成的房屋装修损失。包括房屋装修配套的室内附属设备。
室内财产	2万~100万元	承保由火灾、爆炸、空中运行物体坠落、外界物体倒塌、台风、暴风、暴雨、龙卷风、雷击、洪水、冰雹、雪灾、崖崩、冰凌、突发性滑坡、泥石流和自然灾害引起地陷或下沉造成的室内财产损失。包括便携式家用电器和手表，但不包括金银、首饰、珠宝、有价证券以及其他无法鉴定价值的财产。

资料来源：中国某上市保险公司官网

（二）人身保险

人身保险是以人的生命或身体为保险标的，在被保险人的生命或身体发生保险事故

或保险期满时，依照保险合同的规定，由保险人向被保险人或受益人给付保险金的保险形式。按照保险的责任不同，人身保险可以分为人寿保险、意外伤害保险和健康保险。

1. 人寿保险

最常见的人寿保险是以被保险人的生命为保险标的，以被保险人生存或死亡为保险事故的人身保险。人们习惯地把人寿保险分为死亡保险（终身寿险和定期寿险）、生存保险、两全保险和年金保险。人寿保险是人身保险中最重要的部分。

2. 意外伤害保险

意外伤害是指在人们无法预见或违背被保险人意愿的情况下，突然发生的外来伤害对被保险人身体剧烈侵害的客观事实。意外伤害保险是以被保险人因遭受意外伤害事故造成的身故或残疾为保险事故的人身保险。由于意外发生的特殊性和低概率性，通常意外伤害保险保费相对较低。

3. 健康保险

健康保险是以被保险人的身体为保险标的，保证被保险人在疾病或意外事故所伤害时的费用或损失获得补偿的一种人身保险，包括重大疾病保险、住院医疗保险、手术保险、意外伤害医疗保险、收入损失保险（见表2-6）。

表2-6　某公司健康保险平安e生产品介绍

产品名称			平安e生保加强版	平安e生保plus计划四
投保规则	等待期		30天	30天
	保障期限		1年	1年
	投保年龄		0～60周岁	0～60周岁
保障内容	一般医疗保障	保障额度	200万（三项合计）	300万（三项合计）
		保障范围	一般急诊医疗、特殊门诊医疗、住院医疗（保障期内日数不限）	住院前后7天门诊、特殊门诊医疗、住院医疗（保障期内限180天）
	恶性肿瘤医疗保障	保障额度	200万（三项合计）	300万（三项合计）
		保障范围	恶性肿瘤一般门急诊医疗、特殊门诊医疗、住院医疗	恶性肿瘤住院前后7天门诊、特殊门诊医疗、住院医疗
	恶性肿瘤津贴保障	保障额度	1万	/
		给付次数	1次	
	就诊医院		二级或二级以上公立医院普通部	
续保规则	续保核审		有	
	最大续保年龄		99周岁	

续表

产品名称	平安 e 生保加强版	平安 e 生保 plus 计划四
增值服务	就医绿通、二诊服务、智能核保	就医绿通、二诊服务、智能核保、健康奖励服务

资料来源：中国某上市保险公司官网

（三）投资型保险

随着保险行业的不断成熟，保险产品也在不断创新以更好地迎合市场和客户的需求，推出很多具有投资理财功能的产品类型，主要包括分红保险、投资连结保险、万能保险。

1.分红保险

保险公司将其实际经营成果优于定价假设的盈余，按一定比例向保单持有人进行分配的人寿保险产品就是分红保险。这里的保单持有人是指按照合同约定，享有保险合同利益及红利请求权的人。分红保险通常保费比较高，具有确定的利益保证和获取红利的机会。红利是不固定的，分红水平和保险公司的经营状况直接相关。

2.投资连结保险

投资连结保险是指包含保险保障功能并至少在一个投资账户拥有一定资产价值的人身保险产品。即保险与投资挂钩的一种保险类型。投资连结保险的投资账户必须是资产单独管理的资金账户。投资账户划分为等额单位，单位价值由单位数量及投资账户中资产或资产组合的市场价值决定。投保人可以选择其投资账户，投资风险完全由投保人承担。除有特殊规定外，保险公司投资连结保险的投资账户与其管理的其他资产或其他投资账户之间不得存在债权、债务关系，也不承担连带责任。

3.万能保险

万能保险是一种交费灵活、保额可调整、非约束性的寿险。万能保险保单持有人在交纳一定量的首期保费后，可以按照自己的意愿选择任何时候交纳任何数量的保费。只要保单的现金价值足以支付保单的相关费用，有时甚至可以不再交费。而且，保单持有人可以在具备可保性的前提下，提高保额，也可以根据自己的需要降低保额。

三、保险业理财工具应用策略

（一）配置保险工具需考虑的因素

配置保险工具时需要考虑家庭投保人的实际情况，通常总结为以下三个重要因素。

一是适应性。购买人身险要根据需要保障的范围来考虑。例如，没有医疗保障的客户家庭，购买一份"重大疾病保险"，那么因重大疾病住院而产生的费用就由保险公司赔付，适应性就很明确。

二是经济支付能力。买寿险是一种长期性的投资，每年需要缴存一定的保费，每年的保费开支必须取决于收入能力，一般是取家庭年税后收入的10％左右较为合适。如果超

过这个比例，在未来长期中可能存在承担不了保费的风险。

三是选择性。个人或家庭不可能投保保险公司的所有险种，只能根据家庭的实际情况和经济条件选择一些适合的险种。在有限的经济能力下，需选择性投保，无论是险种还是投保对象。当然在有条件的情况下应尽可能为家中的每位成员各取所需地投保。

（二）配置保险产品的具体策略

1. 区分保险的类别

在配置保险时，需根据家庭的需要去购买适合自身的保险产品。保险按照大类分，一种是保障型产品，包括意外险、医疗险、定期寿险、重大疾病险等，这类保险给家庭财务提供完善的风险保障，万一出现了保险事故，不会给家庭财务造成巨大的影响甚至灭顶之灾。另外一种属于理财型的，在有余力时再考虑，整体保费参照家庭年收入的10%左右进行配置。

2. 重视高额损失

从现实来看，损失的严重性是衡量风险程度非常重要的一个指标。一般来讲，较小的损失可以不需要保险，而重大损失是需要保险的。尤其对于高额损失就需要投保高保险金额，因为只有这样才能使投保人得到最充分保障。在购买保险前，作为投保人应该充分考虑所面临的损失程度，程度越大，就越应当购买此类保险。

3. 利用免赔额

如果有些损失个人可以承担，就不必购买保险，可以通过自留来解决。当这个可能的损失是自己所不能承担的时候，可将自己能够承受的部分以免赔的方式进行自留。免赔要求被保险人在保险人做出赔偿之前承担部分损失，其目的在于降低保险人的成本，从而使得低保费成为可能。对被保险人来说，由自己来承担一些小额的、经常性的损失，而不购买保险是更经济的，自留能力越强，免赔额就可以越高，因为买保险的主要目的是预防那些重大的、自己无法承受的损失。免赔额过低，固然可以使各种小的损失都能得到赔偿，但在遇到重大损失时，却得不到足够的赔偿，这显然得不偿失。

4. 合理搭配险种

投保人身保险可以采用组合保险项目，例如购买教育险和养老险作为主险，附加意外伤害、重大疾病保险，使被保险人得到全面保障。但是在全面考虑所有需要投保的项目时，还需要进行综合安排，应避免重复投保，使用于投保的资金得到最有效的运用。例如，一个人的工作需要经常外出旅行，那么就应该买一项专门的人身意外保险，而不要每次购买乘客人身意外保险，这样一来可以节省保费，二来在任何其他时候和其他情况下所出现的人身意外也会得到赔偿。

保险

第三节 证券业理财规划工具

理财规划师要对市场上可以选择的证券类投资工具进行分析，综合运用各种投资工具，确定各种证券的投资比例，为客户确定出合适的投资组合。具体而言，目前中国市场上常用的证券投资工具主要包括股票、债券、基金等。

一、股票投资工具

股票是股份有限公司在筹集资本时向出资人发行的股份凭证。股票代表着股东对股份公司的所有权，这种权利包括参加股东大会、投票表决、参与公司的重大决策、收取股息或分享红利等。股票是一种永不偿还的有价证券，股份公司无需对股票持有者偿还本金。

（一）股票的种类

1. 按股东权益分类

按股东权益划分，股票的种类包括普通股和优先股。

（1）普通股是随着企业利润变动而变动的一种股份，是股份公司资本构成中最普通、最基本的股份，是股份企业资金的基础部分。普通股的基本特点是其投资收益不是在购买时约定，而是事后根据股票发行公司的经营业绩来确定。

（2）优先股是股份公司发行的在分配红利和剩余财产时比普通股具有优先权的股份。优先股风险较小，其股息率事先设定。优先股的优先权主要表现在两个方面：①股息领取优先，股份公司分派股息的顺序是优先股在前，普通股在后；②剩余资产分配优先，股份公司在解散、破产清算时，优先股具有公司剩余资产的分配优先权。

2. 按上市地点和所面对的投资者分类

按上市地点和所面对的投资者划分，股票可以分为 A 股、B 股、H 股、N 股和 S 股等。A 股的正式名称是人民币普通股票，它是由我国境内的公司发行，供境内机构、组织（不含台、港、澳投资者）以人民币认购和交易的普通股股票。B 股的正式名称是人民币特种股票，它是以人民币标明面值，以外币认购和买卖，在境内（上海、深圳）证券交易所上市交易的。H 股是指注册地在内地，上市地在香港的外资股。纽约和新加坡上市的股票就分别叫作 N 股和 S 股。

股票还有其他的分类方法，按照不同的风险与收益情况、上市公司的业绩以及所属的行业等均可进行分类。客户家庭可根据自身风险情况选择不同的股票种类进行投资。

（二）股票投资的收益

股票投资的收益是指投资者从购入股票开始到出售股票为止整个持有期间的收益，这种收益由股息收入、资本损益和资本增值收益组成。

1. 股息

股息是指股票持有者依据股票从公司分取的盈利，具体形式有两种。一种是现金股息，以货币形式支付的股息和红利，是最普通、最基本的股息形式。另一种是股票股息，以股票的方式派发的股息，通常是由公司用新增发的股票或一部分库存股票作为股息，代替现金分派给股东。

2. 资本损益

股票买入价与卖出价之间的差额就是资本损益，或称资本利得。

3. 资本增值收益

股票投资资本增值收益的形式是送股，但送股的资金不是来自当年可分配盈利而是公司提取的公积金，因此又可称为公积金转增股本。

（三）股票投资的风险

风险是指对投资者预期收益的背离，或者说是证券收益的不确定性。证券投资的风险是指证券的预期收益变动的可能性及变动幅度。与证券投资相关的所有风险称为总风险，总风险可分为系统风险和非系统风险两大类。系统风险是指国家因多种外部或内部的不利因素经过长时间积累没有被发现或重视，在某段时间共振导致无法控制使金融系统参与者恐慌性出逃（抛售），造成全市场投资风险加大。系统风险对市场上所有参与者都有影响，无法通过分散投资来加以消除。非系统风险则是由特殊因素引起的，如企业的管理问题、上市公司的劳资问题等，是某一企业或行业特有的风险，只影响某些股票的收益。非系统风险可通过分散投资消除。投资者需要在入市前充分考虑风险因素。

认识股票

股票开户与交易

股票市场

（四）股票投资工具应用策略

投资者在投资股票时必须明确自己属于哪一种类型的投资者，并且以此来选择适合自己的投资策略。

1. 价值投资

价值投资是指通过对影响证券市场基本经济因素的分析，以预测经济变量变化对证券投资价值变动的影响的投资方法，是对影响证券价值和价格的各种基本因素进行分析，以评估证券的投资价值，判断证券的合理价位。

股票投资的基本面分析

价值投资的应用策略注重股票的内在价值，通常会根据公开的财务报表及市场报价，选择低市盈率的股票进行投资，属于比较稳健的投资方法，适合于有一定风险承受能力又追求长期稳健收益的投资者。通常来说价值投资注重股票企业的成长性，看重行业的发展前景、创始人及管理团队的能力、公司的市场环境等等。

股票投资工具

2. 技术分析

股票技术分析由股价、成交量和时间等要素构成。具体的技术分析方法则可以划分为图形分析和指标分析两大类。使用技术指标作为工具，通过 K 线图、趋势图、技术指标作为分析股票的投资策略选择合适的投资时机。但实际上，技术分析给出的只是一个分析概率，也就是说，技术指标只能给我们发送交易信号，并不能决定交易的成败。技术分析适合风险承受能力强，且重视中短线操作和中期收益的投资者。

近年来，随着大数据、算法交易的应用，量化交易也成为一种新的方式，它是以数学模型替代人为的主观判断，利用计算机技术从庞大的历史数据中筛选能带来超额收益的多种"大概率"事件以制定策略，减少投资者情绪波动影响下作出非理性的投资策略。

二、债券投资工具

债券是政府、金融机构、工商企业等机构直接向社会借债筹措资金时，向投资者发行，并且承诺按规定利率支付利息并按照约定条件偿还本金的债权债务凭证。

（一）债券的种类

债券的种类繁多，可按发行主体、发行区域、发行方式、期限长短、利息支付方式等多种方法划分。了解债券种类，选择适合投资者的债券极为重要。一般投资者最注重债券的发行主体和债券的时间长短。

债券市场

1. 按发行主体分类

根据发行主体的不同，债券可分为政府债券、金融债券和公司债券三大类。

（1）政府债券。由政府发行的债券称为政府债券，它的利息享受免税待遇。其中由中央政府发行的债券也称公债或国库券，其发行债券的目的都是弥补财政赤字或投资大型建设项目。

（2）金融债券。由银行或其他金融机构发行的债券称为金融债券。金融债券的发行目的一般是筹集长期资金，其利率也一般要高于同期银行存款利率，而且持券者需要资金可以随时转让。

（3）公司债券。公司债券是由非金融性质的企业发行的债券，其发行目的也是为了筹集长期资金。但企业想要发行债券必须先参加信用评级，级别达到一定标准才可发行，因为企业的资信水平比不上金融机构和政府，所以公司债券的风险相对较大。

2. 按期限长短分类

根据偿还期限长短，债券可以分为短期、中期、长期债券。一般划分标准是 1 年以下的债券称为短期债券，期限在 10 年以上的债券称为长期债券。1 ～ 10 年之间的债券称为中期债券。

（二）债券投资工具应用策略

债券投资也有风险，这些风险包括违约风险、利率风险、购买力风险、变现能力风

险、经营风险等，投资者投资时应根据债券的特定风险制定规避策略。债券投资策略可以分为消极型投资策略和积极型投资策略两种，每位投资者可以根据自己的资金来源和用途来选择适合自己的投资策略。具体来说，在决定投资策略时，投资者应该考虑自身整体资产与负债的状况及未来现金流的状况，以期达到收益性、安全性与流动性的最佳结合。

投资者在投资债券时必须明确自己属于哪一种类型的投资者，并且以此来选择适合自己的投资策略。根据投资者愿意花费多少时间和精力来管理投资，可将其分为积极型和消极型。

积极型的投资者一般愿意花费时间和精力来管理他们的投资，通常而言他们的投资收益也较高；而消极型的投资者则不愿意花费太多的时间和精力来管理他们的资产。对大多数投资者来说，一般都是消极型投资者，因为他们都缺少时间和缺乏必要的投资知识。由此，消极型投资策略是一种不依赖于市场变化而保持固定收益的投资方法，其目的在于获得稳定的债券利息收入和到期安全收回本金。

债券投资的具体策略有以下几种：

（1）最简单的债券投资方式是购买持有。其步骤是在对债券市场上所有的债券进行分析之后，根据自己的偏好和需要，买能够满足自己需求的债券，并一直持有至到期兑付。而在持有期间不需要进行任何买卖活动。

（2）梯形投资法又称等期投资法，就是每隔一段时间，在国债发行市场认购一批相同期限的债券，每一段时间都如此，接连不断，这样投资者在以后的每段时间都可以稳定地获得一笔本息收入。

（3）三角投资法，即在连续时段内进行的投资具有相同的到期时间，从而保证在到期时收到预定的本息和。这样，可将连续时间段内的资金汇集于到期时。

三、基金投资工具

投资基金是汇聚众多分散投资的资金，委托投资专家（如基金经理），由投资管理专家按其投资策略，统一进行投资管理，为众多投资者谋利的一种投资工具。投资基金集合大众资金，共同分享投资利润，分担风险，是一种利益共享、风险共担的集合投资方式。

基金

（一）基金的种类

1. 按照收益凭据是否可以赎回，分为开放式基金和封闭式基金

根据基金单位是否可增加或赎回，投资基金可分为开放式基金和封闭式基金。开放式基金是指基金设立后，投资者可以随时申购或赎回基金单位，基金规模不固定的投资基金；封闭式基金是指基金规模在发行前已确定，在发行完毕后的规定期限内，基金规模固定不变的投资基金。这两类基金在交易方式、定价原则等方面有显著的差异。

开放式基金申购、赎回价格是以单位基金资产净值为基础计算出来的。基金资产净值是指在某一基金估值时点上，按照公允价格计算的基金资产的总市值扣除负债后的余额，该余额是基金单位持有人的权益。单位基金资产净值即每一基金单位代表的基金资产的净值。

由于在交易所上市交易的原因，封闭式基金的交易价格并不一定等同于其资产净值，而是由市场买卖力量的均衡决定的。当封闭式基金的市场价格高于其资产净值时，市场称之为溢价现象；反之，当封闭式基金的市场价格低于其资产净值时，市场称之为折价现象。

2. 按照投资对象不同，分为股票型基金、债券型基金、混合型基金和货币市场基金

根据证监会对基金的分类标准，股票型基金是指基金资产 80% 以上投资于股票的基金。与此类似，基金资产 80% 以上投资于债券的基金为债券型基金。混合型基金则是指以股票、债券等为投资对象的基金，混合基金根据股、债资产投资比例及其投资策略又可分为偏股型基金、偏债型基金、平衡型基金等。货币型基金主要投资于国债、央行票据、银行定期存单、同业存款等低风险的短期有价证券，一般期限在一年以内。

3. 基金还有其他的不同的分类

根据投资目标的不同，分为成长型基金、收益型基金和平衡型基金；根据投资理念的不同，可以分为主动型基金和被动型基金（或称为指数型基金）；根据募集方式的不同，又分为公募基金和私募基金。

4. 特殊类型的基金

（1）FOF 基金是一种专门投资于其他证券投资基金的基金，是结合基金产品创新和销售渠道创新的基金新品种。

案例

南方全天候策略 (FOF)A(005215)

投资组合：80% 以上基金资产投资于其他经中国证监会依法核准或注册的公开募集的基金份额（含 QDII），其中，股票基金投资占基金资产的比例为 0% ～ 30%；基金保留的现金或到期日在一年以内的政府债券的比例合计不低于基金资产净值的 5%。

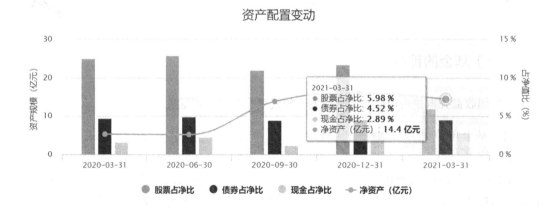

资产配置变动

（2）ETF 基金一般指交易型开放式指数基金，是一种跟踪标的指数变化且在交易所上市的开放式基金，投资者可以同买卖股票一样买卖 ETF，从而实现对指数的买卖。它可以理解为股票化的指数投资产品。但是它的申购赎回必须以一篮子股票换取基金份额或者基

金份额换回一篮子股票，这是 ETF 有别于其他开放式基金的主要特征之一。由于存在这种特殊的实物申购赎回机制，投资者可以在交易型开放式指数基金二级市场交易价格与基金单位净值之间存在差价时进行套利交易。

（3）LOF 基金，即上市开放式基金，它一旦发行结束后，投资者既可以在指定网点申购与赎回基金份额，也可以在交易所买卖该基金。

（二）基金投资工具应用策略

单纯投资一只基金，风险就会集中到这一只基金上，净值发生亏损时会直接造成投资者的损失。而买两只或多只基金，一只基金发生亏损另外几只基金盈利从而减少损失。根据自己的风险承受能力，评价基金产品构建适合自己的基金组合是基金投资的较好选择。

构建适合自己的基金组合是家庭理财中必不可少的部分，要构建出适合自己的基金组合资需要遵循以下几个步骤。

1. 评估自身的风险承受能力和目标收益率

个人投资者在选择基金品种之前，应首先评估自身的风险承受能力和自己所需要实现的目标收益率。可以按照年龄、家庭负担、收入、准备投入资金占个人金融资产的比例等因素，逐个分析，评估出自身的风险承受能力；同时结合自己投资基金准备实现的目标（买房、买车、孩子教育金储备、养老金储备等），最终选择出准备投资的基金类型和各类型基金准备投入的资金比例。由于行情的不同，基金公司的投资水平不同，基金的实际收益率会有较大差别。

2. 选择目标类型中优秀的基金产品

确定好投资基金类型和各类基金投入比例后，需要根据基金评估机构的数据选择各类目标基金中的业绩优秀的基金产品。同时在构建基金组合时要注意两个重要原则：一是不同类型的基金组合，降低风险；二是同类型基金中进行不同投资标的组合，应对板块轮动完善组合品种。

3. 定期检查、调整基金组合

个人投资者构建好适合自己的基金组合后，需要定期检查和调整自己的组合。由于基金是中长期投资品种，如果没有特殊情况，一年检查和调整一次基金组合即可。在个人投资者每年检查基金组合的时候，以下几个方面是需要调整基金组合的信号：一是投资者的财务情况发生变化，如近期急需用钱，考虑到其他理财产品提前支取可能会带来收益上的损失，而基金的流动性较好，此时可暂时赎回部分基金以应对急用；二是所选择的基金产品收益在一年之内没有达标，就需考虑换成其他业绩优秀的品种；三是基金本身可能发生的变化，如基金公司股权变动、公司经营理念发生变化、基金经理频繁更换、基金契约实质内容出现修改等，需要考虑基金变动后对收益的影响；四是行情出现逆转，牛市中应该增加股票型基金的配置，以分享牛市的收益，而熊市中则应该减少此类高风险品种的配置比例，多选择债券型、保本型基金产品。

个人投资者投资基金的过程中除了遵循以上三个步骤构建投资组合之外，还可以采取

定期定额方式投资基金。定期定额投资基金就是在固定的时间（如按月为周期），投入固定的金额到指定的开放式基金中，类似于银行的零存整取。定期定额的投资基金，主要是考虑到一般的个人投资者收入多为按月的工资发放，而且个人投资者很难选准投资基金的时点。通过基金定投的方式投资，可以将工资收入与基金投资对应起来，摊平了风险和成本，被动地分批买入基金份额是比较适合个人投资者投资基金的一种方法。

基金投资工具

第四节　实物理财规划工具

实物理财规划工具主要包括黄金、房地产、各类收藏品在内的实物，是高净值客户的常选投资品，这不仅是由实物投资品特殊的价值属性所决定，更是实物投资品市场日益成熟和快速发展的潜力越来越被认可的一种体现。因此，理解黄金、房地产这两种典型的实物理财工具有助于整体把握实物理财业务的特质。

一、黄金投资工具

（一）黄金理财产品的特征

实物理财规划工具

黄金作为财富的象征，具有价值稳定、维护成本低、可以抵抗通货膨胀和合理避税的特点，在当前各种理财产品中具有独一无二的优越性。从 2002 年的 300 美元 / 盎司，上涨到 2012 年最高的近 1800 美元 / 盎司，其上升表现非常引人注目。同时，各种黄金的衍生品也不断推陈出新，黄金已经成为重要的居民理财工具。但投资实物贵金属类理财产品之前，首先必须对它有深入了解。

黄金是重要的金融资产，是世界上最古老的、普遍为人所接受的金融资产。从历史来看，无论世界经济如何发展和变化，黄金的储备价值和支付价值从未被替代和动摇过，这是黄金的硬通货特质，证明了黄金作为投资理财产品的重要价值。

黄金是重要的投资增值工具，在全球投资市场中，黄金市场是与资本市场、外汇市场、石油市场、债券市场并驾齐驱的现代投资市场。从时间上看，伦敦、纽约、中国香港等全球黄金市场交易时间连成一体，构成了一个 24 小时无间断的投资交易系统。此外，国际上还有黄金 ETF 基金和投资性金币，为个人投资者进行黄金投资提供渠道和便利。

黄金是规避经济衰退和通货膨胀风险的有效工具。通过黄金投资理财，能较好地规避经济衰退和通货膨胀风险，极大地增加个人财产的保值性（或安全性），这是与黄金本身的特点分不开的：①黄金是一种品质十分稳定且质地均匀的实物，体现了黄金作为实物投资品的安全性；②黄金无须折旧；③转移较快；④交易迅速；⑤全球通用，变现容易，是重要的国际外汇储备。因此，黄金是一种相对安全稳健的理财产品。

（二）影响黄金市场价格的因素

1. 供给因素影响黄金价格

黄金的供给数量与黄金价格走势密切相关，且成反比关系。世界黄金市场的供应量目前主要由四大主体决定，分别是世界各国矿产金的新产量、回收再生金产量、官方机构售金、黄金市场私人及机构售金情况。

2. 需求因素影响黄金价格

黄金的价格和黄金的需求呈正向关系。黄金的需求主要来源于首饰业、工业的黄金实

际需求和黄金的投资与投机的需求。黄金具备投资和投机需求又主要与美元汇率、各国货币政策、通货膨胀情况、国际政治局势、股市行情等因素密切关联。

（1）美元汇率

美元汇率是影响金价波动的重要因素之一。美元坚挺一般代表美国国内经济形势良好，美国国内股票和债券将得到投资人竞相追捧，黄金作为价值贮藏手段的功能受到削弱，需求减少，价格下跌；而美元汇率下降则往往与通货膨胀、股市低迷等有关，黄金的保值功能又再次体现，需求上升，价格上涨。因此在黄金市场上有美元涨则金价跌，美元降则金价扬的规律。（如图 2-3）

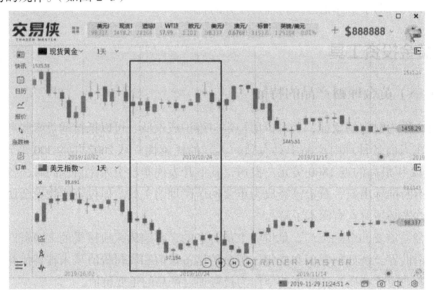

图 2-3　现货黄金和美元汇率的走势对比

（2）通货膨胀

从长期来看，每年的通货膨胀率若在正常范围内变化，那么其对金价的波动影响并不大；只有在短期内，物价大幅上升，引起人们恐慌，货币的单位购买力下降，黄金投资需求急剧上升，金价才会明显上涨。进入 20 世纪 90 年代后，世界进入低通货膨胀时代，作为货币稳定标志的黄金用武之地日益缩小，而且作为长期投资工具，黄金收益率日益低于债券和股票等有价证券。但是，从长期看，黄金仍不失为对付通货膨胀的重要手段。此外，黄金价格与国际原油价格也呈现正向运行的互动关系，究其原因主要是国际原油价格与通货膨胀密切相关。

（3）股市行情

一般来说，股市下挫，金价上升。这主要体现了投资者对经济发展前景的预期，如果大家普遍对经济前景看好，则资金大量流向股市，股市投资热烈，黄金投资需求减少，金价下降；反之则上升。

除了上述影响金价的因素外，黄金与其他贵金属的价格间具有一定的联系，其中以白银走势对金价影响最大；国际金融组织的干预活动、本国和地区的中央金融机构的政策法规，也会通过影响黄金供求而最终对世界黄金价格产生影响；国际政局动荡、战争等也会影响黄金价格的变化。

（三）黄金产品类型

1. 现货实物黄金

黄金由于实物理财工具的特性，不同于其他投资品的虚拟价值，拥有现货实物黄金投资品，一般而言适合平时没有太多时间关注黄金价格变动的投资者，投资品种主要有金饰品、纪念金币或金条和投资性金币或金条。（如图 2-4）

建行金 投资　　　　建行金 贺岁　　　　建行金 节庆　　　　建行金 民俗　　　　建行金 文化

图 2-4　建设银行实物黄金产品展示

2. 纸黄金

纸黄金又称记账黄金，是一种账面虚拟黄金，一般由资金实力雄厚、资信程度良好的商业银行、黄金公司或大型黄金零售商发售，投资者只在账面上从事黄金的买卖，不做黄金实物提取交割或存放。

3. 黄金延期

黄金延期交易是指以保证金交易方式进行的交易，客户可以选择合约交易日当天交割，也可以延期交割，同时引入延期补偿费机制来平抑供求矛盾的一种现货交易模式，简称 AU（TD）。此产品最大的特点是采用保证金的方式进行交易，因此可以以较低的成本做杠杆交易。

4. 黄金期货和期权

目前我国的黄金期货在上海期货交易所上市，主要包括保证金、合同单位、交割单位、期货交割、佣金、日交易量、委托指令等要素。黄金期权是指按事前商定的价格、期限买卖数量标准化黄金权利产品。

5. 黄金 ETF 基金

黄金 ETF 基金是指将绝大部分基金财产投资于上海黄金交易所挂盘交易的黄金品种，紧密跟踪黄金价格，使用黄金品种组合或基金合同约定的方式进行申购赎回，并在证券交易所上市交易的开放式基金。

拓展阅读

黄金投资工具

上海黄金交易所简介

上海黄金交易所是经国务院批准，由中国人民银行组建，在国家工商行政管理总局登记注册的，不以营利为目的，实行自律性管理的法人。交易所于 2002 年 10 月

30 日正式开业，实行会员制组织形式，会员由在中华人民共和国境内注册登记，从事黄金业务的金融机构、从事黄金、白银、铂金等贵金属及其制品的生产、冶炼、加工、批发、进出口贸易的企业法人，并具有良好资信的单位组成。

交易时间：周一至周五（节假日除外）。早盘：09:00—11:30，午盘：13:30—15:30，晚盘：20:00—02:30。

交易主要品种：黄金、白银和铂金。黄金有 Au99.95、Au99.99、Au50g、Au100g 四个现货实盘交易品种，和 Au（T+5）与 Au（T+D）两个延期交易品种及 Au（T+N1）、Au（T+N2）两个中远期交易品种。

交易所主要实行标准化撮合交易方式。中国银行、中国农业银行、中国工商银行、中国建设银行和深圳发展银行、兴业银行和华夏银行等作为交易所指定的清算银行，实行集中、直接、净额的资金清算原则。交易所实物交割实行"一户一码制"的交割原则，在全国 37 个城市设立 55 家指定仓库，金锭和金条由交易所统一调运配送。

资料来源：上海黄金交易所官网

（四）黄金工具应用策略

1. 注重长期投资

耐心等待是在黄金交易中获得成功最为重要的品质之一。首先，投资者必须有耐心等待确切的买入或抛出点，机会到了以后决定入市。当投资者做交易时，必须耐心地等待机会及时地离开市场，获得利润。从历史趋势来看，这一买卖交易的过程可能具有长期性。

2. 明确交易风格

明白什么是促使投资者进入黄金市场交易的原因非常重要。通过关注黄金价格行为模式，对其进行一定分析，预判接下来更有可能发生的走势，也就是市场上涨或下跌，接着投资者要有自己的投资者交易的机制。从本质上讲，这是投资者交易的方式，涉及如何进场，止损和目标的价格水平。最后，了解投资者希望从交易中获得什么，是短期交易还是长期交易，这取决于投资者如何管理交易和自己的行为，以获得盈利。

二、房地产理财规划

房地产是为人类的生产、生活提供人住空间和物质载体的一种稀缺性资源，能够在一定程度上规避通货膨胀，具有较好的保值性。

根据理财目的的不同，房地产理财可以分为房地产消费和房地产投资两大类。房地产消费是指居民为取得住房提供的庇护、休息、娱乐和生活空间的服务而进行的消费，主要通过购买和租赁房产来实现；房地产投资则是指将房地产视为投资增值的工具，以一定的资金量投入房地产领域，以期在一定的期限内，通过房地产的租金收入及价格上升获得一定的预期回报。

房地产投资主要有实物投资和金融投资两种形式。

（一）房地产实物投资

房地产实物投资是投资者为了出租给最终使用者以获取较为稳定的经常性收入，或者取得高额的转让价差，而购入房地产或进行房地产开发的投资行为。

各类房地产均可以作为房地产实物投资的对象，涉及住宅、写字楼、商业店铺等各个品种。由于许多大中型城市的住宅购买受到限购政策的影响，且践行"房子是用来住的"，一般会用以下几种方式来进行投资。

（1）写字楼

购买写字楼部分或全部的股权，以获取较为稳定的经常性收入，是欧美房地产市场最为典型的房地产置业投资方式。欧美资金在进入我国房地产投资领域时，一般也倾向于投资写字楼或类似的服务式公寓等能够保持稳定、长期的现金流量的物业形式。

（2）商铺

商铺也是房地产投资中的一种常见形式。但是传统的商业物业投资数额巨大，不适宜中小投资者；弄堂小铺形不成商业规模，投资者的利益得不到保障。回租型商铺则克服了传统大型商铺投资的资金壁垒，它是采用分散销售、集中经营的管理模式，投资者在购买商铺时与开发商签订一定期限的回租协议，同时约定投资回报率，投资者可以在期限内按照约定比例获取稳定的投资收益，回租协议到期后可以将商铺回售给开发商。与普通商业物业相比，回租型商铺可以使得投资者的收益得到较大的保障，但是投资者在购买这一类物业时仍然需要考虑租约期内的风险，选择在未来几年内将形成一定规模商业气氛的地段进行投资。

（3）产权式酒店度假公寓

产权式酒店度假公寓一般位于风景区、旅游观光度假区内，投资者投资产权式酒店后，由开发商聘请酒店管理公司统一经营与管理，投资者可以得到固定比例的投资回报和一定期限的免费入住权。这种投资方式具有一次性投资、收益稳定、风险小的特点。

（4）小户型公寓（酒店式公寓）

小户型公寓由于所需投入资金总额较少，且转让流通较为迅速，因此为大多数置业投资者所看好。尤其是精装修的单身公寓，从最初的"宾馆标准间"向多元化发展，酒店式服务公寓、Sohu、Solo 等新型小户型单身公寓都具有较高的投资价值。目前我国单身公寓的购房者中，大多以出租投资为目的。

案例

金隅空港公馆位于杭州市下沙沿江南，由金隅（杭州）房地产开发有限公司建成的低总价酒店式公寓，总建筑面积90672m²，总占地面积21908m²，共计房屋1022户，公寓主力户型为 40～50m²，单套公寓售价在 60 万元～70 万元左右。金隅空港公馆是钱江新城东酒店式公寓，20 万方江滨休闲综合体金隅东部湾广场包含酒店、商业等在内的配套。金隅空港公馆紧靠之江东路（贯穿钱江新城，连接之江等板块），距地铁1号线延伸段江滨站仅千米，沿德胜高架可对接主城，不仅连通了下沙中心，还贯通了庆春广场、西湖等全城生活圈。金隅空港公馆项目面积小、总价低、不限

购不限贷，依托自身20万方商业配套，以及世贸广场、保利湾天地等沿江商业体，形成一站式休闲生活圈，从而满足了下沙沿江板块对小户型的潜在需求。

表 2-7　杭州金隅空港公馆酒店式公寓楼盘基本参数

楼盘基本参数			
物业类型	普通住宅	装修	毛坯
区域所属	桐庐	交房日期	已于2016年7月全部房源交付
开发商	金隅（杭州）房地产开发有限公司	建筑面积	90672m²
绿化率	30%	占地面积	21908m²
容积率	3.00	物业公司	杭州公元物业
开盘日期	已于2017年6月9日首开2#		
售楼地址	下沙经济技术开发区24号大街与19号大街交汇东南角		
楼盘地址	下沙经济技术开发区24号大街与19号大街交汇东南角		
物业费	2.1～0.5元/平方米/月		

资料来源：安居客官网

（5）车库

据国家统计局统计，2000年年底，我国每百户城镇居民家庭拥有家用汽车才0.5辆，2020年，中国居民全国每百户家用汽车拥有量37.1辆。在浙江，平均每两户家庭就拥有一辆车。随着城市居民家庭购车数量不断增加，小区车库的需求必定不断增加，而目前各住宅区所配备的车库还是比较有限的，因此车库也是一种很有增长潜力的房地产投资品种。

各类房地产实物投资品种的优缺点参见表2-8。

表 2-8　各类房地产实物投资品种的优缺点

房地产实物投资品种	优点	缺点	投资建议
酒店式公寓	总价低、首付低、月供较少，是目前市场热点。	单价高、户型设计相对不合理、一层多户居住不便。	首先要看项目区域未来的规划，看是否有增值空间；其次看户型是否合理，居住是否舒适，以便良好出租；还要看开发商所提供的投资回报率是否过大，其租金是否过高；最后，是投资回报率的保证，看与开发商还是中间公司签订投资回报率保证的合同。
社区商铺	投资适中、新兴投资形式、商业消费人群稳定、社区环境好、回报高，且可自主经营或出租。	成长期较长，退出损失大，具有房产风险和商业风险双重风险。	投资此类物业，首先看商铺的单位面积销售价格，通常商铺售价以不高于小区内住宅房售价的2.5～4倍较合理。其次看小区周边区域未来规划怎样，能否提升物业价值；再次看小区人气是否充足；最后看物业规划是否合理和后期管理。

房地产实物投资品种	优点	缺点	投资建议
产权式酒店	所处地段较好、具有不可复制的位置或景观优势，月供较少，产权与管理分离，投资回报率高，投资同时还可有限度享用。	单价高、总价也高于酒店式公寓、公摊较大。	产权式酒店是一种相对复杂的操作模式，投资客最好具备一定的专业知识。必须考虑投资回报的可靠性和投资的安全保障，即酒店管理者的承诺能否兑现；还须了解酒店所在地的旅游资源、酒店设备和服务能否满足客户需要、现有酒店经营状况等；同时，酒店建设状况、酒店经营管理能力、未来市场潜力、开发商以往业绩和经济实力等都是投资者要关注的内容。
产权式商铺	投资门槛低，统一经营管理，购买后不需增添任何费用即可投入使用。	大多不能独立经营、高消费群体有限，还未经过市场考验。	由于产权式商铺大多不能独立经营，基本属于纯投资物业。因此，在投资此类物业时，首先要看区域的消费水平能否支持物业持续发展；其次看开发商的品牌和诚信；为规避市场风险，建议引入担保公司或公证单位；最后看商业管理公司是否有能力良好地运营项目，保障投资者的投资回报率。

（二）房地产金融投资

房地产金融投资是通过金融市场间接投资于房地产市场的一种投资方式。房地产价值的昂贵使得实物投资需要的资金数量巨大，而且房地产的经营运作及相关业务又有很强的专业性，要求具备相当的专业知识和经验。但是房地产金融投资为中小投资者开辟了一条渠道。

1.房地产股票

房地产和股票的有机结合，可以利用证券市场的有效性增加房地产投资的流动性，不仅能最大限度地吸纳社会闲散资金投入房地产行业，而且可以大大降低房地产行业的变现风险。因此进行房地产股票投资时需要对房地产市场的状况密切关注，并充分考虑国家宏观调控的影响。（如图 2-5）

图 2-5　房地产板块股票 K 线

2.房地产债券

房地产债券主要是以公司项目债券和住房抵押贷款债券的形式出现。对于大型的房地产开发项目，开发商往往以该项目未来的销售收入为保障，发行一定利率的项目债券，项

目完成获取收益后，偿还债券本息。由于房地产项目债券期限合理，利率远高于同等期限的一般债券，而且有开发项目的实物作为偿付保障，深受投资者的喜爱。

3. 房地产投资信托

房地产投资信托一般以股份公司或托拉斯的形式出现，通过发行受益凭证或基金股份募集社会投资者的资金，并委托或聘请专业性机构和人员实施具体的经营管理。

根据资金投向的不同，房地产投资信托可分为产权信托投资、抵押信托投资和混合信托投资三种形式。早期的房地产信托投资主要为产权信托，目的在于获得房地产的产权以取得经营收入。抵押信托的发展较快，现已超过产权信托。主要从事较长期限的房地产抵押贷款和购买抵押证券混合信托则带有产权信托和抵押信托的双重特点。

（三）房地产理财应用策略

1. 充分考虑房地产理财三要素

要选择合适的投资策略，进行理性的房地产投资，首先就必须了解房地产投资的三要素：时机、区位、质量。这三个要素相辅相成，只有协调处理好它们的关系，才能制定出合理有效的房地产投资策略。

三个投资决策要素中最为关键的要素是房地产投资的介入时机，市场形势瞬息万变，在投资介入时，必须充分地考虑和衡量。在分析我国房地产市场形势时，可以利用"中房指数""国房景气指数"等统计指标来协助判断，有利于投资者及时掌握我国房地产市场的整体发展状况。其次，区位也就是"地段"，是一切活动以及人们居住地的空间布局及相互关系。由于房地产不可移动，因此地段的选择对于房地产投资来说是非常重要的，只有选择了合适地段的房产，才能使投资获得最大限度的获利。最后，质量是房地产投资的根本要素，该项投资是否可以盈利、获取多少利益（如房屋的出租、出售差价等）很大程度上最终均取决于质量。因此，不论是高档物业，还是解决普通住房需求的中低档物业都必须注重物业的质量，要做到以下三个方面：结实、安全；具有适用性，户型安排合理；符合审美、环境要求。

2. 充分考虑所在区域的购房政策

房地产作为投资理财工具在某些特殊环境之下可能并不适用，这主要与客户所在区域的购房政策有关。从1998年国务院启动住房制度改革，印发了《国务院关于进一步深化城镇住房制度改革加快住房建设的通知》（国发〔1998〕23号），开始逐步实行住房分配货币化，由此我国房地产市场全面开启住宅商品化的时代。之后，逐步颁发《个人住房贷款管理办法》（银发〔1998〕190号）、《关于调整个人住房贷款期限和利率的通知》（银传〔1999〕44号）、《国务院关于促进房地产市场持续健康发展的通知》（国发〔2003〕18号）、《国务院办公厅关于促进房地产市场平稳健康发展的通知》（国办发〔2010〕4号）等系列政策，但随着房地产价格较大幅度增长，如何调控房价也成为重点关注的问题。中央政治局会议先后提出"抑制资产泡沫""房子是用来住的，不是用来炒的"（2016年），"坚决遏制房价上涨"（2018年）等，全国各大城市也采取了多样化的限购政策并根据市场发展进行调整。由此，所在区域的购房资格、第二套改善性住房的购房条件，按揭贷款利率及相

关政策等也随之影响家庭的房地产理财规划。

3. 充分考虑长期中财务杠杆的合理使用

由于家庭进行房地产投资理财往往会使用贷款按揭还款的方式，因此在进行该项投资时，应综合考虑当下的按揭贷款利率，包括商业贷款利率和公积金贷款利率，以及相应的贷款政策。同时结合家庭资产与收入情况，根据在长期中可承担的首付款、按揭贷款额度等确定购房总价、贷款总额等。

➤ 本章小结

理财规划师在了解家庭财务、生活状况及风险偏好的基础上，明确其需求和理财目标，从而有针对性地进行金融服务的组合创新，不局限于提供某一种单一的金融产品和理财工具，而是一种全方位、分层次、个性化的理财服务。因此学习了解家庭理财规划工具有助于整体把握家庭理财规划的方向和思路，能够帮助理财规划师针对客户的整个生命周期进行综合性的考虑和规划，有助于帮助客户达成他的理财规划目标。

➤ 课后任务

1. 家庭理财规划的工具有哪些？它们分别有什么特点？

2. 人民币理财产品有哪些主要的分类？与储蓄的关系是什么？

3. 列举你所知道的黄金理财产品，分析各产品之间的风险与收益情况。

4. 试分析当前影响我国房地产价格的因素有哪些。选择北京、上海等城市进行具体分析，并预测其未来市场的价格走势。

5. 根据以下客户的基本资料，罗列该家庭已有的理财规划工具，并结合客户的理财意愿，选择适合他的理财规划工具，并说明选择该理财规划工具的原因。

客户基本资料：

张先生，35 岁，是宁波某一金融公司的员工，年税后收入约 10.2 万元（含年终奖 1.2 万元），公司交有社保和公积金，每月住房公积金 1500 元，目前公积金账户余额 21 万元。张太太，35 岁，是宁波一家大型企业的管理会计，年税后收入 8.5 万元（含年终奖 8000 元），也享有该公司社保和公积金，住房公积金每月 1270 元，目前公积金账户余额 18.2 万元。张先生和张太太都已经工作 10 余年。儿子，7 岁，目前是宁波某小学的一年级学生，张先生打算至少培养至大学本科，所以现在开始要给孩子准备教育金。孩子在学校有学平险和少儿医疗保险。双方父母健在，且都有城镇职工基本养老保险。张先生夫妇希望自己退休后家庭能保持原有水平。

张先生家庭有现金 1 万元，活期存款 15 万元（利率 0.3%），定期存款 25 万元（三年期定期存款，明年年初到期，利率 2.75%），债券型基金、混合型基金共计 15 万元（收益每年 1.1 万元），股票投资 5 万元左右（目前已亏损 1 万元），除此之外无其他投资。目前家庭固定资产是之前结婚时购买的一套 85 平方米左右的房屋，当初购买房价为 117 万元，首付 35.1 万元，

剩余的 81.9 万元采用商业贷款方式分 25 年还，还需还款 15 年，目前需要每月还款 4740 元，该房屋现已升值为约 200 万元。一辆价值 15 万元左右的汽车，目前汽车方面每年花费 0.7 万元（汽油费 4800 元，交强险和第三者责任险 1600 元，保养费 600 元）。

考虑到张女士公司搬迁后距离较远以及原车空间问题，张先生打算换一辆更适用的车，预算约 20 万元。张先生夫妇目前只有基本的社保，以及儿子学校的学平险和少儿医疗保险，除此之外无其他保险。张太太有一张信用卡，额度 5000 元，张先生没有信用卡，消费支付以支付宝和微信为主。张先生的期望收益率为 6% 左右，能跑赢通货膨胀的基础上希望有一定收益。

> **实训任务**

完成一个市场调研报告，选择银行、保险、证券行业中任意一个行业进行调研，分析目前该行业理财市场的理财规划工具普遍收益率以及该理财规划工具存在的风险情况。

第三章
家庭理财规划方案基本要素

► **知识目标**

1. 掌握理财规划方案设计的基本流程。

2. 理解理财规划方案设计的客户分析工作任务。

3. 归纳不同生命周期阶段客户理财目标的差异。

4. 掌握基本的家庭理财规划工具。

5. 评价特定客户的家庭理财规划方案。

6. 掌握理财规划设计效果分析的方法与工具。

► **能力目标**

1. 能获取较为全面的客户资料，并准确判断资料的完整性。

2. 能结合岗位要求，完成客户分析的工作任务。

3. 能结合理财市场的实时情况，为具体客户指定合理的现金规划、消费规划、投资规划、保障规划、养老规划、教育规划等。

4. 能及时掌握国家相关的投资、消费等方面的政策，并加以准确应用。

5. 能为客户进行各项财务计算。

6. 会撰写完整的客户理财规划方案。

7. 能根据客户理财效果进行反馈与调整。

► **案例导读**

如何形成一份要素完备的理财规划方案？

赵先生，32岁，是浙江宁波某外贸公司部门经理，月税后收入2万元，年终奖5万元；赵太太，28岁，是当地一家国有企业的会计，月税后收入8000元，年终奖2万元。两人均有四险一金，没有购买其他保险。赵先生家庭在两年前刚买好一套89平方米的商品房，公积金贷款80万元，贷款期限20年，每月需支付房贷按揭约4540元。两人有一个刚满1岁的儿子，家庭日常开销每月在15000元左右。双方父母均还未退休，有稳定工作，有足够的经济能力给自己养老，暂时无须赵先生家庭支付赡养费。

赵先生家庭过去累积的资金主要都用于购买商品房和养育刚出生的孩子，目前仅有1万元现金和余额宝2万元，作为支付日常开销的备用金，购买了10万元的银行理财产品，年化收益率约5%，还有6个月到期。

赵先生家庭希望能在近期买一辆车，同时希望理财师能够给予合理的理财建议，使得家庭保障能够更为完备，资产能够更好地保值增值，并在未来为孩子准备好一定的教育金。

如果你是理财规划师，遇到赵先生这样的客户，该如何按照家庭理财规划方案的流程为他设计一个较全面而完整的规划呢？理财规划师在拿到客户资料时需要首先确保客户资料信息的完整性，即有足够的信息做出理财规划方向判定、理财工具的选择、理财规划重点项目乃至最终家庭理财方案制定等；其次，理财规划师需要对客户家庭的信息（包括客户现有的财务状况和风险特征等）进行分析，并在此基础上确定该家庭的理财需求（或理财目标）；再次，理财规划师结合确定的理财需求逐个通过规划来解决，并最终形成完整的方案；最后，考虑到理财市场的变化，客户实施方案一定时期后，理财规划师还需要定期对客户的方案实施情况做出评估、反馈，结合市场情况做出调整。由此可见，这是一个持续服务客户的过程。（如图3-1）

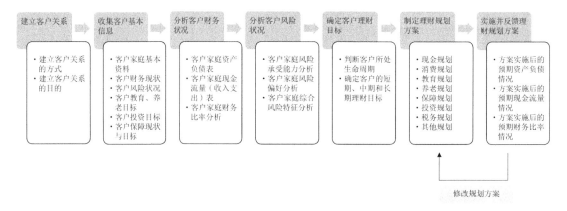

图3-1　家庭理财规划方案设计的基本流程

家庭理财规划方案设计的基本流程

理财规划方案设计基本要素

第一节 客户家庭信息的完整性

客户的各类理财信息是十分私密的，要获得真实有效的信息，理财规划师需要与客户建立起有效联系。理财规划师和客户建立和界定关系的方式有多种，如面谈、电话交谈、网络联系等，其中与客户面谈是最基本也是最重要的一种方式。在与客户成员的面谈过程中，需要充分了解对方的想法，并主动解释理财规划的有关基本知识和背景，以及理财规划师个人的情况，帮助其了解理财规划的作用和金融投资理财的风险，让客户对理财师的专业能力和职业道德有一定的信任，这样才能为进一步收集客户的各类信息奠定良好的基础。

具体客户信息的范围较广，包括对客户的基本家庭背景、理财需求和主要财务信息等内容，这是设计理财规划方案的起点。但这些信息有些较为显性，可以直接获取，如财务数据的获悉，也有一些较为隐性，需要进一步访谈，或是需要理财规划师进行专业判断。

一、直接获取的客户信息收集

理财师需要收集客户的各类信息，对客户的基本信息、理财需求和财务目标、基本信息等有及时和较为详尽的了解，从而确保其后理财规划设计顺利进行。收集信息的方式可以灵活机动，如在面谈过程中收集客户基本资料，但仅仅通过口头的方式来收集数据信息是远远不能满足理财规划需要的，通常需要采用数据调查表来提高数据收集的效率和质量。数据调查表可以通过问答的形式由理财师代为填写。这些信息不仅包括了职业、年龄、身体状况、家庭成员等基本信息，还包括了资产负债类信息、现金流信息、客户理财意愿信息等，详见表3-1。

表3-1 客户信息采集一览表

类别		主要科目	需要收集的具体信息
资产	现金及现金等价物	现金	金额、币种
		活期存款	金额、币种、未来可能的用途
		定期存款	金额、币种、存续期间、对应的利率、是否自动转存、未来可能的用途
		货币市场基金	货币市场基金名称、市价金额、未来可能的用途

续表

类别		主要科目	需要收集的具体信息
资产	非现金类金融资产	债券	名称、类别、购入时间与成本、市价金额、到期日期
		股票	名称、持有股数、购入时间与成本、市价金额
		非货币市场基金	名称、持有股数、购入时间与成本、市价金额、投资方式（是否为基金定投）
		期货	名称、持有股数、购入时间与成本、市价金额
		储蓄性保险	保单种类、保险公司、受益人、保障年限、保费及其交纳方式、保单现值
		应收账款	债务人姓名、借款期限、利率、还款方式
		投资性房地产	区位、性质、面积、购入时间与成本、市价金额、租金、未来可能的处置方式
		其他金融投资资产	投资品种、购入时间与成本、市价金额等
	实物资产	期房预付款	区位、性质、面积、购入时间与成本、市价金额、购房已付首付款、未缴纳余款等
		自用住宅	区位、性质、面积、购入时间与成本、市价金额、首付款、未偿还的房贷余额、每期还款额度
		汽车	品牌与型号、购入时间与成本、市价金额、折旧情况、车贷余额、每期还款额度、每期车辆消费支出、车险支出
		珠宝	珠宝种类、数量、购入成本、市价金额
		其他家庭住宅	区位、性质、面积、购入时间与成本、市价金额、首付款、未偿还的房贷余额、每期还款额度
		收藏品	种类、数量、购入成本、市价金额、主要持有目的
		其他奢侈品资产	奢侈品种类、数量、购入成本、市价金额、主要持有目的
	其他资产	公积金余额	目前本人及配偶的公积金账户余额
负债	短期负债	信用卡负债	发卡银行、类型、当期应缴款、免息还款期限、循环信用余额
	中期负债	教育贷款	贷款额度、期限、利率、还款方式等
负债	长期负债	汽车贷款	贷款额度、期限、利率、每期应缴额、还款方式、车贷余额
		住房按揭贷款	贷款额度、期限、利率、每期应缴额、还款方式、房贷余额
		其他贷款	贷款类别与名称、贷款额、质借／融资余额等
收入		工薪收入	本人与家庭其他成员的工资、奖金、津贴等
		财产经营收入	股息红利、利息、租金、资本利得等
		劳务收入	广告、咨询、培训、稿费等
		公积金收入	每期缴纳的公积金收入
		其他收入	赡养费、赠与、中奖等金额，继承遗产等的类型与金额

类别	主要科目	需要收集的具体信息
支出	基本消费支出	衣、食、住、行
	房屋按揭支出	每期偿还购买不动产负债的额度
	教育支出	每期缴纳的学费、住宿费、教材费、培训费等与教育相关的费用
	娱乐支出	旅游消费、文化消费等
	医疗支出	住院费、门诊费、药品费、检查费、医疗器械购置费等
	投资支出	当期增加的投资额
	保障性支出	当期支付的商业保险费用[①]
	其他支出	赡养费、赠与、社交等未在其他具体支出项目中体现的支出
客户理财意愿	消费意愿	已纳入考虑范围的消费项目，如购车、购房等
	投资意愿	客户自身的投资品种偏好、预期收益率等
	保障意愿	已纳入考虑范围的保险品种等
	教育意愿	客户对于自身或子女教育目标设定、教育类型选择等
	养老意愿	客户对自身或父母养老目标、退休年龄、预期养老水平等
	其他意愿	如婚礼、子女生养、父母赡养等

二、间接获取的客户信息收集

除了以上可以直接调研的客户信息之外，还有一些是需要通过访谈、测试、调查问卷等形式来判断获取的，主要包括：

（1）客户的风险偏好情况，这又包括客户可以承受的损失、承受损失后的心理反应以及止损行动等。这些信息可以通过访谈或测试的形式获得。

（2）客户所在城市的房地产行业情况，房地产首套和二套房限购限贷政策，公积金及商贷房贷利率水平，公积金、养老金缴纳及领取政策，车辆限牌政策，不同受教育阶段的教育支出水平，教育费用增长率等信息，这些是客户信息收集中并未出现，甚至客户自身也并不了解的信息，需要结合当地的相关信息网站或者数据库进行查询获取。

无论是直接获取还是间接获取的信息，原则上是为了使得理财规划师能够为客户家庭制定更加完整、合理的理财规划方案。

判断客户资料的完整性

---

① 保障性支出中需要注意的是，若客户为一般上班族，且工薪收入已是税后收入，则社保一般已扣除，因此无须再纳入该支出项目中。若是自由职业者、无业者等自行缴纳社保者，则需在该项支出中体现。

第二节 客户家庭信息分析

由上述信息收集列表可知，客户信息包含多个方面，但若仅仅简单罗列显然是不够的，需要对获取的信息进行分类分析，可将客户信息分为财务状况和风险状况两大类进行分析。

一、客户家庭财务状况分析

客户财务状况分析是将客户的资产、负债、收入、支出等财务信息在编制客户财务报表的基础上利用结构分析法、指标分析法等方法，将客户的财务状况更为清晰、直观地呈现出来，为进一步做家庭理财规划奠定基础。具体包括资产负债表、收入支出表以及在此数据基础上的财务比率分析。

（一）客户家庭财务报表的编制

1. 客户家庭资产负债表的编制

（1）客户家庭资产的主要科目

根据表 3-1 所收集的信息可知，客户资产主要可以分为金融资产和实物资产两大类。其中，金融资产又根据其流动性可进一步细分为现金及现金等价物和其他金融资产。

①现金及现金等价物

现金及现金等价物是客户金融资产中流动性最强的资产，也称之为流动资产，主要包括现金、银行活期和定期存款、货币市场基金以及商业银行的现金类理财产品等，是客户应急储备资金的主要来源，一般家庭需要保持 3 ～ 6 个月开销的资金量。需要注意的是，现金及现金等价物在计入资产负债表时，是根据该资产的原值计价，利息收益作为当年的收入。

②非现金类金融资产

非现金类金融资产是除现金及现金等价物以外的、能够带来未来增值收益的金融资产，主要包括股票、债券、非货币市场基金、期权、期货、储蓄性保险等，这些金融资产在家庭理财规划中尤为重要。与现金及现金等价物不同，此类资产通常根据市场价值确定价值。

③实物资产

实物资产是客户生活所使用或收藏的各种有实物形态的资产，如自住房产、投资性房产、汽车、珠宝、收藏品等。这类资产的价值确定原则取决于客观条件，通常的计量方法为：住房、汽车按照完全重置成本减去应扣损耗或贬值来计算；其他自用资产按照重置成本确定价值；打算出售的自用资产用市场价值减去处置的费用来确定价值；珠宝等奢侈品资产一般按照市场价值减去处置的费用来确定价值。

不同的客户还有一些其他资产，若客户有直接商业投资也可以将其单独列为一类，即经营资产。

（2）客户家庭负债的主要科目

客户家庭的负债包括了全部客户成员欠非客户成员的所有债务，可以分为短期（流动）负债、中期负债和长期负债等类型。客户家庭的流动负债是指1～2个月内到期的负债，主要包括信用卡应收款、分期付款的消费贷款以及当期应偿还的长期贷款等；中期负债主要指教育贷款以及部分消费贷款；长期负债指一年以上到期或多年内需每月支付的负债，其中最为典型的是各类个人住房贷款、汽车消费贷款和质押贷款等。

最后，除了资产和负债两大类项目，家庭资产总额与负债总额的之差称之为"净资产"。客户家庭资产负债表一般可呈现为表3-2所示的样表。但家庭资产负债表并没有固定的科目，可随客户家庭资产、负债明细进行增减。

表3-2　XX客户家庭资产负债表（截至xxxx年xx月xx日）

（单位：万元）

资产		负债	
科目	金额	科目	金额
现金及现金等价物		短期负债	
现金		信用卡贷款余额	
活期存款		互联网消费信贷余额	
定期存款		中期负债	
货币市场基金		教育贷款余额	
非现金类金融资产		消费贷款余额	
股票		长期负债	
国债		汽车贷款余额	
非货币市场基金		房屋贷款余额	
期货		其他负债	
投资性房产			
其他投资资产			
实物资产			
自住房产			
汽车			
收藏品			
其他实物资产			
其他资产			
资产总计		负债总计	
净资产		（资产总额－负债总额＝净资产）	

2. 客户家庭收入支出表的编制

（1）客户家庭收入的主要科目

客户家庭收入主要包括工薪收入、财产经营收入、劳务收入、其他收入等项目，如表3-1所示，每一个收入类别中又可包含更多明细。但需要注意的是，一般这些收入均指税后的实际收入。

（2）客户家庭支出的主要科目

客户家庭支出一般包括基本消费、房屋按揭、教育、娱乐、医疗、投资、保障等支出项目（如表 3-1 所示）。

除了家庭收入和支出的各个项目外，每个家庭年度的收入与支出之差称之为"结余"，由此构成了客户家庭收入支出表，如表 3-3 所示。与资产负债表类似，收支表也是根据客户的实际支出情况填列，可进行部分项目的增减。

表 3-3　XX 客户家庭收入支出表（xxxx 年 x 月 x 日－xxxx 年 x 月 x 日）

（单位：万元）

收入		支出	
科目	金额	科目	金额
工薪收入		基本消费支出	
工资收入		还贷支出	
年终奖		教育支出	
其他薪金收入		保障支出	
资产经营收入		医疗支出	
利息收入		娱乐支出	
股票红利		投资支出	
证券买卖差价		赡养支出	
租金收入		其他支出	
劳务收入			
其他收入			
收入合计		负债合计	
年结余			

（二）客户家庭财务状况分析

1. 客户财务结构分析

客户的财务结构可以从以下四个方面对客户的财务状况进行结构分析。

（1）金融资产与实物资产比重分析

金融资产和实物资产是客户资产的两大类型，处于不同生命周期的客户家庭，两者之间的比重差异很大。单身期客户没有购置房产前，往往以金融资产为主；家庭事业形成期客户刚购置房产，金融资产可能大部分转化为实物资产；家庭事业成长期客户则是需要不断累积各类资产，尤其是金融资产，让金融资产和实物资产在配置上能够达到并重；退休前期和退休期客户更多是金融资产消耗的过程。

（2）金融资产内部比重

金融资产内部比重分析，主要是测算高、中、低风险金融资产在客户资产中所占的比例情况，以及流动资产与其他金融资产的比例情况，并分析其与客户的风险承受能力和风险偏好是否相吻合。

（3）客户家庭收入结构分析

客户家庭收入结构分析，主要分析客户收入的多元化程度。收入过于单一的家庭，风险相对较大，理性的理财者倾向于开源，让收入能够更多元化。

（4）客户家庭支出结构分析

客户支出结构分析，主要剖析客户支出的分布情况，考察占比较高的支出项，分析其合理性。

2. 客户财务指标分析

财务指标分析是最常用的客户财务分析方法，主要有基本指标、债务性指标和投资性指标三大类。（见表3-4）

表3-4　常用的客户财务指标

指标类型	财务指标	计算公式
基本指标	流动性比率	流动资产/每月支出
	结余比率	年结余/年税后收入
债务性指标	负债比率	总负债/总资产
	负债收入比	年债务支出/年税后收入
	即付比率	流动资产/总负债
投资性指标	投资净资产比率	投资资产/净资产
	财务自由度	年非工资收入/年家庭固定支出

（1）基本指标

①流动性比率

流动性比率反映客户的应急储备状况及支出能力的强弱，通常情况下流动比率为3～6个月较为合适，即现金及现金等价物保持在3～6个月的支出费用即可。因为流动性与收益性成反比，流动性强则收益较少，反之亦然。因此，客户家庭应在保持好一定比重的流动资产后，其余资产应用于增加投资获取更多的收益，实现资产增值。

②结余比率

结余比率反映了客户控制其开支和增加其净资产的能力。通常建议该比率要大于10%，一般客户结余比率可以控制在30%～40%。当储蓄比率小于10%，结余比例较低，需要通过对支出进行适当的控制，提高结余比例；当结余比率在40%～50%之间时，结余比例比较高，财富增长比较快；当结余比率大于50%时，可以适当地增加消费，提高生活品质，更可适当增加投资支出、保障支出等。

结余比率具有较为明显的地域差异，如美国家庭结余比率往往低于10%，而中国家庭结余比率往往更接近40%；再如城市与农村的结余比率也有所不同。因此，在具体判断结余比率时，还需结合地域差异性特质。

（2）债务性指标

①负债比率

负债比率反映客户的综合偿债能力，数值在0.5以下比较合适，一般客户的清偿比率应该在0.3～0.4左右。一般来说，负债比率越高，财务负担越大，收入不稳定时无法还

本付息的风险也越大。但总负债是由自用资产负债、投资负债和消费负债三大部分组成，因此需要考虑总负债中各种负债组合的比重以及市场形势，才能最终较为准确地判断客户的财务风险。

②清偿比率

与负债比率相对应的还有清偿比率，它是净资产与客户总资产比值，与负债比率为互补关系，两者之和为 1，同样反映的是客户综合偿债能力的高低。

③负债收入比率

负债收入比率是到期需支付的债务本息总额与同期税后收入的比值，反映了一个客户短期偿债能力的高低，0.4 是临界点，过高容易发生财务危机。这也是理财规划师之所以建议客户家庭每月各类按揭贷款还贷支出总额不超过家庭月税后收入 40% 的主要依据。

④即付比率

即付比率是流动资产与负债总额的比值，反映了客户利用可随时变现资产偿还债务的能力，一般建议维持在 0.7 左右。若该比率偏低，意味着在经济形势不利时无法在短期内通过减轻负债来规避可能导致的风险；若该比率偏高，则又过于注重流动资产，导致资产综合收益率偏低，财务结构不合理，需要将部分流动资产转为投资资产，以提升资产收益。

（3）投资性指标

①投资净资产比率

投资与净资产比率是投资资产与净资产的比值，可以反映出客户的投资意识，应保持在 0.5 以上，以确保资产的不断增值。其中，投资资产包括除现金及现金等价物以外的所有其他金融资产和投资性实物资产，如债券、股票、非货币市场基金、银行理财产品、投资性房产及以投资为目的的收藏品等。该比率衡量的是客户的投资意识以及由此带来的资产增值的可能性。

②财务自由度

财务自由度是年非工资收入与年家庭固定支出的比值，该指标反映了非工资收入覆盖家庭固定支出的情况，该数值越接近 1，说明客户家庭越接近财务自由。

3. 客户财务综合评价

客户财务综合评价是对前面所有财务分析的总结，综合判断客户现阶段财务的健康状况，找出存在的主要问题，同时结合客户家庭未来收入支出的变化趋势进行未来的财务预测，并由此初步判断客户家庭理财规划的重点。

客户财务分析

二、客户家庭风险特征分析

客户的风险特征是理财规划的重要考虑因素之一，主要可以从风险承受能力和风险偏好两个方面进行分析。

（一）客户家庭风险承受能力评估

客户风险承受能力反映的是客户客观上面对的风险程度，主要通过客户职业、家庭负担、置业状况、投资经验和知识、年龄等因素进行综合判断。（见表3-5）

表3-5　客户风险承受能力评估表

分数	10分	8分	6分	4分	2分	得分
就业状况	公教人员	上班族	佣金收入	自营事业	失业	
家庭负担	未婚	双薪无子女	双薪有子女	单薪有子女	单薪养三代	
置业情况	投资不动产	自宅无房贷	房贷<50%	房贷>50%	无自宅	
投资经验	10年以上	6～10年	2～5年	1年以内	无	
投资知识	有专业证照	财经专业毕业	自修有心得	懂一些	一片空白	
年龄	总分50分，25岁以下者50分，每多一岁少1分，75岁以上者0分					
总分						

显然，对于某个具体的客户家庭而言，不同就业状况及由此带来的未来收入的稳定性不同，客户家庭的风险承受能力也就不同，工作以及收入越稳定的客户家庭，其风险承受能力越高；家庭负担方面，需要负担的家庭成员越少，其风险承受能力也就越强，尤其是在子女的抚养和老人的赡养方面；在置业情况方面，如果客户家庭拥有的房产及其贷款额度不同，风险承受能力也不同，若能投资其他不动产，则更是如此；在投资经验和知识上，客户投资的经验越丰富，具备的专业投资知识越多，就越能识别从而规避风险；最后，年纪越轻，在长期中重新开始投资的可能性越强，能承受的风险也就越大。

在得分的判断方面，一般0～19分属于低承受能力群体；20～39分属于中低承受能力群体；40～59分属于中等承受能力群体；60～79分属于中高承受能力群体；80～100分属于高承受能力群体。

（二）客户家庭风险偏好评估

风险偏好反映了客户主观上对风险的态度，这与客户所处区域的投资氛围、人们的投资意识，以及自身对风险的认知等多方面因素有关，一般可通过风险偏好评估表进行判断（见表3-6）。由该表可知，以下部分因素无法从客观财务数据中分析知晓，需要通过访谈、测试等方式来进一步了解客户的投资目标以及承受损失时的后续行为、心理反应等。

表3-6　客户风险偏好评估表

分数	10分	8分	6分	4分	2分	得分
首要考虑	赚短线差价	长期利得	年现金收益	抗通膨保值	保本保息	
认赔动作	预设止损点	事后止损	部分认赔	持有待回升	加码摊平	
赔钱心理	学习经验	照常过日子	影响情绪小	影响情绪大	难以成眠	
最重要特性	获利性	收益兼成长	收益性	流动性	安全性	
避免工具	无	期货	股票	房地产	债券	
本金损失容忍度	总分50分，不能容忍任何损失为0分，每增加一个承受损失百分比，加2分，可容忍25%以上损失者为满分50分。					
总分						

根据最后的得分情况，0 ～ 19 分属于非常保守型群体；20 ～ 40 分属于温和保守型群体；40 ～ 60 分属于中庸型群体；60 ～ 80 分属于温和进取型群体；80 ～ 100 分属于积极进取型群体。

既然风险特征分析分成了客观与主观两个层面，那么理财规划师在进行后期的理财规划时也需要同时结合客户家庭风险承受能力与风险偏好来进行组合建议，制定与客户家庭风险特征匹配的方案。

客户风险分析

客户家庭信息分析要点

1. 资产负债表、收入支出表数据的真实性和完整性。

2. 资产为存量，确定为截至某时间点的数据，且按市场价格而非历史价格计入表格。

3. 收入为流量，确定为对应时间段内的数据，充分关注资产收益、各类支出是否在表格中完全体现。

4. 客户的财务比率虽然有参考标准，但是否合理需根据客户的实际情况予以判断，而非一概而论。

5. 客户的风险情况会在后续规划中作为依据，贯穿方案始终。

第三节　客户家庭理财目标

由于客户自身理财知识的有限性，有时客户自身的主观理财意愿并非就可作为其理财规划的目标。客户家庭理财目标的确定应是在综合分析客户理财意愿基础上，利用理财规划师的专业能力确定需要实现的理财规划项目，并设定各项目实现优先等级以及实现周期的过程。由此可见，确定客户家庭的理财目标可分为以下几个步骤：

第一步，充分了解客户理财意愿，这包括了客户的投资、消费、教育、养老等多个方面的意愿，这些是客户家庭自身对理财提出的需求。第二步，基于客户理财专业知识的掌握程度以及对理财市场行情的了解程度，理财规划师需要从专业角度对客户理财意愿加以调整，确定客户家庭的系列理财需求。第三步，鉴于客户家庭资产的有限性，一般需要将理财目标按照短期、中期、长期来进行罗列，逐步实现目标的达成。

同时需要注意的是，各类短期、中长期目标并不是一成不变的，与所处的生命周期阶段息息相关，表3-7所展示的即为不同生命周期客户家庭常见的理财目标汇总。

表3-7　客户家庭常见的理财目标汇总

单身期客户	
目标分类	理财目标内容
短期目标	预留覆盖3～6个月支出的备用金
	调整现金及现金等价物、其他金融资产与实物资产比重
	控制日常开支
	调整现有金融资产的投资结构比重
	初步建立保障体系
	尝试小额投资
	筹集购房首付款
	筹集婚礼费用
	自身进修计划
中长期目标	购房、购车规划
	提高完善保险保障体系
	建立子女生育、教育基金
	建立投资组合
	父母赡养规划
	个人创业计划

续表

家庭事业形成期客户		
短期目标	预留覆盖3～6个月支出的备用金	
	调整现金及现金等价物、其他金融资产与实物资产比重	
	适当运用财务杠杆,进行购房、购车规划	
	建立和完善保障体系	
	建立子女生育基金	
	组建投资组合	
	自身进修计划	
中期目标	建立子女教育基金	
	完善投资组合	
	父母赡养规划	
	个人创业计划	
长期目标	开始建立退休基金	
	建立家庭旅游基金	
家庭事业成长期客户		
短期目标	预留覆盖3～6个月支出的备用金	
	调整现金及现金等价物、其他金融资产与实物资产比重	
	控制收支平衡	
	提升家庭保障程度	
	完善子女教育基金	
	父母赡养规划	
中期目标	建立退休基金	
	构建稳健型投资组合	
	家庭旅游基金	
长期目标	完善退休规划	
	遗产规划	
退休前期客户		
短期目标	预留覆盖6个月以上支出的备用金	
	调整投资结构,降低投资风险	
	置换住房	
	置换汽车	
	提升家庭保障程度	
	完善退休规划	
中长期目标	确认退休规划	
	以保本型投资组合为主	
	确保退休后稳定的现金流	
	遗产规划	

退休期客户		
短期目标	预留覆盖 6 个月以上支出的紧急备用金	
	以保本型投资组合为主	
	置换住房	
	置换汽车	
	在年龄允许范围内完善家庭保障程度（如增加看护险等）	
	退休后的旅游计划	
中长期目标	确保退休后稳定的现金流	
	遗产规划	

客户目标分析要点

　　需要说明的是，以上各个理财目标大都非客户的必选项，仅仅作为参与。实际客户家庭理财目标需根据客户的实际情况，"一客户一分析"，经充分与客户沟通后确定。

客户理财需求分析

第四节　客户家庭理财规划项目

客户家庭理财规划组合设计是理财规划的核心，主要包括现金规划、消费规划、教育规划、养老规划、保障规划、投资规划等多个项目。

一、现金规划

现金规划是为满足客户家庭短期需求而进行的管理日常现金及现金等价物和短期融资的活动。

（一）现金及现金等价物的管理

现金及现金等价物是前文客户分析中提到的客户资产中流动性比较强的金融资产。由于其高流动性以牺牲相应的收益而获得，过多的资产沉淀其中，中长期收益很难让人满意，因此一般预留 3～6 个月左右的开销即可。

常用的现金及现金等价物为：①现金。现金是现金规划的重要工具，与其他现金规划工具相比，它是流动性最强的。②相关储蓄品种。如活期存款、通知存款、定活两便存款等。③货币市场基金。货币市场基金具有本金安全、资金流动性强、投资成本低、分红免税等优势，是目前较为理想的现金规划工具（见表 3-8）。④商业银行的现金类理财产品。各家商业银行推出的流动性很强的现金类理财产品，往往为 1 万元起步，收益率高于货币市场基金，可以 24 小时申购和赎回，没有任何手续费，虽然资金门槛和赎回存在限额，但也是可选的现金管理工具。

表 3-8　货币市场基金收益三年年化回报率前十名的情况表（2020 年 3 月 31 日）

序号	基金代码	基金名称	1 年回报（%）	2 年年化回报（%）	3 年年化回报（%）	三年标准差（%）
1	511960	嘉实快线货币 H	1.10	4.85	4.19	21.58
2	000621	易方达现金增利货币 B	1.46	2.95	3.41	20.24
3	002753	建信嘉薪宝货币 B	1.42	2.99	3.45	14.72
4	003474	南方天天利货币 B	1.42	2.86	3.34	13.48
5	004417	兴全货币 B	1.35	2.80	3.27	11.71
6	004137	博时合惠货币 B	1.36	2.86	3.35	12.61
7	000836	国投瑞银钱多宝货币 A	1.45	2.93	3.28	20.89
8	000837	国投瑞银钱多宝货币 I	1.45	2.93	3.28	20.89
9	000905	鹏华安盈宝货币	1.44	2.91	3.36	21.43
10	002758	建信现金增利货币	1.37	2.78	3.25	13.94

数据来源：晨星基金网 https://cn.morningstar.com/

知识拓展

货币市场基金 A 和 B 的区别

有些货币市场基金后面会跟上一个英文字母，这是什么意思呢？其实，这主要是申购的门槛和相关费用收取差异不同而进行的基金分类。以大成货币市场基金为例，大成货币 A（090005）没有起购限额的限制，大成货币 B（091005）则需要 1000元起步投资，同时 B 级基金份额的销售服务费比 A 级基金少，公布出来的收益已扣除了所有费用，由于 B 级扣的费用较少，所以相对收益较高，具体差异详见表 3-9。

表 3-9　大成货币 A 和大成货币 B 的差异对比表

项目＼类型	大成货币 A	大成货币 B
近一年收益率（2020.4.12）	2.33%	2.58%
起购金额限制	无	1000 元
管理费	0.22%	0.22%
托管费	0.07%	0.07%
销售服务费	0.25%	0.01%
申购和赎回手续费	无	无

（二）短期融资

为了预防预留覆盖家庭 3～6 个月支出的流动资产遭遇突发事件需要更多资金，理财规划师通常建议客户通过短期融资工具来进行短期资金的融通以应付突发事件的处理。短期融资适用于现金规划的短期融资工具，主要包括信用卡、保单质押、典当等。目前，最常用的短期融资工具是信用卡，客户可以综合利用其免息透支功能以及折扣、个性化消费等生活理财功能灵活应付短期资金的融通。

1. 信用卡融资

信用卡是由银行发行的一种支付兼消费信贷工具，持卡人无须先存入款项，而是由银行确定一个循环信贷额度供持卡人支用。它的各项用途和功能是由发卡银行根据社会需要和内部经营能力所赋予的，尽管各家银行所发行的信用卡的功能并不完全一致，然而所有信用卡都具备转账结算、储蓄、代收代付、消费支付等基本功能。目前，国际上较大信用卡组织主要有五个，即维萨国际组织（VISA）、万事达国际组织（Master Card）、美国运通公司、大莱信用卡公司和 JCB 信用卡公司。随着中国银联公司的发展，中国银联公司已经逐步发展为世界上第六大银行卡组织。

（1）信用卡的免息透支功能。信用卡可以"先消费、后还款"，透支一定的消费金额，享受一定的免息还款期，因此可以作为理财客户日常生活中不可或缺的短期融资产品，不但额度非常可观，还可以选择同时利用分期付款进一步增加融资期限。各种信用卡的免息优惠功能如果运用恰当，则不失为一种精细化理财手段。目前，各类信用卡已逐渐成为我国金融消费的重要工具，我国居民信用卡贷款余额持续增长，并成为家庭短期负债的重要组成部分。截至 2019 年末，我国银行业金融机构已发行信用卡 10 亿张以上，信用卡贷款

规模超过 7 万亿元，年度增速 20% 左右。但需要注意的是，免息投资与风险共存，需要特别关注由此而产生的融资风险，尤其关注"免息期"到期后的循环利率和滞纳金费用，以及由此产生的征信问题。

（2）信用卡的生活理财功能。随着经济社会的发展与居民财富的积累，追求有品质、个性化的生活已日渐成为大众生活的主流理念。一些发卡机构针对普通人生活的方方面面，适时推出了具有各种不同功能的信用卡，使生活更加便利惬意。选择信用卡在为客户提供短期融资的同时，可以与其生活理财功能相结合，以达到更完美的效果。目前各家银行发行的特色信用卡包括联名卡、女性卡、旅游卡、航空卡、体育卡、车主卡、卡通卡等，如招商银行推出的"大众书局联名信用卡"、中国建设银行的"龙卡汽车卡"、中国工商银行的"国航知音牡丹信用卡"、中国农业银行的"金穗喜羊羊与灰太狼联名卡"等。同时，还在美食、休闲、旅游、购物等多方面推出各种价格折扣、刷卡积分及商品换购等特色增值服务，让持卡者可以获得更好的个性化消费体验。

2. 典当融资

典当融资是一种以房地产、动产或财产权利为抵押或质押的融资方式，具有灵活、快捷、应急等比较优势，成为个人融资的一种补充方式。典当行将目光更多地集中于抵押物和质押物上，主要关注当物的价值、变现难易程度、是否存在折旧现象等。因而，只要个人有可用于抵质押的当物，就容易获得典当融资。质押物可以是股票、黄金、房产、汽车等。

现在的典当行的生存空间介于民间信贷和银行之间，已成为一种短期融资的理财方式。但若客户家庭将典当所获资金用于投资，存在着较大的风险，相关部门对此也有监管政策。

3. 保单质押融资

随着现代经济社会的快速发展，保险产品的功能已从纯粹的保障功能演变为多元化功能，人们可以利用保单质押获得贷款来缓解短期的资金流动压力。

人身保险单质押是一种担保方式，是为担保债权人权利的实现，出质人将自己拥有的人身保险单权利作为质押物，质押给债权人，在主债务人不履行债务时，债权人对该人身保险单权利所获得的价款享有优先受偿的权利。

4. 第三方支付机构线上信用支付产品

由于互联网金融的发展，目前我国国内各大型电商平台推出了各具特色的信用支付产品，如京东、阿里、苏宁分别推出了"白条""花呗""任性付"等个人信用支付产品，向客户提供"先消费、后还款"的线上信用支付服务，在为客户带来良好用户体验的同时，也在实际意义上为客户提供了短期的信用融资，减少了客户现金及现金等价物的储备压力。

值得注意的是，由于该类信用支付产品是依托电商平台所属支付机构的支付账户核算的，同时存在缺乏准入门槛及规模控制、信用违约风险可控性较差、消费者个人信息安全保护等方面的风险隐患，存在一定的金融风险，需提醒客户风险存在的客观性，并谨防诈骗现象。

市场链接

我国的第三方支付机构线上信用支付产品代表

当前，我国第三方支付机构信用支付产品层出不穷，代表性产品主要有京东白条、蚂蚁花呗、苏宁任性付等。

1. 京东白条

2014 年 2 月，白条在京东商城上线，成为由京东推出的我国首款互联网信用支付产品，让客户可以享受到"先消费、后付款，实时审批、随心分期"的消费体验。客户在京东购物就可以在线申请最高达 10 万元的个人贷款进行支付。在购买商品时，客户可以选择 30 天延后付款，也可以选择 3 ~ 24 期分期付款，不同的分期会收取不同的服务费，当然客户发生违约行为时，也会被收取一定的违约金。

2. 蚂蚁花呗

蚂蚁花呗是蚂蚁金服 2014 年底推出的一款消费信贷产品，申请开通后，将获得 500 ~ 50000 元不等的消费额度。用户在消费时，可以预支蚂蚁花呗的额度，享受"先消费，后付款"的购物体验。花呗根据消费者填写的信息资料、网购消费记录、支付记录等数据以及用户的芝麻信用分综合来对消费者进行授信，从 1000 元至 30000 元不等。

2016 年 8 月 4 日，蚂蚁花呗消费信贷资产支持证券项目在上海证券交易所挂牌，这也是上交所首单互联网消费金融 ABS。

2018 年 5 月 18 日，蚂蚁花呗宣布向银行等金融机构开放。10 月 18 日，蚂蚁花呗正式上线"额度管理"功能，用户可以根据自身实际需求，调整自己的花呗额度。

2019 年 7 月，蚂蚁花呗针对老用户推出了一项特别权益：出账日与对应还款日调整预约。

3. 苏宁任性付

任性付是苏宁消费金融有限公司 2015 年 5 月推出的消费金融贷款产品，客户可享受 30 天的免息贷款和分期付款，实现先购物消费后还款，可进行在线申请、消费、提升额度等自助服务，最高额度可达 20 万元。相比传统银行，任性付具有门槛低、额度高、周期长等优势。

现金规划项目要点

1. 确定客户家庭需预留备用金的金额。
2. 确定备用金的形式，即属于现金及现金等价物的哪一类或哪几类。
3. 选择合理的融资工具作备用金的补充。

现金规划

二、消费规划

消费规划是对客户家庭消费支出的规划安排，主要包括住房消费规划和汽车消费规划等。

消费规划

（一）住房消费规划

生命周期的不同阶段，住房消费需求是不同的，单身期由于资金实力有限，主要表现为租房需求；到了客户事业形成期和成长期，有了一定的财富累积，首次置业需求开始提上日程；客户事业成熟期在事业蒸蒸日上和家庭成员增加的同时，改善性置业需求也越来越强烈；到了退休前期和退休期，一般会考虑更换环境更为舒适的养老房产。（如图 3-2）

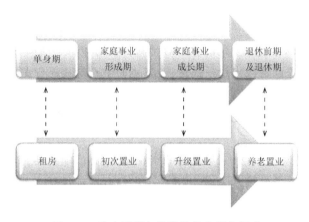

图 3-2　生命周期各阶段的住房消费需求

各个阶段的各类住房消费都是通过购买和租赁来实现的，在决策过程中需要通过综合考虑决策对象的居住需求、工作性质特点以及资金实力来确定是租房还是购房。

不论是租房还是购房，都需要选择房产所处的环境，并根据住房消费对象的人口和居住舒适性要求选择合适的房屋面积。如果决定购房，不论是首次置业还是改善性置业或者养老置业，还需要考虑购房资金的安排，根据资金准备情况决定是否贷款、贷款的金额以及贷款的还款方式等。

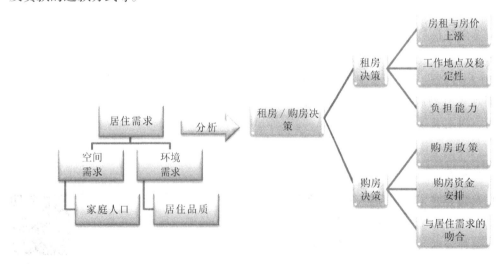

图 3-3　住房消费规划流程图

首先要考虑的是居住需求，我们需要根据决策对象对交通、学区、生活配套、居住人群等方面的要求选择符合生活品质的住房环境，结合客户人口数考虑居住空间的大小，从而为进一步开展住房消费决策做好基础性准备。

在基本确定居住地段和房屋面积大小的前提下进行租房和购房选择决策。（如图 3-3）

1. 确定购房与租房的选择

购房和租房各有利弊。租房每月只要支付房租，负担比较轻，可以以相对比较少的付出获得比较好的生活品质，灵活和自由性也比较强，还可以选择在工作地点附近租房，有效节约交通费用，但同时受到房东租赁行为的制约，具有较大的不稳定性，且没有心理归属感；选择购房，自有房产具有比较好的保值增值能力，可以在一定程度上满足心理层面的归属感和安全感的需求，但是需要付出大量的购房资金，负担比较重，房贷压力可能会使生活品质大打折扣。因此，客户家庭需要综合以上因素，预测家庭未来收入趋势，确定购房还是租房。（如图 3-4）

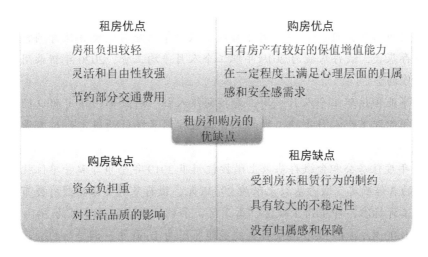

图 3-4　租房和购房优缺点比较

在这一问题上，一般认为工作地点与生活范围不固定的个人以及收入不稳定且储蓄不足的客户比较适合租房，而其他个人或客户在资金实力允许的前提下购房更合适。工作地点与生活范围不固定者的工作流动性比较大，如果在工作还不稳定的时候买房，一旦工作调动，出现与住所距离较远的情况，就会产生不菲的交通成本支出并影响生活品质；而收入不稳定且储蓄不足的客户如果一味盲目贷款买房，一旦出现难以还贷的情况，将产生难以估量的风险和损失。这类群体还包括初入职场的年轻人，经济能力不强，选择租房更合适。

2. 选择合理的住房消费贷款方式

若是购房，随着房价的上涨，一般客户家庭需要进行住房消费贷款。住房消费贷款已经成为工薪阶层买房的普遍选择，在具体操作过程中，则需要详细考虑住房消费贷款的种类和还款方式。

目前我国的住房消费贷款主要有个人住房公积金贷款、个人住房商业性贷款和个人住房组合贷款三种。

（1）个人住房公积金贷款

根据 2002 年 3 月 24 日国务院第 350 号令公布的修正后《住房公积金条例》，住房公积金，是指国家机关、国有企业、城镇集体企业、外商投资企业、城镇私营企业及其他城镇企业、事业单位、民办非企业单位、社会团体及其在职职工缴存的长期住房储备金。它

是住房分配货币化、社会化和法治化的主要形式。住房公积金制度是国家法律规定的重要的住房社会保障制度，具有强制性、互助性、保障性。单位和职工个人必须依法履行缴存住房公积金的义务。职工个人缴存的住房公积金以及单位为其缴存的住房公积金，实行专户存储，归职工个人所有。

①住房公积金的缴存

住房公积金缴存相关规定因不同城市政策而有所差异。一般而言，公积金按上年度个人月均工资的12%扣除，公积金在税前扣除，基数有上下限，超过部分照常纳税。

拓展阅读

以杭州市为例，自2020年7月1日起，缴存单位应当调整并执行调整后的住房公积金缴存基数，缴存基数为2019年职工个人月平均工资，2020年新录用职工的缴存基数不作调整。

机关事业单位职工个人月平均工资按同级人社、财政部门核定的口径计算，企业和其他组织职工个人月平均工资的工资口径按国家统计局规定列入工资总额的项目确定。

2020年度住房公积金缴存基数上限按杭州市2019年全市非私营单位就业人员月平均工资的3倍确定，缴存基数上限为29335元，缴存基数下限为政府公布执行的当地月最低工资标准，即杭州主城区、萧山区、余杭区和富阳区下限为2010元，临安区下限为1800元，桐庐县、淳安县、建德市下限为1660元，调整后的缴存基数不高于上限且不低于下限。

在缴存比例上，缴存单位可在5%至12%的区间内，自主确定住房公积金缴存比例，同一缴存单位执行相同缴存比例。

——资料来源：杭州市住房公积金中心

②住房公积金的提取

在住房公积金提取方面，一般可以在进行购买、建造、翻建、大修自有房屋等条件下提取，具体政策不同的城市略有不同。

拓展阅读

以杭州市为例，职工符合下列条件之一的，可以提取本人的住房公积金：

一、住房消费类：

1. 购买、建造、翻建、大修自住住房；

2. 偿还产权自有的住房贷款本息；

3. 连续正常缴存住房公积金满3个月，富阳区缴存职工及配偶在市区无自有产权住房且租赁住房的、其他县（市）缴存职工及配偶在当地无自有产权住房且租赁住房的；铁路职工在本人及配偶工作所在地无自有产权住房、单位未安排职工单身宿舍且租赁住房的。

二、非住房消费类：

1. 离休、退休（退职）；

2. 完全或部分丧失劳动能力，且与单位终止劳动关系；

3. 本市户口职工与单位终止劳动关系后，未重新就业满5年（属铁路职工的需为本省户籍）；

4. 非本市户口职工与单位解除劳动合同后未在本市重新就业满半年（属铁路职工的需为非本省户籍）；

5. 享受城镇最低社会保障；

6. 出国、出境定居；

7. 职工死亡或被宣告死亡。

——资料来源：杭州市住房公积金中心

③住房公积金贷款利率

按照现有政策，个人住房公积金贷款利率分为两个类别：五年以下（含五年）的贷款利率为2.75%，五年以下（含五年）则为3.25%。相对于同期的商业贷款利率，公积金贷款显然更低（如图3-5所示）。

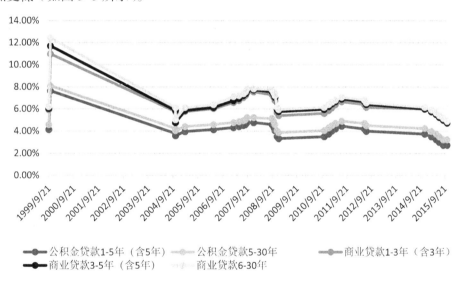

图3-5 不同期限和不同性质贷款利率变化图

④公积金可贷额

虽然公积金贷款享有更优惠的贷款利率等原因，但公积金可贷额度也并非没有限额。一般职工个人可贷额度按住房公积金账户月均余额的一定倍数计算确定，计算公式为：职工个人可贷额度 = 职工住房公积金账户月均余额 × 倍数。同样以杭州为例，职工住房公积金账户月均余额为职工申请住房公积金贷款时近12个月（不含申请当月）的住房公积金账户月均余额（不含近12个月的一次性补缴），不足12个月的按实际月数计算；职工个人可贷额度计算结果四舍五入，精确至千位，低于15万元的按15万元确定，高于50万元的按50万元确定。职工及配偶均缴存住房公积金且符合贷款申请条件的，每户最高贷款限额为100万元。

市场链接

公积金异地贷款政策全面推行

2015年10月8日起，根据住房城乡建设部、财政部、中国人民银行联合印发《关于切实提高住房公积金使用效率的通知》，公积金异地贷款政策全面推行。缴存职工在缴存地以外地区购房，可按购房地住房公积金个人住房贷款政策，向购房地住房公积金管理中心申请个人住房贷款。缴存地和购房地住房公积金管理中心应相互配合，及时出具、确认缴存证明等材料，办理贷款手续。同时，缴存职工申请住房公积金个人住房贷款、同意根据本人住房公积金月缴存额推算其月收入的，不需单位出具职工收入证明。缴存职工租住商品住房申请提取住房公积金，除身份证明、本人及配偶无房证明外，不需提供其他证明材料。

资料来源：中国住房和城乡建设部官网 http://www.mohurd.gov.cn

（2）个人住房商业性贷款

个人住房商业性贷款或个人住房按揭贷款、个人住房抵押贷款，俗称"按揭"，是指买房者在没有能力一次性付清全款的情况下，将拥有所有权的资产作为抵押，并请求第三方为其提供担保向商业银行等金融机构取得贷款的资金融通行为。其特点在第二章中已有介绍。

1985年4月，建设银行深圳分行借鉴香港住房抵押贷款的方式，向南油集团85户"人才房"发放中国第一笔个人住房抵押贷款。1987年12月，经中国人民银行批准，烟台和蚌埠住房储蓄银行成立，专营住房金融业务，同时开办商品房经营贷款和个人住房贷款业务。1997年中国人民银行发布《个人购房担保贷款管理试行办法》，伴随着个人住房信贷政策的出台，商业银行开始全面推行个人住房抵押贷款业务。

根据贷款利率的不同，可将个人住房商业性贷款分成FRM、ARM和混合型三种类型。FRM是一种采用固定利率制的个人住房抵押贷款，即在签订贷款合同的时候，FRM的贷款利率就已确定，不管将来市场利率水平如何变化，借款人（购房者）都要按照合同约定的固定利率计算贷款利息进行支付。与FRM不同，ARM只需承担部分利率风险，有时会设定一定的利率调整范围，以免借款人承担较大的利率风险。混合型住房抵押贷款则分别融合了FRM和ARM的特点，它的利率风险由借款人和贷款人共同承受。一般而言，混合型住房抵押贷款的购房者按照合同约定的固定利率支付利息，在贷款几年之后就转化为浮动利率制（详见第二章第一节"银行理财规划工具"中的"个人贷款类工具"部分）。

个人住房商业性贷款的利率相对住房公积金而言更高（如图3-5所示），按照现有政策，个人住房商业性贷款利率按照期限不同，分别为：5年以下（含5年）利率为4.75%，6～30年利率为4.9%。具体按揭政策还规定：

① 二手房住宅贷款成数最高为购房总价与房屋评估价两者之间低值的70%，根据不同银行不同套数贷款额度有所浮动，具体以所贷款银行的要求为准。

②2 贷款期限最长为30年，借款人到贷款期限年龄男不超过65岁，女不超过60岁。

③ 在首付款比例（即首付额占房屋标的物的总值的比例）上，无论是个人住房公积金贷款还是个人住房商业性贷款，一般规定：首套房的首付比例最低30%，即贷款金额最高不超过所购房产价值的70%（不实施"限购"的城市调整为不低于25%）；第二套房的首付比例根据不同的城市限购政策有所不同，在40%～60%不等，即贷款金额最高不超过所购房产价值的40%～60%，且贷款利率根据实际情况可能会有所上浮。

客户购房可贷金额的具体确定，还与客户家庭的还款能力有关，银行会根据相关政策，结合客户的收入证明等材料最终确定可贷金额从而确定贷款比例。

（3）个人住房组合贷款

个人住房组合贷款是指符合个人住房按揭贷款条件的借款人同时缴存了住房公积金，在申请按揭贷款的同时，向银行申请个人住房公积金贷款。在购买商品房时，既有个人住房公积金贷款也有银行商业按揭贷款，便是"个人住房组合贷款"。

案　例

杭州市某客户小蔡夫妻今年均30岁，家庭月税后收入为3万元，小蔡每月公积金账户共缴存3000元，其太太每月公积金账户共缴存2500元。小蔡预购买一个面积为140平方米、单价2万元/平方米的住房，由于资金有限，小蔡打算按照最低首付比例支付首付款后，剩下的放款按揭7成，按揭年数为30年，采用等额本息还款法。该客户每月按揭还款额为多少？是否合理？

第一步：按照杭州市房地产政策，小蔡夫妻名下暂无房产，且符合社保缴纳要求，有购房资格。

第二步：小蔡夫妻总购房款为140×2=280万元。按照70%的按揭比率，贷款额度总计为196万。

第三步：小蔡夫妻查询了公积金月均余额，按照15倍的相关规定，夫妻公积金可贷额达到了100万元。因此，需要进行组合贷款，即公积金贷款100万，商业性贷款96万元。

第四步：按照30年的期限以及组合贷款方案，小蔡家庭每月按揭贷款还款额为9447元。

第五步：目前小蔡家庭每月还款额为9447元，扣除公积金账户每月缴存的5500元，实际从家庭月税后收入中支出的还款额为3947元，占家庭月税后收入3万元的13.16%。因此，肯定在合理范围内。

值得注意的是，无论何种形式的贷款，房屋月供款与税后月总收入的比率。一般不应超过40%。若有其他贷款，如汽车按揭贷款等，则总贷款额不超过家庭税后月总收入40%。

3. 房价承受能力分析

一旦选择购房，了解客户家庭可以选择的住房贷款方式，则需要进一步考虑的就是购房资金规划问题。如果选择一次性付款，没有后期的还贷压力，但是在目前普遍房价比较高的现实情况下，对资金的要求非常高，而且还要考虑机会成本，如果有其他合适的投资

机会，则可以选择利率较低的房屋贷款来解决一部分购房资金。

如果选择贷款买房，需要根据已有资金准备、预期购房时间和未来还贷能力综合确定首付以及贷款金额，从而确定可以承受的总房价，结合前面分析对购房环境的要求和测算的购房面积，来决策具体的房屋选择。

就具体的估算方法而言，可以分为存量估算法和流量估算法。

（1）存量估算法

该方法是按照目前客户家庭所拥有的可用于首付的资金，结合客户所在城市的购房政策进行购房能力估算。例如，客户韩先生居住于杭州，截至目前已经具备连续缴纳社保两年以上的条件，有资格在杭州购房。韩先生目前资产中，余额宝里有 12 万元，还有三个月期银行理财产品 11 万元、11 万元的汽车、公积金账户余额 20 万以及父母支持购房款 45 万元。这些是该客户家庭可用于购房首付所有资产，但实际可用的是哪些呢？这里首先需要进行现金规划，预留出家庭紧急备用金后，再除去价值 11 万元的汽车资产，因为从现实情况角度来看，为了购房而变卖汽车是不太可行的操作；而公积金账户余额可进行首付提取使用。再根据购房政策，按照最低首付 30% 的比率，大致可以估算出可承受的房产总价。同时，还需要考虑这一总价之下，70% 按揭贷款对于该家庭的偿还能力是否合理，每月按揭还款额度是否在月税后收入的 40% 以内。（具体计算过程可观看购房能力评估（1）微课。）

消费规划：购房能力评估（1）

（2）流量估算法

与按照存量资产推算不同，该方法是根据客户家庭未来收入情况，通过测算其还款能力来推算其可贷款额度，再结合首付比率来推算房价总额的方法。同样是韩先生客户家庭的情况，若按照流动估算法，需要从韩先生家庭的收入着手。韩先生与未婚妻两人的月税后收入 2 万元，每月个人提取公积金 1800 元。按照财务杠杆安全的原则，家庭每月还贷额应不超过税后收入的 40%，即该家庭从税后收入中可以支付还款的是 8000 元，加上个人和单位缴纳的公积金共计 3600 元，则该家庭可以用于支付每月按揭贷款的最高额度是 11600 元。由此，按照房贷政策、公积金贷款相关规定等再用年金现值推算可贷款总额，最后按照最高 70% 的比率大致推算出可承受的房产总价。当然，这一方法之下，同样需要兼顾这一总价的首付款是否为该家庭可以承担，若无力承担还需选择首付借款还是降低总房价。（具体计算过程可观看购房能力评估（2）微课。）

消费规划：购房能力评估（2）

4. 贷款还款方式

客户在获得住房抵押贷款后，须定期向银行归还本息。贷款期限在 1 年以内（含 1 年）的，一般实行到期本息一次性清偿的还款方式。贷款期限在 1 年以上的，可采用等额本息还款法、等额递增还款法、等额递减还款法和等额本金还款法等方式每月偿还，目前市场上常用的还款方式是等额本息和等额本金两种。

（1）等额本息还款法

等额本息还款法也称定期付息，即借款人每月按相等的金额偿还贷款本息，其中每月贷款利息按月初剩余贷款本金计算并逐月结清。其计算公式如下：

$$每月还款额 = \frac{贷款本金 \times [\, 月利率 \times (1+月利率)^{还款月数}\,]}{[\,(1+月利率)^{还款月数}\,]-1}$$

这种方式的优点在于，借款人还款操作相对简单，等额支付月供也方便贷款人合理安排未来家庭每月收支。每月还款额可以直接通过财务计算器进行计算，也可通过下列公式来进行计算，或者利用网页计算器直接计算。（如图3-6）

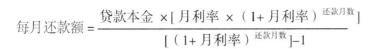

图3-6　网络房贷计算器页面展示

（2）等额本金还款法

等额本金还款法是指贷款人将本金分摊到每个月内，同时付清上一交易日至本次还款日之间的利息。其计算公式如下：

$$每月还款额 = \frac{贷款本金}{还款期数} + (贷款本金 - 累计已还本金) \times 月利率$$

每月减少利息 = 每月减少本金 × 月利率

等额本金还款法的特点是本金在整个还款期内平均分摊，利息则按贷款本金余额逐日计算，每月还款额在逐渐减少，即每月减少本金额为贷款本金除以还款期数。使用本方法，开始时每月还款额比等额本息还款法高，还款压力较大，随着时间推移，还款负担会逐渐减轻。

两种还款法比较参见表3-10。

表3-10　等额本息和等额本金还款法比较

还款方式	特点	适合人群
等额本息	每月以相同金额平均偿还贷款本金和利息	当前收入较为稳定的人群 希望还款金额稳定便利的人群 收入不能再承受更高按揭还贷款项的人群
等额本金	每月偿还相同本金偿还利息逐月递减	当前收入较高人群 当前有一定资产累积未来收入会减少人群 可能提前还款的人群

5.购房其他注意事项

（1）城市购房政策

为了贯彻"房子是用来住的，不是用来炒的"定位，很多大中型城市均进行了不同程度的住房限购政策。因此，客户家庭在购房前需对照所在城市的相关政策，确定是否具备购房资格。

延伸阅读

杭州市住房限购政策

1. 自 2017 年 3 月 29 日起，在市区范围内暂停向已拥有 2 套及以上住房的本市户籍居民家庭、已拥有 1 套及以上住房的非本市户籍居民家庭出售新建商品住房和二手住房。

2. 非本市户籍居民购买首套住房需提供自购房之日起前 3 年内在本市连续缴纳 2 年个人所得税或社保证明。

3. 本市户籍成年单身（含离异）人士在限购区域内限购 1 套住房（含新建商品住房和二手住房）。

4. 落户本市未满 5 年的家庭，在本市限购范围内限购 1 套住房。

5. 父母投靠成年子女方式落户本市的，须满 3 年方可作为独立购房家庭在本市限购范围内购买新建商品住房和二手住房。

6. 将本市限购范围内住房赠与他人的，赠与人须满 3 年方可购买限购范围内住房；受赠人家庭须符合本市住房限购政策（不含遗赠）。

7. 户籍由外地迁入桐庐、建德、临安、淳安四县（市）的居民家庭，自户籍迁入之日起满 2 年，方可在杭州市限购区域内购买住房，并按照本市限购政策执行。

8. 自 2018 年 6 月 27 日起，暂停向企事业单位出售住房。

9. 杭州限购范围包括：上城区、下城区、拱墅区、西湖区、钱塘区、滨江区、萧山区、余杭区、富阳区。

另外，2018 年 4 月 4 日起，杭州实施公证摇号方式销售新建商品房。在市区范围内，对于已拥有一套住房，或无住房但有住房贷款记录的居民家庭，执行二套房信贷政策，公积金与商业贷款首付款不低于 60%；公积金贷款利率按同期住房公积金贷款基准利率 1.1 倍起执行。

（2）购房契税问题

购房还需要缴纳相关的税费，不同类型的住房缴纳的税费有所不同。

①一手房交易

·契税：买新房子要缴纳的契税为购房总价的 3%～5%（不同的省、市、自治区税率不同），普通商品住宅减半，即 1.5%～2.5%。

·维修基金：按建筑面积乘一定金额收取。

·物业管理费：房屋交房后支付，具体档次费率按各地物价部门规定执行。

②二手房交易

·增值税：普通住宅不满 5 年（含）转让的，按销售价减去房屋成本价缴纳增值税，满 5 年免缴。非普通住宅不满 5 年（含）转让的，按销售价缴纳全额增值税，满 5 年以上转让的，按销售价减去房屋成本价缴纳增值税。

·所得税：房屋产权取得满 5 年的免征，未超过 5 年的按房价 2% 或房屋原值—房屋现值差额 20% 缴纳。（房屋原值一般按上道契税完税额计算）

·印花税：按房价万分之十缴纳。

·房屋交易手续费：按房价 1.9% 缴纳。

中华人民共和国
契税法

（二）汽车消费规划

中国是全球最大的乘用车市场，在经济实力允许的前提下，客户家庭的汽车消费需求往往较为强烈，因此汽车消费规划也是一个家庭重要的消费规划之一。

一般家庭选择购买的家庭用车车价往往低于房价，且购车以后保险费用、油费和保养费用等养车费用不少，会影响家庭的收入结余，一般工薪家庭会选择一次性付款购车，理财规划的优先等级也往往排在住房规划之后。

若选择贷款购车，则需要注意以下几点。进行个人汽车消费贷款时，贷款年限是 3 ～ 5 年，且首期付款不得低于所购车辆价格的 20%。首付金额高、贷款期限短、每月需偿还本息就比较高，加上养车费用，对一般家庭而言会成为沉重的负担。同时，贷款买车需要提供身份证、户籍证明、职业和收入等一系列证明，还需接受资信评估调查，提供担保所需的证明，购买汽车保险的全险，不仅浪费时间，还要付出一笔不小的额外费用。

汽车消费规划

在进行汽车消费规划时，同样需要考虑以下几个问题。

1. 客户所在城市的车牌管理相关政策，即客户是否需要进行车牌摇号。

2. 客户购车涉及诸多税费和保险问题，在购车费用计算时，同样需要纳入考虑范围内。

案　例

冯先生家准备在购买一辆大众探影，经查询该车的价格为 11.64 万元。考虑到目前家庭的支付能力，冯先生决定办理汽车按揭贷款，贷款年限为 3 年，首付 30%。购车相关费用如下表所示，办理贷款后，总共购车花费为 139476 元。

表 3-11　购车款项表

款项	选项	金额（元）
首付款	首付额度：30%	34920
贷款额		81480
月付额度	还款年限：3 年	2433
首期付款额	首付款＋商业保险＋必要费用	51888

续表

购车必要其他费用表	
项目	费用（元）
购置附加税 = 购车型（1+13%）购置率	10301
上牌费用	500
车船使用税（1.0L-1.6L）	420
交通事故责任强制保险（家用6座以下）	950
总计	12171
购车商业保险费用表	
险种	费用（元）
第三方责任险（10万）	746
车辆损失险 = 基础保费 + 裸车价格 × 1.0880%	1725
全车盗抢险 = 基础保费 + 裸车价格 × 费率	626
玻璃单独破碎险（国产）= 国产新车购置价 × 0.15%	175
自燃损失险 = 新车购置价 × 0.15%	175
不计免赔特约险 =（车辆损失险 + 第三者责任险）× 20%	494
无过责任险 = 第三者责任险保险费 × 20%	149
车身划痕险（赔付额度5000元）	570
涉水险 = 车价 × 0.075%	90
车上人员责任险（每人保费50元）	50
总计	4797

（三）其他消费规划

除了以上两大消费规划外，客户家庭的日常消费支出结构，以及旅游、娱乐等支出，也需适当进行合理性分析，并可通过一次性投资或定投等方式，为消费支出积累资金。

消费规划项目要点

1. 确定客户家庭的消费需求。

2. 客户家庭若有购房规划，需按照其住房需求，以所在区域购房政策为背景，合理运用财务杠杆，充分考虑家庭购房承受能力以及长期按揭还款能力来综合决策。

3. 客户家庭若有购车规划，需结合家庭的财务状况，做出购车方式的选择，若有按揭贷款也需综合考虑首付支付能力与每月还贷压力等因素。

4. 若客户家庭在消费规划中产生了多项还贷支出，则需要测算规划后该家庭的负债收入比率是否保持在40%以内的合理范围。

三、教育规划

教育规划是对人力资源的投资规划，它不仅可以提高个人的文化水平和生活品位，更重要的是大概率可以使受教育者在未来的就业中更具竞争优势。因此，许多客户家庭对教

育尤为重视。教育规划主要可以分为自身的教育投资和子女的教育投资。

客户家庭的自身教育投资一般包括自身学历（学位）继续教育、职业资格继续教育。该类教育投资需要在短期内解决教育费用问题，因此建议客户家庭在进行费用调研基础上，通过银行理财产品、基金投资等予以缓解费用压力。

一般客户家庭的教育规划更多是子女教育投资。第七次全国人口普查结果显示，全国人口中，15岁及以上人口的平均受教育年限由9.08年提高至9.91年。另外，根据《中国教育发展报告（2020）》，我国高等教育毛入学率已经超过了50%（如图3-7所示）。由此，子女的教育投资已经逐渐成为居民家庭的主要消费之一（如图3-8所示）。

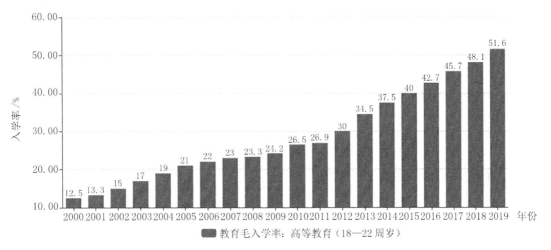

图 3-7　2000—2019 年我国高等教育毛入学率趋势图

资料来源：Wind 数据库。

说明：高等教育毛入学率是指高等教育在学人数与适龄人口之比。适龄人口是指在18—22岁这个年龄段的人口数。

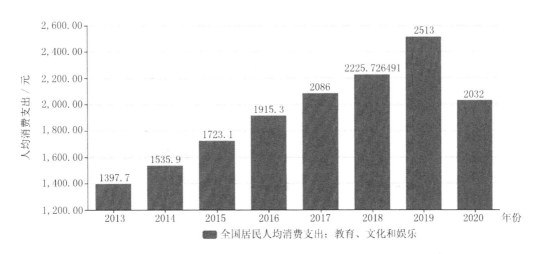

图 3-8　全国居民人均消费支出：教育、文化和娱乐

资料来源：Wind 数据库。

同时，教育费用由于包含了子女受教育期间的所有费用，包括学费、生活费等，因此，教育费用受到了通货膨胀率和教育费用增长率的影响而逐年上升。如图3-9所示，在估算教育费用时，需要考虑历年的通货膨胀率和教育费用增长率。

图 3-9　2010—2020 年 CPI 和 CPI 中教育的变化示意图

资料来源：Wind 数据库。

说明：截至 2021 年 6 月，2020 年 CPI 中教育部分的数据尚未公布。

（一）家庭教育规划的流程

子女教育规划首先需要对子女的所有教育目标情况进行了解和分析，尤其是子女的高等教育投资部分，以确定当前和未来的教育投资资金需求；其次，要根据当前和未来预期的收入状况分析教育投资资金供给和需求之间的差距；最后，在分析的基础上，通过运用各种投资工具来弥补资金供求缺口。（如图 3-10）

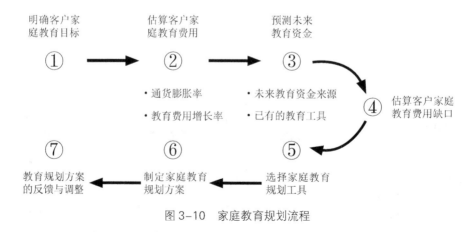

图 3-10　家庭教育规划流程

（二）教育规划的一般工具

常用的教育规划工具主要包括短期教育规划工具和长期教育规划工具两大类。

1. 短期教育规划工具

短期教育规划工具主要指各类教育贷款，包括学校贷款、政府贷款、资助性机构贷款、银行贷款等，目前应用最广泛的是银行贷款中的国家助学贷款和留学贷款。

一图读懂如何申请
国家助学贷款

另外，由于很多客户的教育规划主要是针对自身学历提升的需求或是子女已进入高中后再规划其高等教育阶段的费用，因此可通过短期投资来实现，如银行理财产品、一次性基金投资或债券投资等。这些投资工具也可作为短期投资工具。

一图了解国家助学
贷款新政策

2. 长期教育规划工具

目前我国国内常用的长期教育规划工具主要包括教育保险、投资组合和教育信托。在理财规划时往往更为重视长期教育规划工具的使用。

（1）教育保险

教育保险又称教育金保险，是以为子女准备教育基金为目的的保险，其主要理财功能在于强制储蓄作用以及在特定情况下可以豁免保费，相对于其他保险产品保障功能稍弱，因此要根据家庭的财务状况以及子女的预期教育目标等因素来综合考虑。

（2）教育信托

教育信托是指委托人（子女的父母）将信托财产或资金交付给信托机构（受托人），签订信托合同，由信托机构进行专业管理并按照约定将财产或资金交付给子女的信托产品，其最大优势在于具有风险隔离功能，可以避免因为父母发生意外或是生意遭遇挫折而给子女的教育资金造成影响。但该产品因为法律保障等问题目前在我国国内并不普遍。

（3）证券投资工具

利用债券、证券投资基金，甚至是黄金、股票等各类投资产品形成投资组合可以作为重要的长期教育规划工具。值得注意的是，由于教育本身的特殊性和资金弹性小的特点，在构建教育规划的投资组合时需要更加注重防范投资风险，保障投资组合的安全稳健性。

案例

赵先生女儿目前 8 岁，预计 18 岁上大学，目前大学四年的学费为 40000 元，生活费和其他费用为 50000 元，张先生预期投资收益率为 7%，假设学费上涨率为每年 5%，生活费用上涨率为每年 3%，测算赵先生女儿读大学需要准备的教育资金总额，需要如何筹备？

1. 大学教育资金需求 $=40000（1+5\%）^{10}+50000（1+3\%）^{10}=132352$（元）

2. 每月需要投入的教育资金可以利用德州仪器 BAII Plus 财务计算器进行计算：

输入参数：终值 $FV=-132352$，收益率 $I/Y=7/12$，现值 $PV=0$，期数 $N=10×12$

计算得到每期支付 $PMT=765$（元）

因此，若按月投入资金，则每月需要至少有 765 元的教育资金累计投入。

由此可见，赵先生可以选择构建预期收益率为7%的投资组合来达到子女教育资金累积的目的。在具体的工具选择上可以考虑长期教育规划工具进行组合，如选择30%的指数型基金和70%的债券型基金的配置；或者20%的保险产品和80%的证券投资组合，整体上只要能满足教育费用弹性小、安全性要求较高的标准即可。

教育规划项目要点

1. 确定客户家庭的教育需求有哪些？包括几个正在接受教育的孩子？每个孩子的教育目标？
2. 计算客户家庭教育费用及其缺口，注意学费增长率和通货膨胀的影响。
3. 客户家庭教育工具的选择，着重考虑客户的收入、资产以及风险承受能力等因素。
4. 客户家庭教育规划的整体评估，确定方案的合理性。

教育规划

四、养老规划

养老规划是人生重要的财务规划，在人口老龄化日趋严重的大前提下，养老规划的安排更显得十分迫切、重要。养老规划是一个长期的过程，需要在退休前几十年就确定目标，进行详细规划，否则不可避免地就要面对退休后生活水平急剧下降的尴尬局面。

（一）养老规划的流程

一个完整的养老规划包括职业生涯设计、退休后生活设计和自筹退休资金的投资增值设计三个部分。由退休生活设计测算出退休后所需要花费的资金；由职业生涯设计估算出可以从社会和企业领取的退休金；最后，根据两者之间的差距推算出所需要自筹的退休资金。自

家庭养老规划情况调研

筹退休资金的来源，一方面来自过去储蓄的投资，另一方面则是运用开始养老规划到理财主体退休前剩余工作生涯的增量资金。而影响养老规划执行有效性的因素主要是通货膨胀率、工资薪金收入成长率和理财主体的投资报酬率。（如图3-11）

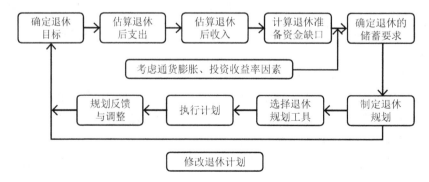

图 3-11　养老规划流程

养老金替代率

1. 指劳动者退休时的养老金领取水平与退休前工资收入水平之间的比率。

2. 是衡量劳动者退休前后生活保障水平差异的基本指标之一。

国际经验：

● 养老金替代率大于70%，可维持退休前现有的生活水平。

● 60% ~ 70%，可维持基本生活水平。

● 低于50%，生活水平较退休前会有大幅下降。

● 40% 为警戒值。

（二）养老规划的一般工具

养老规划的一般工具包括：社会养老保险、企业年金、商业养老保险以及各种投资理财产品形成的投资组合（如图3-12），也可以通过降低退休后开支、延长工作年限、以房养老等方式弥补养老金缺口。

选择养老规划工具时，应注重产品的安全性、收益性、多样性和流动性，可以按照"用社会养老保险和商业养老保险满足退休后的基本支出，以报酬率较高的证券投资满足退休后的生活品质支出"的原则进行。

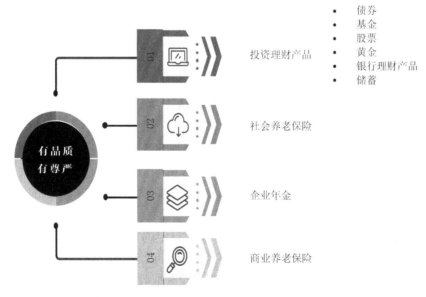

图3-12　养老规划工具

（三）养老资金的测算

养老资金的测算是基于客户年龄、拟退休年龄、退休后余寿，以及现有的家庭收入和支出情况、养老金替代率以及对退休前后投资收益率的预测而进行的养老储备资金的测算。比如，周先生和太太今年均为40岁，目前月支出为8000元，预计60岁退休，每月

每人可以领取 3000 元退休金；假设退休后的生活年限为 25 年，退休后的家庭生活开支大约会将至退休前家庭生活支出的 70%；周先生家庭退休前的投资收益率为 7%，退休后的投资收益率为 4%，退休前后的通货膨胀率均为 3%。具体的养老金测算如表 3-12 所示。

表 3-12　养老金测算表

养老测算参数	计算结果
假设通胀率（%）	3
退休前工作年数（年）	20
退休前投资收益率（%）	7
退休后余寿年数	25
退休后投资收益率（%）	4
预期退休后每月生活费（元）	10114.22
预期退休后养老费用的折现值（元）	19225518.76
退休后预计领取的每月退休金（元）	6000
预计能领取的社保总退休金的折现值（元）	1136714.9
养老金缺口（元）	785836.86
如现在一次性投入需要（元）	203075.18
如从现在每年投入需要（元）	19168.86
如从现在每月投入需要（元）	1508.54

注：预期退休后养老费用的折现值采用先付年金进行计算。

（四）养老规划的制定

同样接续周先生家庭的案例，为了解决家庭未来存在的养老金缺口，有三种方式可以解决：一是现在就建立收益率为 7% 的投资组合，一次性投资 203075.18 元；二是建立投资组合后，每年投资 19168.86 元；三是建立投资组合后，按月定投，每月投入 1508.54 元。三种方式均可解决养老金的问题。可综合家庭实际情况确定选择其中一种。为实现这个养老目标，周先生选择了第三种方案，即每月基金定投 1508.54 元的方式，需要的平均储蓄金额大概每年将近 2 万元。若这种投资方式对于该家庭的资金流存在一定压力，则还可结合购买商业养老保险的方式，在养老缺口大致确定，扣除商业保险未来带来的养老金，差额再用定投方式来解决。

为确保完备的退休养老金，规划工具应以长期稳定的投资产品为主，比如债券型基金、国债、票据型理财产品等，同时考虑到养老规划时间较长，在选择产品时候可以适度选择中等风险产品，例如采取基金定投方式控制风险获取收益，实现保值增值。针对周先生家庭案例，在具体组合方面建议选择 1/2 选择混合型基金进行定投，1/2 购买国债或者债券型基金，预计年收益率能达到 7%，从而解决家庭的养老金问题。

养老规划项目要点

1.通过与客户访谈等，确定客户家庭养老目标与计划（包括拟退休年龄、养老生活水平等）。

2. 了解客户已有的养老准备（社保缴纳情况、商业养老保险购买情况等）。

3. 综合考虑通货膨胀率等因素后测算养老费用和缺口。

4. 调研客户家庭所在区域的养老金替代率，估算未来可能获取的养老金。

5. 根据客户家庭的风险承受能力与风险偏好，为客户配置合理的养老工具，并确定缺口的解决。

养老规划

五、保障规划

客户可以通过保障规划来实现满足人生过程中安全方面的财务保障需求。一方面，由政府的社会保障部门提供的包括社会养老保险、社会医疗保险等在内的社会保险以及雇主提供的雇员团体保险都是客户管理风险的工具；另一方面，专业保险公司提供的商业保险是社会保障的有力补充，随着保险市场的竞争加剧，商业保险产品除了具有基本的转移风险、减少损失的功能之外，还具有一部分投资、融资作用。下面主要针对商业保险的规划内容进行阐述。

在第二章中已经对保险理财工具有了介绍，并明确了配置保险产品的一般原则、主要考虑因素以及选择适合家庭的保险产品的策略。客户进行保险规划的主要目的是管理个人风险，这个过程也是以追求个人和家庭的效用最大化为目标，即以较小的成本获得尽可能大的安全保障。因此在进行保险产品选择时，应优先考虑保费低而保障能力强的产品，其主要目的并非追求增值收益的大小。

（一）保险规划基本原则

1. "双十"原则

保险规划并非购买的保险越多就越好，需根据客户情况，量入为出，力所能及地配置。"双十"原则，即年交保费占家庭年税后收入的10%左右，寿险保额则为家庭年收入的10倍左右。这是为了确保主要功能是保障而非快速增值的保险资金不会占据家庭过多的资金，同时又能够产生足够的寿险保障。

2. 优先保障家庭经济支柱

家庭经济支柱是家庭收入的主要来源，只有确保他们的保障，才能让家庭的财务风险得到更为有效的规避。

3. 优先购买意外保险和医疗保险

保险规划时，需要优先考虑相同保险资金投入的情况下尽可能获得更大的保险保障。意外保险和医疗保险是各类人身保险中相同资金投入下保障额度和保障范围最大的产品。在优先配置好这两者后，再考虑教育保险、养老保险以及其他投资型保险。

4. 确定合理的保险期限

保险期限和保费的支出息息相关，在进行保障规划时需要根据家庭的实际风险时段选择合适的期限，最大限度地确保保险资金的投入能够产生足够的效用。

（二）制定保险规划的步骤

1. 确定客户保险需求

制定保险规划的首要任务就是确定客户家庭的保险需求，这其中最为关键的环节就是确定保险标的。保险标的是指作为保险对象的财产及其有关利益，或者人的寿命和身体。具体而言，投保人可以以其本人、与本人有密切关系的人、他们所拥有的财产及他们可能依法承担的民事责任作为保险标的。一般来说，各国保险法律都规定，只有对保险标的有可保利益才能为其投保，否则，这种投保行为是无效的。所谓可保利益，是指投保人对保险标的具有的法律上承认的利益。

如第二章所述，购买适合自己或是家人的保险产品，投保人需要考虑适应性、经济实力和选择性。不同生命周期客户家庭所需要确定的保险标的有所不同，从而导致家庭的保障需求也不同。

客户保障规划需求分析

2. 选定保险产品

投保客户需要在专业人员的帮助下，准确判断自己准备投保的保险标的的具体情况（如保险标的所面临的风险的种类、各类风险发生的概率、风险发生后可能造成损失的大小，以及自身的经济承受能力），进行综合的判断与分析，才能选择适合自己的保险产品，较好地回避各种风险。

在确定购买保险产品时，还应该注意合理搭配险种。投保人身保险可以在保险项目上进行组合，如购买一两个主险附加意外伤害、重大疾病保险，使人得到全面保障。但是在全面考虑所有需要投保的项目时，还需要进行综合安排，应避免重复投保，如果投保人准备购买多项保险，那么就应当尽量选择综合的方式投保，因为这样可以避免各个单独保单之间可能出现的重复从而省保险费，得到较大的费率优惠。

3. 确定保险金额

在确定保险产品的种类之后，需要衡量确定保险金额。保险金额是当保险标的的保险事故发生时，保险公司所赔付的最高金额。一般来说，保险金额的确定应该以财产的实际价值和人身评估价值为依据。

4. 明确保险期限

在确定保险金额后，就需要确定保险期限，因为这涉及投保人的预期交纳保险费的数额与频率，所以与个人未来的预期收入联系尤为紧密。

对于财产保险、意外伤害保险、健康保险等保险品种而言，一般多为中短期保险合同，如半年或者一年，但是在保险期满之后可以选择续保或者是停止投保。对于人寿保险而言，保险期限一般较长，如15年甚至到被保险人死亡为止。在为个人制定保险规划时，应该将长短期险种结合起来综合考虑。

保障规划项目要点

1.通过与客户访谈等方式，了解客户已有的保障情况（如已有的社保和商业保险等）。

2.结合客户所处的生命周期阶段、职业、家庭成员构成情况等，分析客户家庭面临的风险从而明确其实际保障需求，确定投保标的。

3.在分析客户承受能力后，配置合适、全面的保险产品，明确每一个产品的保障功能、缴费金额及期限等；

4.汇总和分析客户家庭完成配置后的保障体系（包括在"教育规划"和"养老规划"中已经配置过的相关保险产品），确保整体的合理性。

六、投资规划

理财规划方案中的投资规划是在将客户备用资金、消费、教育、养老、保险保障等一系列生活理财问题优先安排的基础上，根据客户的流动性、收益性需求和风险特征确定投资策略，合理配置资产，构建形成适合客户特点的投资组合。

投资组合的构建依赖不同的投资工具。第二章中已经详细介绍了各类投资工具，主要包括股票、债券、基金、银行理财产品、外汇等金融投资产品，也包括黄金、房地产、收藏品等实物投资产品。在客户家庭投资规划中，可以根据客户的职业特点、风险特征结合产品的风险和收益特点科学合理配置。

（一）不同生命周期阶段客户家庭的投资特点

客户在其生命周期的不同阶段有不同的投资特点，投资需求和倾向于持有投资的资产类别会有很大的区别。

1. 单身期

客户的结余资金和比较有限，处于财富累积的初期，是小额投资尝试的最佳阶段，同时由于该阶段往往风险承受能力比较强，可以选择一定比例高风险的投资产品进行配置，为后期财富丰富阶段累积投资经验。

2. 家庭事业形成期

这一时期是客户家庭和事业的创建阶段，稳健的投资组合会与该阶段的客户需求更为匹配，因此可以将银行理财产品、债券、债券型基金等中低风险产品作为该阶段的重要配置。

3. 家庭事业成长期

此时，客户家庭的收入结余和资产累积都在不断增加，可以根据前文撰写的风险特征测试评估的结果，设计形成适合客户风险承受能力和风险偏好的投资组合。这一阶段到了后期（即家庭事业成熟期）客户家庭往往累积了一定的资产，对风险控制的要求进一步

提高，在投资组合设计时需要更多地考虑多元化分散风险和保值的需求。

4. 退休前期

退休前期是为退休做准备的阶段，该时期的投资组合需要进一步降低风险，以资产的稳定增长为第一要务。

5. 退休期

客户在退休期主要是享受生活的阶段，需要更多关注的是如何保障财产安全，而不是盲目追求收益的增长性，基本上集中于保本型投资产品。

（二）不同风险偏好客户家庭的投资策略

投资资产配置的风格主要可以根据客户的性格和风险偏好分为保守型投资策略风格、稳健型投资策略风格和激进型投资策略风格三大类。当然，保守和激进的投资策略风格也是相对的，这些风格与市场的主流投资方式和金融市场的稳定程度息息相关。一种高质量的投资策略风格在金融市场稳定且通货膨胀率低的情况下可能被认为非常保守，但是在其他诸如金融市场波动很大，通货膨胀率高，利率和债券价格剧烈波动的情况下可能被认为非常激进。

通常情况下，属于保守型投资策略风格的客户的投资组合具有以下特征：持有比重相对较低的股票、股票型基金、金融衍生品等高风险投资品；持有比重相对较高的现金、短期投资、债券、债券型基金、银行理财产品等中低风险投资品。

与之相反，在相同的金融环境下，激进型投资策略风格的客户往往持有比重相对较高的高风险投资品；而中低风险投资品的持有比重相对较低。在类似的金融环境下，稳健型投资策略应该处于保守型投资策略和激进型投资策略之间。

（三）家庭投资规划步骤

1. 梳理客户家庭已有的投资品种

在前面几项理财规划项目中，客户家庭已经或多或少运用了部分投资工具，这些投资工具的使用往往以教育、养老等为目标，但在投资规划项目中，客户家庭往往主要动机是为了实现资产收益的增加。因此，投资规划项目需要在系统梳理客户家庭已有的投资品种基础上建立投资组合。

2. 明确客户家庭适合的投资品种

根据客户家庭已有的投资组合、客户家庭的风险承受能力与风险偏好，以及现有可投资资产的性质、客户投资意愿与目标等因素，确定客户家庭适合的投资品种。

3. 建立投资组合

在确定投资品种基础上，理财规划师根据客户家庭的可投资额度，进一步从专业角度为客户选择具体的股票、基金、债券、黄金、外汇等产品，建立投资组合。在这一环节中，理财规划师需要为客户明确某一个具体产品，而非类型，并对该产品做出简单的投资

原由说明。同时，对于每一个产品的投资金额与期限、可能存在的风险也需逐一说明。

4.实施投资规划

在建立投资组合后，客户家庭将通过交易实施投资规划，此时理财规划师需要明确交易频率、交易金额等，提醒客户进行持续风险管理，预期未来可能产生的投资收益。

投资规划项目要点

1. 投资规划前需对客户已有投资组合进行梳理。

2. 不同类型的投资工具具有不同的投资特点和适用群体，因此需要根据客户家庭的实际情况来选择投资工具，从而建立投资组合。

3. 构建投资组合后，随着投资理财市场行情的波动，通常存在着持续风险管理的需要，理财规划师需要定期对投资组合进行评估与调整，并设定止损点等进行风险管理。

4. 汇总和分析客户家庭完成配置后的投资组合（包括在教育规划和养老规划中已经配置过的投资产品），确保整体的合理性。

七、其他规划

（一）遗产筹划

遗产筹划是将个人财产从一代转移给下一代，从而尽可能实现客户为其个人所确定的目标而进行的一种合理安排。遗产筹划的主要目标是高效率地管理遗产，并将遗产顺利转移到受益人的手中。这里的高效率包括两方面内容：一方面，遗产安排要花费一定的时间，应在最短的时间内完成；另一方面，处理遗产需要一笔费用而且可能面临遗产税（中国关于遗产的立法正在讨论中）的征收，因此，应最大程度减少遗产处理过程中的各种税费。

知识链接

遗产税

遗产税是以被继承人去世后所遗留的财产为征税对象，向遗产的继承人和受遗赠人征收的税。理论上讲，遗产税如果征收得当，对于调节社会成员的财富分配、增加政府和社会公益事业的财力有一定的意义。遗产税常和赠与税联系在一起设立和征收。

1996 年全国人民代表大会批准了《国民经济和社会发展"九五"（第九个五年计划）和 2010 年远景目标纲要》，纲要中提出"逐步开征遗产税和赠与税"。

（二）税收筹划

纳税是每一个公民的法定义务，但纳税人总是希望尽可能地合理安排税负支出。在研究对"财"怎么理的同时，我们不可回避一个"税"字，如何运用税收筹划技巧，在最低税负的条件下取得收入，是每一个理财客户都非常关注的问题，也贯穿于整个理财规划之中。

税收筹划包括两方面的含义：一是在合法的前提下整体税负最轻；二是在规范的基础上涉税损失最少。国际上，比较常用的个人税务筹划包括收入分解转移、收入递延、投资于资本利得、选择资产销售时机、杠杆投资、充分利用税赋抵减等。我国目前的个人税收结构相对简单，可以利用的个人税务筹划策略主要有：充分利用各种税收优惠政策，递延纳税时间，缩小计税依据和利用避税降低税负等。与前几项规划相比，税务筹划要面对更多的风险，尤其是法律风险。

我国与个人税收筹划相关的最主要税种是个人所得税。2018年8月31日，第十三届全国人大常委会第五次会议表决通过了关于修改个人所得税法的决定，决定自2019年1月1日起施行，起征点提高至每月5000元，部分减税政策从2018年10月1日起先行实施。个人所得税税率参见表3-13。

表3-13　个人所得税税率表（综合所得适用）

级数	全年应纳税所得额	税率（%）	速算扣除数
1	不超过36000元的	3	0
2	超过36000元至144000元的部分	10	2520
3	超过144000元至300000元的部分	20	16920
4	超过300000元至420000元的部分	25	31920
5	超过420000元至660000元的部分	30	52920
6	超过660000元至960000元的部分	35	85920
7	超过960000元的部分	45	181920

注：1. 全年应纳税所得额是指居民个人取得综合所得以每一纳税年度收入额减除费用六万元以及专项扣除、专项附加扣除和依法确定的其他扣除后的余额。

2. 个人所得税专项附加扣除是指个人所得税法规定的子女教育、继续教育、大病医疗、住房贷款利息、住房租金和赡养老人等六项专项附加扣除。

而这次个人所得税法修订中的关于子女教育、继续教育、大病医疗、住房贷款利息、住房租金和赡养老人等专项进行附加扣除等政策，在体现惠及更多工薪阶层的同时，也为税收筹划打开了更大的空间（详见图3-13）。

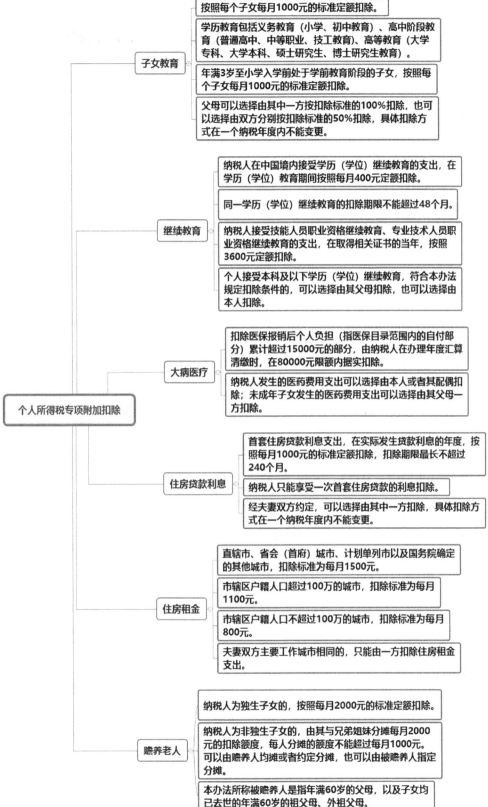

图 3-13 个人所得税专项附加扣除项构成图

第五节　客户家庭理财规划的评估与调整

一、客户家庭理财规划的综合评估

客户理财规划完成后还需要进行最后的综合评估，主要从以下四个方面进行。

（一）理财目标的达成度

理财规划目标的实现程度是需要判断是否能够实现预定的理财规划目标，且能够实现客户的合理享受、美好成长，既要有与收入相符的合理消费，又要考虑人生成长，实现整个人生的美好规划。因此，理财规划项目是依据理财目标而展开的，同时在完成家庭理财规划方案设计后，还需要评估理财目标的达成度，避免遗漏或错误规划。

（二）风险的匹配度

这就要求理财规划方案中选择的各类规划工具和产品要与客户风险承受能力与风险偏好相符，若是理财规划项目与客户家庭的风险特征不符，则需及时进行调整，否则可能会导致客户无法承受的损失。

（三）保障适度

保障适度包括两个方面：一是适度的风险保障，二是适度的流动性保障。适度的风险保障要求选择的保障产品能够在符合"双十原则"的前提下合理选择保障范围和保障期限，而适度的流动性则是对整体资金流动性的要求，过高的流动性必然会牺牲综合收益率，需要对两者进行权衡。

（四）负债的合理度

理财规划时，需要安排合理的负债与提前消费，选择与预期收入相适应的住房按揭计划以及合理的税负减轻计划，切勿过度使用财务杠杆，导致客户家庭陷入无力偿债的困局。

二、客户家庭理财规划的调整对比

在实际操作过程中，需要对理财方案不断进行调整优化，可以借助以下三张表格梳理对比。（见表 3-14、3-15、3-16）

表 3-14　规划前后客户资产负债表（截至 xxxx 年 xx 月 xx 日）

单位（万元 / %）

项目	金额		项目	金额	
	规划前	规划后		规划前	规划后
一、金融资产			一、短期负债		
现金			信用卡贷款余额		
活期存款			二、中长期负债		
定期存款			教育贷款余额		
股票			汽车贷款余额		
非货币市场基金			房屋贷款余额		
债券			其他贷款余额		
应收账款					
二、实物资产					
自有房产					
汽车					
黄金珠宝首饰					
其他实物资产					
三、其他资产					
资产合计			负债合计		
原净资产			规划后净资产		

表 3-15　规划前后客户收入支出表（xxxx 年 xx 月 xx 日—xxxx 年 xx 月 xx 日）

单位（万元 / %）

收入	金额		支出	金额	
	规划前	规划后		规划前	规划后
工资收入			基本消费支出		
年终奖			还贷支出		
利息收入			教育支出		
基金收益			娱乐支出		
债券收益			医疗支出		
租金收入			保险支出		
其他收入			其他支出		
收入合计			支出合计		
原结余			规划后结余		

表 3-16　** 先生客户财务比率前后对比表

比率	规划前	规划后	结果分析
结余比率			
客户投资比率			
流动性比率			
即付比率			
清偿比率			
负债比率			
负债收入比率			
财务自由度			

　　通过以上三张表格的填制，对照规划前后客户家庭财务及财务比率发生变化，通过进一步的分析与比较，对理财规划效果做出评估。此时若发现不合理之处，如负债比率过高、偿债能力过低等情况，则可对方案本身再做调整，并进行新 轮的理财效果评价，直到方案最终达到了客户家庭预期的效果，且从理财规划师专业角度评估合理为止。

理财效果分析

第六节　客户家庭理财规划方案的制作要求

截至第五节，整个方案从最初的客户关系建立和信息收集到最终规划方案的评估与反馈，就规划本身的流程和内容而言，已经较为完整。但作为理财规划师，呈现给客户的理财规划方案还需要保证一定的制定质量，由此，还需确定方案的以下几个特征。

一、客户家庭理财规划方案的完整性

一份专业的理财规划方案需要确保完整性，应包括以下几部分的内容。

（一）规范性要素

1. 理财规划方案的封面

2. 理财规划书的题目、摘要和关键词

（二）专业性要素

1. 客户家庭基本信息资料

（1）客户的基本财务信息
（2）客户家庭自身理财意愿

2. 客户家庭信息分析

（1）客户家庭财务分析
（2）客户家庭风险特征分析

3. 客户家庭理财目标分析

（1）客户家庭的短期理财目标分析
（2）客户家庭的中期理财目标分析
（3）客户家庭的长期理财目标分析

4. 客户家庭理财规划项目

（1）现金规划
（2）消费规划
（3）教育规划
（4）养老规划
（5）保障规划

（6）投资规划

（7）其他规划

5.客户家庭理财规划的评估与调整

（1）客户家庭理财规划的综合评估

（2）客户家庭理财规划的调整对比

（三）其他要素

1.背景资料：客户所在区域的基本数据，包括通货膨胀率、教育费增长率、教育费用预估、城市人均年收入、城市房价及购房政策、城市车辆限牌政策等。

2.理财规划方案的风险提示：执行本方案过程中可能需要谨防的各类风险。

3.后续理财服务安排：为了更好地将理财规划服务有效落实，理财规划师还需草拟方案执行后的工作任务，包括定期的工作内容和相应的预期时间等。这需要确定：

（1）方案审阅频率，根据客户资产配置的情况确定方案的审阅频率，一般建议在6个月左右，但若客户权益类资产占比较高、市场行情变化较快，则可以定为3个月。

（2）方案审阅内容：方案的后期服务不建议大幅度调整前期制定的内容，即方案需要一定的可持续性和稳定性，建议着重审阅客户的理财需求和风险属性变化，以及资产配置中比例较大的部分的收益变动情况。

（3）应对措施：后续服务中需要根据审阅的情况，及时制定应对措施。一般建议，在不随意更改客户既定理财目标的情况下，比较方案预期目标与实际情况的偏差情况，若效果偏离度达到20%及以上，则需进行重新评估，乃至重新制作理财规划方案。

二、客户家庭理财规划方案的可读性

鉴于理财规划师服务的对象一般是不具备投资理财领域专业知识的客户家庭，因此，在制作方案过程中，需做到以下几点：

（一）措辞通俗易懂

在措辞的使用上需尽量通俗易懂，避免使用一些对客户而言较为生僻、难以理解的专业用词，使得客户能理解整个方案的内容。

（二）对专业词汇进行适当的解释

在整份方案中，尤其是方案专业性要素的部分，不可避免地会出现部分专业用词，此时需要理财规划师用脚注等方式予以介绍或解释。例如，在为客户进行财务比率分析时，应避免直接使用财务比率进行计算和判断，应对这些比率进行适当解释，告知其参考值的含义等。再如，在保障规划时，部分的保险用语也较难理解，此时也应予以解释。可以说，理财规划方案也是对客户进行投资者教育的一种途径。

三、客户家庭理财规划方案的实用性

这一要求主要是为了能确保理财规划方案对客户家庭充分有效，这就要求方案中给出的具体分析和理财建议应具有可操作性以及一定的可预期性。具体可以从以下几个方面来保障实用性。

（一）资产配置和金融产品建议的实用性

虽然理财规划师在推荐产品时客观上存在着不确定性，但鉴于客户对专业领域的熟悉程度，还是需要进行一定的资产配置、理财组合，且要落实到具体的产品。本着客观严谨、专业细致、诚实守信等职业精神，以及理性投资等价值理念，避免存在"理财规划师只是卖产品"的误解。

（二）理财规划服务内容的实用性

理财规划师的制定现金、消费、教育、养老、保障、投资等各个部分的规划时，应以计算数据作为依据，避免模糊概念地"引导"。以教育规划为例，客户需要了解为了达成家庭的教育目标，具体需要多少金额的教育费用，可以配置哪些产品来解决这笔费用。而非仅仅告知金额巨大，需及早进行稳定投资等模糊的建议。

（三）风险提示的实用性

无论是理财规划方案中的专业性要素部分，还是未来可能存在的风险，理财规划师需在方案中明确指出家庭可能遇到的风险以及风险防范的措施。例如，对于家庭事业形成期客户，在进行理财规划时，由于资金有限、风险承受能力相对较强且孩子尚未出生，因此在具体规划时配置了较高风险的产品，理财规划师需定期进行评估风险并适时进行产品调整。此外，还需提醒客户为子女的生育、教育等积累资金，且随着客户年龄的增长需配置重疾险等产品。

四、客户家庭理财规划方案的逻辑性

理财规划方案需逻辑清晰、条理明确。建议理财规划师可用思维导图等形式将规划思路进行简明呈现，主要包括：

（1）客户家庭的财务情况会随着规划建议不断不变，理财规划师需非常明确变化的实时性，前后是否保持一致。

（2）客户家庭的理财目标是否作为理财规划部分的依据，逐一展开进行规划，并最终达到了目标。

（3）客户家庭风险承受能力和偏好是否始终贯穿于所有产品的配置。

五、客户家庭理财规划方案的其他要求

（一）格式的美化

虽然理财规划方案的专业性主要体现在内容和服务上，但是文案本身格式的标准化和美化也是理财规划师职业素养的体现。在最终将方案呈递给客户前，应确认：

1. 考虑到客户阅读的便捷性，一般不建议采用鲜少使用的字体，多采用宋体、楷体等。

2. 不同层级的标题可适当采用不同字号的黑体。

3. 方案的正文字号一般以小四或四号为主。

4. 方案的行间距保持在 1.5 倍。

5. 确保每个段落的首行缩进均已设置。

这样的格式设置既能保障阅读的流畅，又能避免篇幅过长。

（二）图表的应用

由于方案中会有大量的数据以及数据分析，理财规划师可采用大量规划、整齐的图表，以使得表达更为清晰，更具可阅读性。

值得注意的是，除了从客户自身采集的数据外，其他调研、收集的数据均需注明出处，以保障数据的真实可靠性。

➤ **本章小结**

本章主要介绍了制定理财规划方案设计的基本要素和流程，包含客户理财信息资料的收集，客户的财务和风险的分析，客户理财目标的确定，以及理财方案组合的基本模块。理财方案组合的基本模块又涵盖了现金规划、消费规划、投资规划、保障规划、教育规划和养老规划等具体子模块。这部分为后面不同生命周期、不同职业特征的客户家庭理财规划方案提供了基本框架。

➤ **实训案例**

施先生，28 岁，是绍兴新昌某工厂职工，年税后收入 54000 元，其妻子魏女士 27 岁，年税后收入 36000 元，两人的年终奖金共计 15000 元，两人的年公积金提取金额为 12000 元（个人部分）。目前该家庭资产情况如下：有一辆车，价值 12 万元，购买时选择全额付清；家里已有 2 处房产，总价值 300 万元，一处房产自住，另一处房产在出租中，年租金收入为 6 万元；还有现金 5000 元，活期存款 5 万元，定期存款 55 万元（三年期利率 2.75%）。该家庭暂无负债。

儿子，6 岁，读幼儿园大班，在校有学平险，其余无任何商业保险。该家庭较重视教育，期望孩子未来至少完成大学教育，希望理财师能做好规划。

此外，夫妻二人只有基本的社会保险，希望未来生活有一定的保障，能提高生活质量，想要购买一些商业保险。施先生的父母和魏女士的母亲健在，都还在上班，有足够生活开支的

收入，暂时不需要承担父母的赡养费用。

施先生家庭没有买任何理财产品，并且缺乏这方面的金融知识以及投资经验，但也希望能在低风险的情况下，拓宽投资途径，增加收入。一家人都属于风险厌恶型，希望能有稳定收入。施先生家庭每年基本生活费用支出在45000元，汽车维修保养费1200元，车险每年4000元左右，目前孩子教育费用每年1万元，娱乐支出为2万元左右。该家庭希望能有一个合理的理财规划，平衡未来的收支情况。

施先生拟退休年龄65岁，其妻子魏女士拟退休年龄60岁，并计划过上有品质的老年生活。他们希望理财规划师能给予一定评估，提高家庭保障程度，同时还要为儿子未来的教育费用做好准备。

➤ **实训任务**

请为该客户家庭拟定理财规划方案的初步框架。

第四章
单身期客户理财规划方案设计

➤ **知识目标**

1. 归纳单身期客户的基本特征。
2. 掌握单身期客户理财规划方案的要点。
3. 分析单身期客户的理财需求。
4. 明确单身期客户的理财重点。

➤ **能力目标**

1. 能为特定单身期客户进行财务分析和风险分析。
2. 能对特定单身期客户进行理财需求分析。
3. 能为单身期客户制定适合的理财规划方案。
4. 能为单身期客户制定的理财规划方案进行反馈与调整。

➤ **客户案例**

单身期理财规划方案应该如何撰写？

刘小姐，今年23岁，是杭州市某高职院校投资与理财专业2017届毕业生。刘小姐毕业后一直在杭州某证券公司营业部工作。目前刘小姐每月税后基本工资为5000元，并按照业绩提成，每月约为2000元；同时，每年收入的增长率约为10%。另外，公司负责缴纳基本社保，每月公积金缴纳共计600元（包含了单位和个人两部分）。刘小姐已经工作两年多了，截至2019年12月，其公积金账户余额为15000元。刘小姐在未来三年内并没有换工作的打算。

在支出方面，刘小姐与同事合租了一间房子，房租为1800元/月，还需加上水电费200元/月；刘小姐每月日常消费约2500元。刘小姐希望在工作稳定后，进行专升本教育。

对于未来的规划，刘小姐未来三年内没有结婚的计划；她希望在近期可以为父母和自己买一份保险；在未来三年内为自己购买一辆代步汽车，市价大概在10万元左右。刘小姐的父母只有这一个孩子，他们目前有自己的工作，还有三年退休，他们可以负责自己的生活，但是三年后，他们的退休工资并不高，届时刘小姐需要支付一定的赡养费用。

刘小姐是投资与理财专业毕业，有一定的财务管理意识，因此截至 2019 年 12 月，刘小姐有现金 0.5 万元，余额宝存款 2 万元（年化收益率约 2.5%），配置型基金 2 万元（年化收益率约为 5%）。刘小姐正在使用花呗透支，额度为 4000 元，截至 2019 年底，还有 3000 元尚未还清。

根据家庭生命周期理论，人的一生可以划分为不同阶段的生命周期，从单身期到家庭形成期，家庭成长期、成熟期，然后是退休前期，最后是退休期。不同的生命周期阶段，有不同的理财需求，从而需要不同的理财规划。在这个案例中，客户刘小姐处于生命周期的第一阶段，即单身期。从该客户的基本资料里我们可以看到，客户刘小姐的收入较为有限，但未来面临着自己的学历教育、购车、提升保障、赡养父母乃至购房等理财需求。作为初入职场的年轻人来说，制定合理的理财规划方案尤为重要。但问题是，看上去单身期的大部分的客户收入不高、资产不多，如何制定合理方案？刘小姐无财可理吗？理财真的仅仅是"有钱人"的事情吗？这是我们这一章的重点所在。

家庭生命周期及其规划

家庭生命周期各阶段的收支
消费特点及理财规划方案

第一节 单身期客户的基本特征

如第一章所述，从生命周期角度，单身期一般是指从毕业参加工作至结婚的这段时期。单身期一般延续 1～5 年，但随着结婚平均年龄的提高，单身期也随之延长。据统计，2019 年全国初婚年龄大约在 25～26 岁，城市人口中，初婚年龄达到 27 岁。以上海为例，2005—2018 年，上海平均初婚年龄从 25.3 岁推迟到 30.65 岁。

单身期客户一般有以下基本特征。

一、消费需求较旺盛

刚刚步入职场的年轻人，通常年轻而富有朝气，消费能量更是可观，处于个人用品购买爆发期。在个人财务方面，通常工资收入不高，消费支出主要用于日常生活支出以及租房；在逐步进入恋爱阶段后，支出有一定程度的增加；若单身期延续较长时间的单身者，则出现收入增长较快，对生活质量的要求提升。

二、财务规划普遍较弱

处于单身期阶段的客户，通常结余较少，信用卡、花呗等透支工具使用较为普遍，大多数人对保障问题未引起重视。因此，在这一阶段需要尤为关注的问题是合理使用信贷工具，避免陷入债务危机。

以出生于 1995 年及以后的人群（下简称 95 后）为例，这一群体目前在 24 岁以下，大部分处于单身期。京东金融研究院 2018 年发布的《95 后金融消费需求调研报告》就显示了单身期群体在透支、信贷方面的情况。

拓展阅读

京东金融研究院《95 后金融消费需求调研报告》（节选）

2018 年 11 月 30 日，京东金融研究院在针对 95 后金融产品认识和接受程度、消费行为习惯以及潜在金融需求等方面进行调研后，发布了《95 后金融消费需求调研报告》（下简称《报告》）。《报告》指出，未来 3～5 年 95 后将成为金融消费主力军。

《报告》显示，95 后的消费意愿和消费潜力巨大，近 80% 的 95 后有过超支经历，除了求助父母外，更多的 95 后倾向于选择信贷借款来解决超支问题；电子产品、美容护肤和奢侈品成了 95 后超支的主要原因。

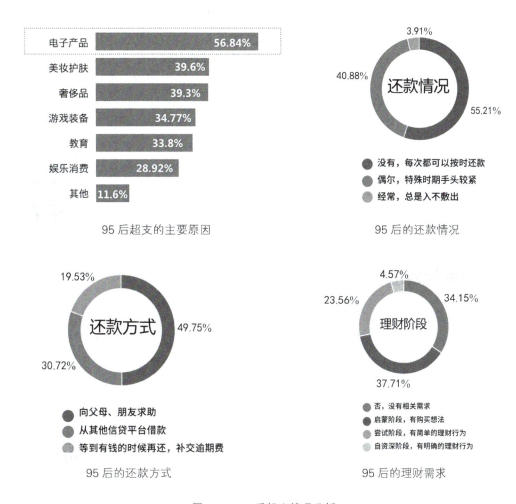

图 4-1　95 后超支情况分析

从还款的情况来看，超过 44% 的 95 后有不能及时还款的情况，且有 30.72% 的 95 后会选择"拆东墙补西墙"。在理财需求方面有 71.86% 的 95 后没有实际的理财行为，但其中有 37.71% 的 95 后有理财的想法。（如图 4-1）

资料来源：京东金融研究院《95 后金融消费需求调研报告》，2018 年 11 月 30 日。

三、理财意识普遍不够强

从以上《报告》也可以看到，在理财需求方面，有 34.15% 的 95 后没有理财需求，但

事实上这只是个体自身的认知，而非事实本身。同时有 37.71% 的 95 后处于理财启蒙阶段，有购买的想法，但没有实际购买行为，有明确理财行为的仅占 4.57%。可能 95 后中有很大一部分是在校大学生，但按照年龄推算，应有一部分工作人士，不管具体比例如何，整体上有理财行为的 95 后所占的比重是极低的。这也在很大程度上说明了处于单身期的年轻人理财意识普遍不够强，往往存在着以下几种理财误区。

一是理财是"有钱"了才发生的行为。这种错误的理财认知往往导致在结余、资产有限的单身期并不培养任何理财意识，从而导致并未形成良好的理财习惯。

二是月（年）末才计算结余。这一误区导致单身期客户并不事先做好月（年）度收支预算，结余成为花费之后的自然结果，这是产生很多"月光族"很重要的原因。

三是投资理财带来高收益。单身期客户并未认识到理财规划的重要性，部分原因是认为投资理财应带来高收益，对于理财规划内涵本身存在着错误理解。事实上，投资理财是通过对家庭资产状况和理财目标的分析，制定长期的投资理财规划，来提升财务自由度。让投资理财成为习惯才是理性行为，也才有利于家庭财务状况保持健康，否则很容易因为鲁莽投资而导致亏损，毕竟投资有风险。

四是以工资为单一收入来源。投资理财有风险导致一定比例的客户避而远之，仅仅以工资为单一或绝对比重的收入来源，并不重视收入来源多样化。这在很大程度上可能会出现工作变动甚至无法工作时带来的家庭财务危机。

投资理财容易陷入的那些"坑"

四、中长期规划尤为重要

若从所处阶段本身而言，单身期客户的理财需求看似较为简单，且以消费规划为主，但事实上，若这一阶段不形成良好的理财习惯，或未做好中长期规划，则对于家庭形成期的财务会有较大的影响，毕竟下一阶段的支出很大程度上取决于单身期的积累与规划，否则容易陷入"啃老"的境地。[①]

单身期客户的基本特征

---

① 所谓啃老是指已成年、具有社会生存能力的年轻人，还依靠父母或亲戚养活自己，在不"断奶"的状态下生存的现象。高校毕业生啃老问题已经成了社会关注的重要议题。严格来说，啃老族不同于始于英国的 NEET 族（Not Currently Engaged in Education, Employment or Training），在国内部分啃老族有自己的工作，但仍然需要依靠父母来支付生活、购房、购车等相关费用，这有主观和客观两方面的原因。

第二节 单身期客户理财规划的要点

一、单身期客户理财规划方案的一般框架

　　单身期客户理财规划方案同样需要囊括家庭理财规划方案的所有基本要素，因此单身期客户理财规划方案的一般框架主要包括收集客户的各项基本资料、客户财务状况分析、客户风险状况分析、客户理财需求分析。整个理财规划组合是方案的核心部分，一般分为现金规划、日常消费规划、投资规划、购车规划、保障规划、住房规划和其他规划等主要组成部分。最后，还要对整个规划方案进行评估与调整。之所以将消费规划拆分成三个部分，即日常消费规划、购车规划、住房规划，主要的原因在于单身期客户的消费规划通常是最为重要的部分。同时还需要兼顾投资、保障以及自身教育等方面。结合单身期客户的基本特征，这一阶段客户理财规划方案的一般框架如图4-2所示。

单身期客户理财规划要点

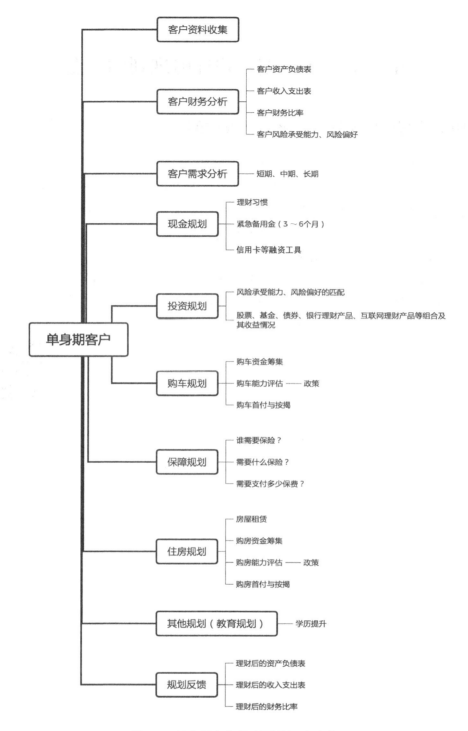

图 4-2　单身期客户理财规划的一般框架

二、单身期客户理财规划方案的重点

从图 4-2 单身期客户理财规划的一般框架可知，这一阶段的规划既要涵盖一般家庭理财规划方案的基本要素，又要结合这一生命周期阶段特有的理财需求，在方案设计与撰写中，需要特别突出以下重点。

（一）量入为出，合理规划日常支出

刚刚毕业开始工作，日常支出较之于在学校读书期间，会适当增加。因此要预留一定的备用金。我们知道一般的备用金是预留覆盖 3～6 个月的家庭支出，但是因为单身这个阶段相对意外、突发支出较少，身体也较为健康，如果这个单身客户工作也比较稳定的话，一般建议先预留覆盖 3 个月支出的备用金即可。

对很多刚毕业的单身期职场新人来说，日常消费支出的合理化都是一个重要议题，可以从以下几个方面进行考虑。

1. 良好理财习惯的养成

所谓良好的理财习惯，因人而异，因不同生命周期而异。对于单身期职场新人而言，每月收支的记录与掌握，保持稳定现金流，适度消费，以及具有一定的理财意识进行基本的保障与投资等等，均是良好理财习惯的开始。

2. 定期财务评估

单身期职场新人不仅要解决当下的财务问题，更为重要的是，要为后续生命周期阶段积蓄一定的资金，并对未来财务做出规划，因此，他们对自身财务做定期评估，以便清晰了解自身的财务状况，并在此基础上做出理性规划也极为必要。

（二）兼顾中长期，做好消费规划

单身期的支出相对较为简单，且具有较大弹性，因此若未进行长期规划，许多处于单身期的客户容易变成月光族，每个月乃至每年的结余几近为零。但事实上，在单身期阶段需要为家庭形成期做好各项财务筹划，在下一阶段的生命周期中，无论是婚礼相关支出，还是筹集购房、购车的首付款，都需要未雨绸缪，及早打算。

由于工作年限不长，积累的资金有限，单身期客户着手买房的客户并不多，因此他们还有一项重要的支出，即租房支出。租房支出也需要充分结合收入趋势进行长期考虑。当然，也有少部分单身期客户可能会进行购房规划，这就需要充分评估自身购房能力，包括首付款以及按揭贷款偿还能力等。

与购房相比，单身期客户更有可能进行购车规划，这与年轻人的消费需求旺盛有密切关系。但具体购车规划中，不仅要考虑到自身的负担能力，而且还要考虑到购房、组建家庭等各方面的可能性。毕竟，购车属于纯消费支出，还会随之带来车险、油耗、维修等系列支出。因此，购车规划需要放入未来长期支出中进行综合考虑。

（三）树立风险意识，初建自身保障体系

刚刚毕业初入职场的单身期客户一般保险意识较为薄弱，一方面认为自身健康状况良好，无须保险；另一方面由于收入有限，且这一阶段购买的意外险等保费支出较少的保险品种大多为消费型，其特点是在约定时间内如发生合同约定的保险事故，保险公司才按原先约定的额度进行补偿或给付，但若在约定时间内未发生保险事故，保险公司不返还所交保费，因此这笔保障支出并不产生任何收益。综合这些因素，这一阶段的客户对自身保障相对不够重视。但事实上，单身期客户年轻人同样面临着重疾、医疗、意外、死亡等各

种风险，由于积累资产不多，一旦遭遇这些风险，他们仅靠自身很难承担。且除了自己之外，还需考虑自身健康、生命遭遇风险时的父母赡养等问题。

（四）注重资产增值，选择较高风险投资组合

单身期处于生命周期的第一阶段，客户年龄偏低，从风险承受能力来看，仅年龄这一项得分就较高，因此理财规划师在投资规划建议上较为激进，投资风险偏高，可以尝试高风险高收益的产品，如股票及股票型基金等，相对高风险的投资品种可占较大比重，以便获取更高的收益。

（五）规划职业生涯，兼顾自身教育支出

考虑到单身期客户未来的职业生涯发展，其自身的学历提升也是一个重要考量因素。由此，理财规划师应考虑客户自身学历提升需求，兼顾其自身教育支出，使用短期教育工具，做好自身教育费用筹划。

除以上五点外，由于单身期客户本身年龄、职业、家庭负担等不同，相应制定的理财规划方案也不同，甚至大相径庭。例如，有些单身期客户还需要偿还教育贷款，有些单身期客户则已经积累较多资产，或已解决了住房、购车等问题。理财规划师需充分收集客户信息，深入分析客户财务、风险、理财需求等，从而为客户制定合理的理财规划方案。

综合而言，单身期客户家庭理财规划较容易被忽视，但事实上，这一阶段理财意识的培养和理财习惯的养成，对于未来各个阶段尤为重要；这一阶段资产的积累，对下一生命周期阶段的消费规划、投资规划、教育规划等均有重要作用。

单身期客户理财规划方案的重点

第三节　单身期客户理财规划的实训案例

为了更为直接地理解单身期客户理财规划方案该如何来设计，本节将以刘小姐为案例，设计一个单身期客户的理财规划方案。

一、客户基本资料

刘小姐，今年23岁，是杭州市某高职院校投资与理财专业2017届毕业生。刘小姐毕业后一直在杭州某证券公司营业部工作。目前刘小姐每月税后基本工资为5000元，并按照业绩提成，每月约为2000元；同时，每年收入的增长率约为10%。另外，公司负责缴纳基本社保，每月公积金缴纳共计600元（包含了单位和个人两部分）。刘小姐已经工作两年了，截至2019年12月，其公积金账户余额为15000元。刘小姐在未来三年内并没有换工作的打算。

在支出方面，刘小姐与同事合租了一间房子，房租为1800元/月，加上水电费200元/月；刘小姐每月日常消费约1500元。刘小姐希望在工作稳定后，进行专升本教育。

对于未来的规划，刘小姐未来三年内没有结婚的计划；她希望在近期可以为父母和自己买一份保险；在未来三年内为自己购买一辆代步汽车，市价大概在10万元左右。刘小姐的父母只有这一个孩子，他们目前有自己的工作，还有三年退休，他们可以负责自己的生活，但是三年后，他们的退休工资并不高，届时刘小姐需要支付一定的赡养费用。

刘小姐是投资与理财专业毕业，有一定的财务管理意识。截至2019年12月，刘小姐有现金0.5万元，余额宝存款2万元（年化收益率约2.5%）、配置型基金2万元（年化收益率约为5%）。刘小姐正在使用花呗透支，额度为4000元，截至2019年底，还有3000元尚未还清。

二、客户财务状况分析

（一）家庭资产负债分析

根据刘小姐现有的信息资料，可以得出以下财务报表：

案例解析栏：

1. 从刘小姐的基本资料可以看出，她已经工作了两年，有一定的收入且保持增长趋势，但同时支出也很大，且未来还有很多理财需求需要满足；刘小姐没有太多资产，但同时负债也相对有限。因此，这是一个典型的单身期客户案例。

2. 刘小姐未来的理财需求较多，但并不是在未来一年内完成的，因此需要按照年份，逐年完成。

3. 根据相关政策，公积金仅限于以下条件可提取：
（1）住房消费类
· 购买、建造、翻建、大修自住住房；
· 偿还产权自有的住房贷款本息；
· 连续正常缴存住房公积金满3个月，本人及配偶在本市无自有产权住房。
（2）非住房消费类
· 离休、退休（退职）；
· 完全或部分丧失劳动能力，且与单位终止劳动关系；
· 本市户口职工与所在单位终止劳动关系后，未重新就业满5年；
· 非本市户口职工与所在单位终止劳动关系后未在本市重新就业满半年；
· 享受城镇最低生活保障；
· 出国、出境定居；
· 死亡或被宣告死亡。

表 4-1　刘小姐家庭资产负债表（截至 2019 年 12 月 31 日）

（单位：万元）

资产		负债	
项目	金额	项目	金额
流动性资产	2.5	短期负债	0.3
现金	0.5	信用卡贷款余额	0
活期存款	0	其他贷款余额	0.3
定期存款	0	长期负债	0
货币市场基金	2	汽车贷款余额	0
投资性资产	2	房屋贷款余额	0
股票	0	其他	0
国债	0		
基金	2		
期货	0		
银行理财产品	0		
自用性资产	0		
自住房产	0		
汽车	0		
其他	0		
资产总计	4.5	负债总计	0.3
净资产	4.2（4.2+ 公积金 1.5=5.7）		

由表 4-1 可知，刘小姐的整体资产较少，包含公积金账户余额在内，共计 6 万元，负债也相对较少。这也比较符合现在职场新人的普遍状况——基本没有资产。但是刘小姐未来的理财需求也是如此明显，因此需要为未来进行详细规划，在保证一定流动资产的情况下，需要加强投资意识，尽量实现资产的保值和增值。

此外，刘小姐还有 1.5 万元的公积金余额按照目前杭州公积金中心的相关政策，可以在未来购房时作为首付提取，但限于公积金用途的特殊性，此处并未将它列入资产负债表的"其他"中，而是在净资产中单独标识。

（二）家庭收入支出分析

根据刘小姐现有的基本信息，可得出报表 4-2：

4. 在计算客户的收入支出表时，建议公积金收入作为特殊性质的收入进行单列，以免出现结余比率虚高的情况。

表4-2 刘小姐家庭收入支出（2019年1月1日至2019年12月31日）

（单位：万元）

项目	金额	项目	金额
工资收入	8.4	基本消费支出	1.8
投资收入	0.15	房屋租赁支出	2.4
其他收入	0	其他支出	0
收入合计	8.55	支出合计	4.2
年结余	4.35（4.35+公积金收入0.72=5.07）		

由收入支出表可知，作为刚刚步入职场两年的95后，刘小姐的收支情况整体还算不错，能基本做到量入为出，保持一定的结余。在具体收入结构上，刘小姐的工资收入是主要收入来源，投资本金较少，投资收益几乎可以忽略不计。从支出方面来看，刘小姐的主要消费支出是房租及其水电费，还有生活支出，支出相对较为简单。与资产负债表类似，在收支表中，公积金收入并未列入表格，以特殊形式表示。

（三）家庭财务比率分析

根据刘小姐的资产负债表和收入支出表相关信息，通过计算得出比率，如表4-3所示：

表4-3 刘小姐家庭财务比率分析

项目	计算过程	参考值	实际值
结余比率	年结余 / 年税后收入	>10%	50.88%
家庭投资比率	投资资产 / 净资产	50%	47.62%
清偿比率	净资产 / 总资产	>50%	93.33%
流动性比率	流动资产 / 月支出	3～6（月）	7.14（月）

1. 结余比率

结余比率 = 年结余 / 税后收入，按照刘小姐的财务数据可知，结余比率 = 4.35/8.55 × 100%=50.88%。结余比率反映了家庭控制支出的能力和储蓄意识，是未来投资理财的基础。一般结余比率在10%～40%，刘小姐的结余比率为50.88%，明显偏高，说明投资的潜力还很大，但这并不意味着仅仅建议她增加消费支出，而是需要进一步合理利用结余进行投资、保险等，通过增加投资支出、保障支出等，降低结余比率至合理范围。

值得注意的是，由于刘小姐还在单身期，适当提高结余比率可以对她未来的资金规划有所帮助，所以她目前结余比率偏高也有一定的合理性，但对未来的投资与保障进行合理规划极为必要。

5. 客户的财务比率计算需要根据客户的资产负债表和收入支出表相关数据计算，一般均有一个参考值，但参考值并非固定不变，需结合客户的实际情况进行分析后给出理财建议。

2. 家庭投资比率

家庭投资比率 = 投资资产 / 净资产，按照刘小姐的财务数据，该家庭投资比率 =2/4.2×100%=47.62%。该比率反映家庭的投资意识，一般参考值在 50% 以上。仅就比率数值本身而言，刘小姐的投资似乎是在合理的范围内，而刘小姐实际仅投资了 2 万元基金。刘小姐家庭该比率数值的合理性是因为家庭资产的有限。因此长远来看，随着刘小姐资产的增加还需要实现多样化投资。

3. 清偿比率

清偿比率 = 净资产 / 总资产，刘小姐的这一比率 =4.2/4.5×100%=93.33%。该比率反映客户综合还债能力的高低，刘小姐家庭 93.33% 的清偿比例是因为尚未购房、购车，也没有使用信用卡，仅仅开通了花呗，这一比率在未来按揭贷款，或进行购车后将明显发生变化。

4. 流动性比率

流动性比率 = 流动资产 / 月支出，刘小姐家庭的流动比率 =2.5/（4.2/12）=2.5/0.35=7.14（个月）。该比率反映家庭的应急储备状况，参考值应在 3 ～ 6 个月之间，刘小姐的 7.14 个月略微高于参考值，基本处于合理范围内。刘小姐处于单身期，工作收入相对稳定，可以建议她适当降低该比率，将一部分流动资产用于投资，以增加资产的收益率。

综合来看，刘小姐处于家庭生命周期单身期初始阶段，因此整体上资产较少、收入不多，许多理财工具尚未开始使用，但该阶段须开始逐步培养理财意识，且从长期来看，理财规划需要提早准备。

（四）客户风险评估

在理财规划过程中，除了深入分析客户财务情况外，还需要结合客户的风险承受能力与客户风险偏好，才能为客户做出合理的规划。因此，接下来需要根据刘小姐的情况，进行风险评估：

表 4-4　刘小姐风险承受能力评估

项目＼分数	10分	8分	6分	4分	2分	得分
就业状况	公教人员	上班族	佣金收入者	自营事业者	失业	8
家庭负担	未婚	双薪无子女	双薪有子女	单薪有子女	单薪养三代	10

6. 家庭财务比率分析通常需要逐个分析，这一家庭因为没有负债，因此缺少了"负债比率""即付比率""负债收入比率"等。另外，每一个财务比率均有一个参考值，但参考值仅仅是一般的情况，在最后对家庭财务进行诊断时，还需要综合考虑做出最后的判断。

7. 家庭风险承受能力评估是一种客观承受能力的判断，因此可以从这些项目中判断得出。它与后面的风险偏好评估一起综合反映了客户的风险评估情况。这两者将作为理财规划组合的重要依据。

续表

项目＼分数	10分	8分	6分	4分	2分	得分
置产状况	投资不动产	自宅无房贷	房贷<50%	房贷>50%	无自宅	2
投资经验	10年以上	6～10年	2～5年	1年以内	无	6
投资知识	有专业证照	财经类专业毕业	自修有心得	懂一些	一片空白	10
年龄	总分50分，25岁以下者50分，每多一岁少1分，75岁以上者0分					50
总分	86					

由表4-4可知，刘小姐的风险承受能力总分为86分，主要得分项目是家庭负担、投资知识、年龄和刘小姐单身未婚，同时刘小姐毕业于投资与理财专业，在校期间已经取得了证券、基金等从业资格证书，因此整体风险承受能力较强。后期在理财投资工具的选择上可以适当考虑有一定风险的产品。

表4-5 刘小姐的风险偏好评估表

项目＼分数	10分	8分	6分	4分	2分	得分
首要考虑	赚短线差价	长期利得	年现金收益	抗通胀保值	保本保息	8
认赔动作	预设止损点	事后止损	部分认赔	持有待回升	加码摊平	6
赔钱心理	学习经验	照常过日子	影响情绪小	影响情绪大	难以成眠	10
最重要特性	获利性	收益兼成长	收益性	流动性	安全性	8
避免工具	无	期货	股票	房地产	债券	10
本金损失容忍度	总分50分，不能容忍任何损失为0分，每增加一个承受损失百分比加2分，可容忍25%以上损失者为50分					40
总分	82					

在与刘小姐的访谈中，进一步了解到：

刘小姐投资首要考虑的因素是希望长期中赚得收益；

若发生损失，刘小姐可能会考虑先部分认赔，剩余一部分观望后势；

若是发生损失了，刘小姐认为也是积累投资经验的经历；

刘小姐进行投资最主要的考量因素是收益与未来成长性并重；

刘小姐因为没有太多资产，在进行基金、股票等投资时，认为并不需要有风险平衡的工具；

在可以承受的损失范围方面，刘小姐认为最多20%。

8. 从刘小姐的风险偏好评估表可以了解到该客户在风险上的主观接受度，这与客观上的风险承受能力是不同的衡量维度，可能一个客户的风险承受能力很高，也有较多的可投资资产，但是由于其属于风险厌恶型，因此并不会进行股票等高风险投资。所以，对于同一客户，需要同时测试表4-4和表4-5。

9. 从访谈中，非常清楚看到刘小姐对风险的主观态度，可以由此判断她大致愿意接受哪些理财工具。因此，理财规划师的客户服务中，与客户的沟通，或者是进行风险偏好测试，是必不可少的一步。

根据与刘小姐的沟通，对照风险偏好评估表，刘小姐的得分是82分（如表4-5所示）。一般风险偏好的分值与类型匹配如下：81～100分属于积极进取型，61～80分属于温和进取型，41～60分属于中庸型，21～40分属于温和保守型；0～20分属于非常保守型。从分值来看，刘小姐属于积极进取型。

综合刘小姐风险评估的两个方面可知，刘小姐在客观上既能承担一定的风险，在主观上也愿意承担投资风险，因此，在具体投资策略上，可选择提高基金、股票及其他风险投资工具的比例，以获得更高的稳定收益。

三、客户理财需求分析

在刘小姐的基本信息资料中，已经大致了解了她的理财需求，理财规划师可根据实际情况，结合岗位工作经验以及对市场的判断，进一步明确理财需求。考虑到刘小姐刚工作两年，未来还存在较大的不确定性，因此可按照短期、中期和长期来梳理理财需求。

（一）短期理财需求

1. 预留备用金

按照流动性比率的合理原则，一般建议保留3～6个月的流动资产，即现金、活期存款、定期存款及货币市场基金，作为备用金。

2. 适当增加消费信贷额度

考虑到刘小姐的收入与资产现状，为了预防不备之需，建议刘小姐通过办理信用卡等方式增加消费信贷额度，作为备用金的补充。

3. 理财习惯的培养

刘小姐目前处于单身期，未来刘小姐组建家庭后，理财需求会逐步凸显，因此在该阶段建议刘小姐注重理财意识和理财习惯的培养。

4. 学历提升

刘小姐是专科毕业生，她希望通过专升本，进一步提升自己的学历水平，增加自己在职场的竞争力。

5. 保障提升需求

刘小姐处于单身期，且是独生子女，随着父母年龄增长，赡养压力也会增加，因此需要着手配置保险产品，预防意外、疾病等风险。

10. 客户的理财需求与客户理财目标几乎一致，即由需求产生了目标。它与客户自身的理财意愿还不完全相同，理财规划师需要从专业的角度帮助客户解决合理、理性的理财需求，纠正或改变错误、非理性的理财需求。

11. 这里的3～6个月需求是一般家庭的常规性原则，具体几个月视情况而定。

12. 虽然很多单身期职场白领可能会存在过度透支的问题，但若是丝毫不用或过度谨慎使用任何财务杠杆，保留流动资产以备不时之需，也并非明智之举。

13. 单身期职场白领的保障往往仅限于单位缴纳的社保，进一步的保障往往容易被忽视。

6.增加投资资产

刘小姐的风险承受能力和风险偏好得分均较高，未来可将部分结余资金投资于收益相对较高的产品。

（二）中期理财需求

1.筹集购车资金

为方便出行，刘小姐规划三年内为自己购车，作为代步工具。

2.筹集购房资金

虽然刘小姐目前选择租房，短期不考虑购房，但也需要在投资、财务规划等方面为将来购房的资金筹集做一定准备。

14. 购房问题上需要特别注重客户所在城市的购房政策、客户的公积金等重要问题。

3.潜在的理财需求

虽然刘小姐目前单身，暂时没有结婚的打算，但是从长远来看，婚姻是一般女性的必经阶段，因此，在中期也可以考虑筹集婚礼相关费用。

（三）长期理财需求

1.完善保障体系

刘小姐在短期理财需求中已经规划了"保障提升需求"的目标，在长期理财需求中则需要进一步完善保障体系，如可适时考虑购买重大疾病保险等。

15. 事实上，保障体系的建立通常需要在生命周期中逐步完善，考虑到这一阶段收入与资金的有限性，可建立初步的保障。

2.增加资产收益

一般情况下，刘小姐未来的家庭资产会逐步增加，因此注重资产的保值与增值，增加投资收益十分必要。

3.其他理财需求

在长期规划中，刘小姐还需要考虑未来孩子的抚养费用、教育费用等方面的理财需求，并进行提前规划。

四、客户理财规划

（一）现金规划

1.理财习惯培养

养成良好的理财习惯有助于我们更好地进行理财规划。刘小姐处于单身期，在该阶段应积累收入及投资经验，为未来的生活打下基础。因此建议刘小姐好好学习理财知识，掌握理财方法，

养成良好理财习惯。比如，建议刘小姐控制开支预算，理性消费，养成记帐习惯，定期对自己的财务状况进行总结和反馈。

2. 备用金规划

从刘小姐基本资料中了解到，刘小姐目前收入较稳定，且未来收入呈增长趋势，因此建议刘小姐预留3个月支出备用金，即年支出4.2万元按每月平均后预留3倍，备用金金额大约为1.1万元。

在具体预留形式上，目前第三方支付的便捷性以及收益性，以货币市场基金的形式存放较为合理。例如，可以选择余额宝、微信的零钱通等，也可以考虑其他货币市场基金。但一般第三方支付工具在转入银行卡时需收取一定比例的手续费，因此不建议大量存放。

刘小姐目前有5000元现金，还有2万元放入余额宝，建议刘小姐将部分现金存入银行卡作为活期，其余现金投入货币市场基金，余额宝中可以提取部分另作他用。具体可参考以下组合（见表4-6）：

表4-6　备用金及其预期收益表

（单位：元）

项目	金额	预计年化收益率	到期收益
活期	1000	忽略不计	0
余额宝	7000	2.5%	175
零钱通	3000	2.4%	72
总计	11000	/	247

说明：预计年化收益率由该产品2019年平均七日年化收益率计算而得。

3. 办理信用卡

刘小姐预留的3个月备用金，一般情况下能满足日常生活支出等需求，同时为应对不时之需，建议刘小姐增加一定的消费信贷额度。

在目前互联网金融快速发展的背景下，借贷平台极其繁多，务必要注意平台的合法合规与长期经营等问题。综合来看，建议刘小姐办理银行的信用卡。对于职场新人来说，合理使用信用卡、及时还款，保持个人信用卡记录是良好的理财习惯，可为以后买车、买房贷款提供良好的信用基础。

目前刘小姐名下没有信用卡，数量上建议办理1～2张即可。例如，可建议刘小姐申请信用卡作为日常支付的主要手段，不仅安全可靠，也可利用免息期来缓解现实生活中资金的不足。理财规划师为刘小姐选择了交通银行的一款信用卡——"Y-POWER"

16. 备用金究竟预留几个月支出相当的金额，事实上并无标准答案，可以依据客户的情况，给出建议。但在具体的形式上，要避免一个误区：备用金＝现金。需要尽可能建议客户增加备用金的收益。

17. 建议所有的资金均从客户现有的资产里面进行配置，以保证对所有资金有整体安排。

18. 所有理财产品的收益率均有一定的预估性，即可能与实际会存在一定差异，此处计算收益主要是为了理财效果评估所用，仅为估算。此例中也仅是做了一种可能性选择，理财规划并无所谓的标准答案。

信用卡。该卡是交通银行为年轻一族打造的双币信用卡，可为年轻持卡用户实现资金救急。根据刘小姐的收入情况，可申请的信用额度约为1万元，刘小姐可以通过合理利用信用卡免息期，提高资金使用率。

该信用卡的特点：

1. 超低的取现手续费，超高的取现额度，轻松救急。境内人民币取现，无论同行跨行、同城异地，手续费一律低至5元/笔，取现额度更高达信用卡额度的100%，方便客户紧急资金需求的解决。

2. 每张Y-POWER，持卡六个月后，Y-POWER的信用额度将有机会获得升级，而升级的快慢就全看客户的用卡表现。多多刷卡，多做分期付款，提升额度就是那么简单！

3. 用Y-POWER消费时，只要客户单笔刷卡消费满人民币500元或美元60元，即可启动"想分就分"分期付款特权。

（二）教育规划

国家统计局报告显示，受教育程度越高，获得高收入的概率越大。有鉴于此，刘小姐希望一年后在已有的专科学历基础上，完成专升本学历提升。因此，刘小姐需要规划好自己未来的学费。

通过调研可知，目前一般专升本每年学费约为8000元，因此刘小姐三年共需的学费24000元。由于刘小姐一年后就要进行专升本教育，在短时间内就需要使用这笔资金。而目前刘小姐的可用资金，扣除1.1万元的备用金后，还余留1.4万元。建议刘小姐将余额宝中的8000元作为第一学年学费，同时对该笔资金进行稳健投资，增加收益。

为缓解学费支付压力，理财规划师结合刘小姐的风险情况，为刘小姐推荐了易方达中盘成长混合基金。该基金自成立以来，单位净值走势稳中有升（见图4-3a），符合刘小姐投资需求；基金累计收益率高于同类以及沪深300走势（见图4-3b），具有一定的投资价值。

图4-3a 基金单位净值走势

19. 信用卡是较好的备用金缺口补充。虽然在互联网金融时代，P2P借贷平台繁多，但就目前来看，考虑到正规性与风险防范等原因，理财规划师可倾向于推荐信用卡，以防出现信贷诈骗、陷阱等问题。

20. 理财规划师在进行信用卡配置时，可有部分功能、特征介绍，以便客户了解信用卡是否适合自己。此处的信用卡也仅仅是一种可能性选择。理财规划师也可建议刘小姐在购车后再配置汽车信用卡。

21. 一般认为教育规划是针对孩子，但若是客户自身有学历教育需求，也应归属于教育规划的范畴，且这部分规划属于短期规划，需要在短期内为客户解决资金来源需求问题。所用的工具也非等同于一般教育规划中的国家助学贷款等方式，主要还是通过投资来部分缓解学费压力。

22. 理财规划师在配置投资工具时也需要做简单分析，毕竟客户不具备专业分析能力，在方案中需要将投资该产品的理财简单加以陈述，以增加方案的可信度。值得注意的是，产品分析不等于产品推广，理财规划师需要站在客户角度为客户利益着想，推荐适合客户的产品。此处的产品具有很强的时效性，理财规划师在此后需根据行情定期反馈与调整。

23. "双十原则"并非硬性规定，而是一个依据与参考，因此大致为客户在这个原则之下来进行保障规划即可。

图 4-3b　基金累计收益率走势（与同类平均、沪深 300 对比）

资料来源：天天基金网

按照该基金的走势，预计下一年收益率为 10%，则刘小姐未来一年的收益约 800 元，加上本金共计 8800 元，可用于支付第一年的学费以及相关的教材等费用。

（三）保障规划

处于单身期的刘小姐，在保险选择上，可优先考虑消费型的健康险和意外险。这两类保险的特点是费用低、保障高。同时，在保障规划中还要兼顾刘小姐父母的保障需求。

刘小姐目前年收入为 8.55 万元，根据"双十原则"，即刘小姐一年的保费可占年收入的 10%，约在 8550 元左右；保额为年收入的 10 倍，约在 80 万元左右。考虑到目前刘小姐的结余以及未来的财务状况，理财规划师建议刘小姐第一年先购买消费型的意外险，往后年份可视情况增加保障。刘小姐父母都有社保，保险种类可侧重于购买重大疾病险。

因此，结合刘小姐的个人情况与父母的情况，为她推荐下列保险产品。（见表 4-7）

表 4-7　保险产品表

客户	产品	保费
刘小姐	中国平安一年期综合意外险（可续保）	300 元／年
刘小姐父母	阳光保险集团健康随 e 保重疾保障计划	5000 元／年
总计	5300 元／年	

（1）为刘小姐配置中国平安一年期综合意外险：包含意外身故、残疾、烧烫伤，意外伤害医疗，住院误工津贴，救护车费用报销，飞机、火车、轮船、汽车意外身故、伤残等。

（2）为刘小姐父母配置阳光保险集团健康随 e 保重疾保障计划：对 42 种重大疾病都有保障，包括恶性肿瘤，急性心肌梗死，脑中风后遗症等一系列疾病，可在网上购买，简单方便，免体检。

经过配置，刘小姐每年需交保费 5300 元，基本满足现阶段的保障需求。

（四）投资规划

在现金规划中，刘小姐预留了 1.1 万元的备用金，教育规划中预留为 8000 元资金并进行投资保障规划，保费为 5300 元。因此刘小姐的流动资产 2.5 万元基本配置完毕，剩余 700 元留在支付宝作为备用金。为了保证长期中资产保值增值，刘小姐打算在下一年度中，将每月工资收入进行基金定投。为了分散投资风险，不建议刘小姐继续基金定投易方达中盘成长混合基金。理财规划师为刘小姐推荐另一混合型基金：华安宏利混合基金。该基金成立已十年有余，其资产配置中股票占比一般为基金净资产的 90% 以上，基金管理人会根据市场的实际情况调整股票资产的投资比例，最高比例为基金净资产的 95%，最低比例不小于基金净资产的 60%。同时，基金管理人也可以根据市场的实际情况适当投资于国债、金融债、企业债、回购、央行票据、可转换债券、权证等，该基金的风险等级与刘小姐的风险承受能力相匹配。从图 4-4a 可知，该基金单位净值走势基本保持着稳定增长的趋势，累计收益率也超越同类及沪深 300 指数（如图 4-4b）。

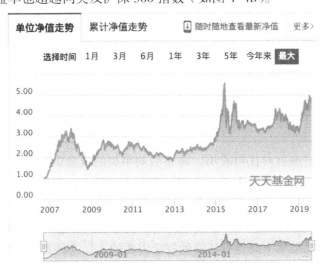

图 4-4a　基金单位净值走势

24. 理财规划师无须严格按照 10% 的税后年收入进行规划，尤其是在工作初期，客户未必有这么多可供购买保险产品的资金。在长期规划中，可以按照家庭成员的变化，客户自身需求等，逐步完善。此处所选用的保险产品也与投资产品类似，仅是其中的一个可能性选择。此外，该案例中保费支出是从流动资产中划拨，也可考虑从每年的收入中直接支付。

25. 投资规划既是对客户剩余资金进行投资，也是对教育、养老等部分投资工具的一个汇总，是对客户整体投资情况进行汇总分析。

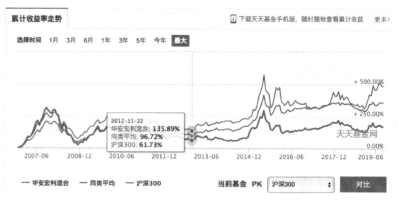

图 4-4b　基金累计收益率走势（与同类平均、沪深 300 对比）

资料来源：天天基金网

26. 投资规划部分，尽量在产品选择上有具体、可操作的建议，而非仅仅为客户提供方向性建议，即客户拿到方案可以进行操作，而非再分析、咨询具体的投资产品。但在具体产品的选择上同样具有很强的时效性，此处仅为举例。

　　刘小姐今年每月工资收入为 7000 元，预计未来每年收入增长率为 10%，理财规划师建议刘小姐在下一年度每月预留 1000 元进行基金定投。同样，按照往年 10% 左右的投资收益情况，每年可累计收益 1200 元左右。

　　综合刘小姐目前的投资情况，下一年度的预计投资结构如表 4-8 所示。

表 4-8　投资产品表

项目	产品	金额	预计收益	备注
基金投资	易方达中盘成长混合基金	8000 元	800 元	详见教育规划
基金定投	华安宏利混合基金	1000 元/月	1200 元	详见投资规划
基金投资	华夏策略优选	10000 元	250 元	原有
总计	/	3 万元	2250 元	/

　　调整前后对比可看出，调整后刘小姐的资金主要分配于基金投资与基金定投。由于刘小姐的资金来源单一，利用基金投资工具有利于刘小姐资产的增值。在选择理财产品时，基金定投适合像刘小姐这种刚进入社会的年轻人，或者是领固定薪水的上班族，或是在未来某个时点有特殊的资金需要的人。这种类似"强迫性"的投资方法能有效地帮助刘小姐在理财阶段前期实现资金积累和增长。

27. 投资产品表里汇总的投资产品集合了客户所有的投资工具，包括前面各个规划中涉及的投资产品，综合评估客户的投资情况。

　　调整后，刘小姐下一年度的资产结构中，资产组合包括活期存款、货币市场基金、混合型基金等多个品种，有利于刘小姐灵活运用资金，使得整个规划合理化，提高了资产流动性、收益性。

（五）购车规划

1.购车需求

在理财需求中，刘小姐已经明确希望4年后购车，定位是购买一辆代步车，结合其自身偏好，初步定位大众品牌的小型车，例如POLO自动舒适版，目前总价约为11万元，购车首付款将由刘小姐父母支付，刘小姐只需偿还购车贷款即可。

2.购车养车规划

刘小姐的购车计划是4年后，在此期间，可提前进行购车资金规划。刘小姐可选择股票型基金进行基金定投，每月投资700元，按照7%的年化收益率定投4年，其最终本利和可用于偿还购车贷款。

五、客户理财效果分析

根据以上理财规划组合，可得到客户刘小姐理财规划调整后的家庭资产负债表。（见表4-9）

表4-9 规划后刘小姐家庭资产负债表预测（截至2020年12月31日）

（单位：万元）

资产		负债	
项目	金额	项目	金额
流动性资产	1.17	短期负债	0.3
现金	0	信用卡贷款余额	0.3
活期存款	0.1	其他互联网平台贷款余额	0
定期存款	0	长期负债	0
货币市场基金	1.07	汽车贷款余额	0
投资性资产	4	房屋贷款余额	0
股票	0	其他	0
国债	0		
基金	4		
期货	0		
银行理财产品	0		
自用性资产	0		
自住房产	0		
汽车	0		
其他	0		
资产总计	5.17	负债总计	0.3
净资产		4.87	

28. 虽然购车是以后的需求，但是也可以为客户进行大致的规划，为客户购车费用筹集准备提供依据。

29. 从表4-9中可以看出，刘小姐家庭的投资结构发生了明显的变化，主要体现在基金投资的增加以及现金及现金等价物结构的变化。另外，值得注意的是负债的变化。

30. 通过调整后的资产负债表和收入支出表，能大致了解到理财规划的效果，从而进一步明确理财规划的合理性。

31. 规划后收入支出表的编制需要特别注意投资支出的变化。

32. 由于投资支出等增加，因此流动性比率降到了3个月以下，如果刘小姐觉得需要可以进行适当调整，但事实上还有信用卡，即便保持2.3的比率也在合理范围之内，但也需要在后期持续关注流动性比率的变化。

33. 该案例中，鉴于刘小姐未来购房、购车等均需在若干年后才发生，因此理财规划后的财务预测仅做了一年。但若客户在规划后的第二年、第三年连续有较明显的财务变动，理财规划师可将这些财务变动都纳入规划之中，并可根据实际变动情况进行3～5年财务预测，以使得客户对于未来的财务状况有更为清晰的了解。

理财规划后，刘小姐的资产更加多元化，主要体现在投资资产的增加。随着后期购车、购房等规划的开展，刘小姐的资产项目会更加丰富。

表4-9中的负债是一个估算值，客户可自行调整。这里的0.3万元表明到2020年底，可能存在的信用卡负债，但此处不该填写信用卡可透支额度。信用卡可透支额度不等于短期负债。

表4-10 规划后刘小姐家庭收入支出表预测（2020年1月1日至12月31日）

（单位：万元）

收入		支出	
项目	金额	项目	金额
工资收入	9.24	基本消费支出	1.854
投资收入	0.2226	房屋租赁支出	2.52
		保障支出	0.53
		投资支出	1.2
收入合计	9.4626	支出合计	6.104
年结余	3.3586 （3.3586+公积金收入0.792=4.1506）		

说明：1. 考虑到收入增长率10%，工资收入进行了调整，跟随比率调整的还有公积金收入；

2. 基本消费支出按照3%进行了调整；

3. 房屋租赁按照5%进行了调整。

从表4-10可以看出，刘小姐在进行理财规划之后，收益短期内增加2226元，但支出上升了约2万元，主要是保险支出、投资支出的增加。这种状况可能会持续一段时间，但从长远来看，是增加了未来的资产，同时增强了保障功能。

表4-11 规划后刘小姐家庭财务比率分析表（2020年）

项目	计算过程	理财前	理财后
结余比率	年结余/年税后收入	50.88%	30.42%
家庭投资比率	投资资产/净资产	47.62%	77.37%
清偿比率	净资产/总资产	93.33%	94.20%
流动性比率	流动资产/月支出	7.14（月）	2.3（月）

（1）结余比率在规划前偏高，理财规划后降至30.42%，该比率处于合理范围内，主要是由于投资和保险支出的增加。

（2）家庭投资比率也有显著提升，主要是刘小姐为下一年度教育费用支出，以及未来的购车规划提前进行投资规划。

（3）清偿比率暂时仍为94.20%，主要由于刘小姐尚未在这一年度进行购车购房等。现金规划中为刘小姐配置了信用卡，可用

于支付日常家庭费用或意外事件开销。

（4）该家庭的流动性比率仅为2.3个月，该比率明显偏低，这与后期刘小姐年支出增加有关。

六、总结

整体上，通过收集单身期客户刘小姐的基本财务、风险等信息，通过编制家庭资产负债表、收入支出表，计算家庭财务比率，判断刘小姐家庭财务状况，并在此基础上结合其风险承受能力和偏好，以及短期、中期和长期的理财需求，对刘小姐家庭进行了现金规划、教育规划、保障规划、投资规划以及未来可能的消费规划。通过对刘小姐家庭的理财规划，使得其资产更加多元化，更好地利用财务杠杆，提升了保障程度，并通过基金为主的投资来实现资产收益率的提升；理财规划师还为刘小姐未来的购车做出了初步规划。由此，刘小姐短期内的理财需求得以解决。理财规划师也将持续跟进客户家庭的情况，及时进行反馈与调整。

➤ 本章小结

单身期客户由于处于不同的城市、不同的职业，家庭的具体情况可能也有所不同，但这一阶段的客户家庭也有着诸多的共同点。本章从单身期客户的基本特征入手，分析这一时期客户理财规划的基本框架和要点，以刘小姐家庭为具体案例，进行了点评式方案设计，以解决这一阶段家庭的基本理财需求。方案设计不仅紧密结合当下理财市场，且对客户的未来财务状况做出预测。

➤ 实训案例

（一）客户基本信息

林先生，23岁，刚刚读完专科，回到家乡台州工作，目前在银行工作。现有活期存款3万元，利率为0.35%，现金6000元，年薪10万元，月发6000元，年终奖20800元，公积金7200元；其他补贴，每月500元，相关福利健全，父母给的房子一套，价值150万元，因离工作地较远，房屋出租，每月可得房租1500元；每月支出3000元左右，另需支付房租600元，短期内无结婚打算。父母身体健康，经营着一家超市，收入中等，无赡养负担。林先生因为从事银行工作，对投资工具比较熟悉，认为开放式基金较适合自己情况，经过考虑，用自己的积蓄投资基金，目前基金账户余额为5万元，每年的收益约为10%。职业规划中，会在银行业中继续努力，但也不排除以后转到其他行业。

（二）实训任务

请按照单身期客户的基本特征，结合这一阶段客户家庭理财规划方案的要点，为客户设计一个较为合理而完整的理财规划方案。

第五章
家庭事业形成期客户理财规划方案设计

► **知识目标**

1. 归纳家庭事业形成期客户的基本特征。

2. 掌握家庭事业形成期客户理财规划方案的要点。

3. 分析家庭事业形成期客户的理财需求。

4. 明确家庭事业形成期客户的理财重点。

► **能力目标**

1. 能为特定家庭事业形成期客户进行财务分析和风险分析。

2. 能对特定家庭事业形成期客户进行理财需求分析。

3. 能为家庭事业形成期客户制定适合的理财规划方案。

4. 能为家庭事业形成期客户制定的理财规划方案进行反馈与调整。

► **客户案例**

家庭事业形成期客户韩先生该如何理财？

韩先生，男，28岁，温州乐清人，之前在温州某银行工作两年，现在杭州某银行担任部门主管，已工作满三年，月收入12000元，月支出5500元，有五险一金。通过这几年的时间累积，截至2019年12月31日，他的资产如下：余额宝里有12万元（年化收益率平均为2.5%），三个月期银行理财产品11万元（年化利率为5%，2019年底到期），其名下有一辆价值11万元的别克凯越，无月供；无信用卡；名下无房屋，居住在银行提供的宿舍里。韩先生每月提取公积金1000元；公积金账户累计余额12万元，公积金账户月均余额10万元。

韩先生与陈小姐刚刚领证，但是还没有举办结婚仪式。近期准备买好房子、举行婚礼。陈小姐每月收入8000元，每月提取公积金800元，公积金账户累计余额8万元，公积金账户月均余额7万元。陈小姐在杭州工作（非杭州户籍），住在父母家里，无须房租，平时支出已经算入5500元中。

韩先生的父母均为50岁，从事服装批发行业，两人一年净收入35万元，他们目前有足够的经济能力给自己养老，因此韩先生暂时无须支付赡养费，这对目前处于家庭组建期的韩先

生来说，减轻了不少的经济压力。父母支持韩先生购房首付 45 万元，刚到账。因为短期内可能会购房，这 45 万元是活期存款，利息可忽略不计。

　　从不同家庭事业生命周期客户的基本特征来判断，韩先生正处于第二阶段，即家庭事业形成期。从该客户的基本资料里我们可以看到，客户韩先生家庭现在面临着购房规划、婚礼费用筹备等较为明显的理财目标。作为一个在银行工作多年的人士，对自身的财务状况以及未来的打算又有一定的了解，该如何专业而全面地为处于家庭事业形成期的客户韩先生设计一份家庭理财规划方案呢？

第一节　家庭事业形成期客户的基本特征

由第一章可知，从生命周期角度，家庭事业形成期具体指从结婚到子女出生的这一段时期，也可以延伸至婚礼准备到子女婴孩期结束，这个阶段可长可短，毕竟"结婚—育儿"的周期具有很大的确定性，一般在 1 ～ 5 年之间。从民政部公布的结婚登记人口年龄分布图推测可知，初婚年龄主要集中于 25 ～ 29 岁之间，部分延伸至 30 ～ 34 岁，因此这一生命周期阶段客户的年龄一般大约在 25 ～ 35 岁之间，但年龄并不是这一阶段的唯一特征。（如图 5-1）

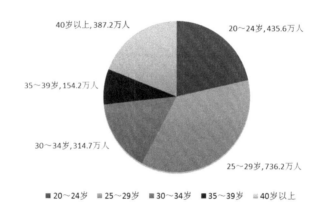

图 5-1　2018 年结婚登记人口年龄分布情况

数据来源：中华人民共和国民政部《2018 年民政事业发展统计公报》

除了年龄之外，这个阶段客户家庭的职业、身体健康情况、家庭构成情况、家庭负担等更为重要。从理财的角度而言，家庭事业形成期客户一般有以下基本特征。

一、家庭支出普遍呈现增长趋势

一般在婚礼前后客户的家庭支出会有明显的增长，主要表现在婚礼相关费用的支出，为组建家庭准备的租房或购房、购车等方面的支出，以及相关的租房费用或物业费、水电费、汽车保险和油耗等费用也随之增长，部分家庭此时还需要承担双方父母的赡养费用。随着家庭的组建、孩子的出生，家庭人口随之增长，家庭支出也会进一步增加。因此，这一阶段的家庭支出除了婚礼前后突发性的增长外，在整个阶段也呈现上升趋势，面临较大的财务压力。

二、家庭普遍运用财务杠杆

若在这一段阶段需要购房、购车的家庭，往往还面临着较高比重的债务，按揭还款需要稳定的收入流。因此，这一阶段的家庭需要及早制定和执行有效的理财规划。从整个家

庭生命周期来看，这一阶段的理财规划相对而言可能最为重要，甚至会对后面的各个阶段产生影响。同时财务杠杆的运用往往有一个较长的期限，在目前的房地产价格情况下，一般按揭贷款的期限均在 20～30 年之间，因此需要在整个按揭还款期限内对现金流做出趋势预测，且要考虑未来家庭收入变动、支出增长的可能性，避免出现为了减少利息而将还款压力集中于短期所带来各种风险。

　　财务问题是家庭事业形成期客户尤为需要重视的问题。据 Wind 数据显示，中国居民债务占居民可支配收入的比重，从 2006 年的 18.5% 暴涨至 2017 年 8 月的 77.1%。而这个比例仍在加大，尤其是中青年家庭，在面临住房、孩子教育、高品质生活等需求下，会导致家庭负债的持续增加。但一般不建议家庭负债率超过 50%，且家庭的负债状况要结合自身的家庭结构、工作情况、年龄状况等方面进行综合考虑。

拓展阅读

《防范金融风险当警惕家庭债务危机》（节选）

　　在当前世界格局正发生深刻变化的关口，如何防控、化解中国经济各方面潜在风险，尤其是经济下滑和金融风险已成为重中之重。2018 年 4 月，中央财经委员会首次提出"结构性去杠杆"，并强调地方政府和企业特别是国有企业要尽快把杠杆降下来，努力实现宏观杠杆率稳定和逐步下降。然而，家庭部门成为被遗忘的角落，如不重视和解决这方面问题，恐将不利于中央目标的实现。表面上看，家庭债务占 GDP 的比重确实是最低的，但由此就简单地认为家庭部门的债务问题并不严重，对我国经济的影响不大，则是一种危险的错判。因此，单纯地局限于地方政府和企业部门内部，而忽视部门间的联动，并不能真正解决宏观杠杆率整体的问题。

　　家庭债务累积对消费的挤出作用不仅局限于家庭部门内部，还会传导到其他部门，引起其他部门，特别是企业部门的连锁反应。由于我国企业主要靠银行贷款融资，企业在面临总需求下降，销售业绩下滑，融资约束加大的情况时，更可能通过增加短期债务来维持经营。我们利用微观数据研究所得的结果也证实了这一点，即受到流动性约束的家庭比例升高时，会显著影响企业的短期借款，增加企业的短期债务，但对企业的长期借款与企业的应付债券几乎不产生影响。

　　短期债务的大量累积会使企业面临更大的流动性风险，对企业现金流以及偿付能力提出更大的挑战，如果企业不能迅速进行调整，这对企业的经营无疑是雪上加霜。并且，如果企业的活力下降将直接影响债务能否按时归还，这一影响甚至还会传递到银行系统中，影响银行系统的稳定性。

　　资料来源：田国强、黄晓东等，《防范金融风险当警惕家庭债务危机》，《社会科学报》2018 年 9 月 27 日第 001 版

三、家庭保障意识普遍不够强

　　由于该阶段家庭负担较为沉重，逐渐进入"上有老、下有小"的阶段，很多家庭往往

更注重短期内家庭收支的平衡问题，同时由于自身所处的生命周期阶段平均年龄大约在25～35岁之间，身体状况良好，由此往往忽略了风险防范问题，保障意识普遍不强，导致家庭保障体系的缺失或保障程度相对不足。但事实上，这一阶段的客户家庭需要为自身与子女、父母的健康与医疗、意外等风险建立起保障体系。

四、教育支出在未来家庭支出中占较大比重

家庭事业形成期包含了子女的出生与婴孩期，按照目前国内的教育支出情况，教育支出将成为未来 10～20 年间家庭最主要的支出，所占比重较大，有必要对家庭的教育支出及时进行规划，以便为孩子未来得到良好的教育所需的教育基金做准备。

拓展阅读

《中国父母的教育投入赢了全世界》（节选）

近日，HSBC 发布了最新的全球教育报告，对来自全球 15 个国家和地区，8481 对家长的教育投入、教育理念和对孩子的教育预期等方面进行了调查和分析。报告显示：

全球，75% 的父母相信孩子会有更好的未来；

82% 的父母已经准备好为孩子成功做出牺牲；

父母们平均在孩子教育方面支出 44221 美元；

91% 的父母考虑让孩子接受研究生教育；

74% 的父母从日常收入中拿出一部分投资孩子的教育；

41% 的父母考虑让孩子出国读大学，尽管他们不知道留学的成本有多高；

美国是最受欢迎的出国留学目的地；

60% 的父母考虑完成大学教育。

报告统计了全球各国和地区的平均教育支出。其中，中国香港排在第一位，平均教育支出高达 132161 美元，是全球平均值的 3 倍。中国内地（42892 美元）位居第六。

报告还显示有四分之三（74%）的家长用日常收入支付孩子的教育基金。其中，中国 55% 的家长通过储蓄、投资或保险为孩子教育做准备，43% 的家长定制特殊的教育储蓄计划。这些指数都远高于其他国家。

资料来源：北京大学中国教育财政科学研究所

http://ciefr.pku.edu.cn/xwdt/jyczdt/gndt/2017/08/jyczdtgndt_4708.shtml

居民教育支出调研分析　　家庭事业形成期客户的基本特征

第二节 家庭事业形成期客户理财规划的要点

一、家庭事业形成期客户理财规划方案的一般框架

　　第二章中介绍了家庭理财规划方案的基本要素，充分收集客户的各项基本资料，以这些资料为基础进行客户财务状况分析、风险状况分析，从而能大致上结合客户自己的理财意愿，确定客户的理财目标。同样，整个理财规划组合是方案的核心部分，一般分为现金规划、消费规划、教育规划、养老规划、保险规划、投资规划等主要组成部分。最后，还要对整个规划方案进行评估与调整。这是一般理财规划方案的基本框架，但在针对不同类别的客户、同一客户不同的生命周期阶段，具体的框架也会有所不同。结合家庭事业形成期客户的基本特征，这一阶段客户理财规划方案的一般框架如图 5-2 所示。

　　可见，家庭事业形成期客户除了具备一般的家庭理财规划方案要素外，其重点就在于购房规划、购车规划和子女教育规划部分，以及围绕实现这三部分目标进行的投资规划。这与单身期客户家庭的框架有所不同。虽然并非每个客户家庭均需完成这三个部分，但从客户理财需求分析到理财规划需要特别关注这三个方面。如图 5-2 所示，在购房和购车规划中，又要充分考虑相关的政策，确定购房、购车的可能性。

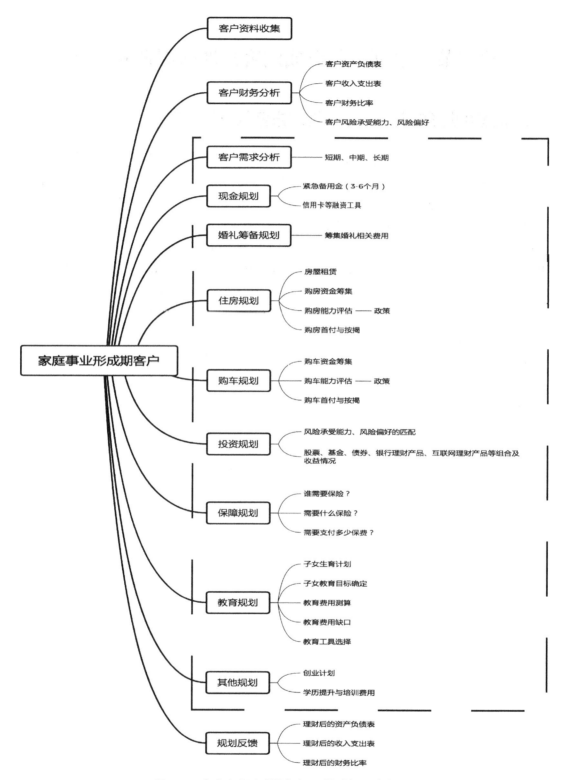

图 5-2 家庭事业形成期客户理财规划的一般框架

二、家庭事业形成期客户理财规划方案的重点

家庭形成期理财规划要点

如图 5-2 所示，这个框架既涵盖了一般家庭理财规划方案的一般要素，又结合了这一生命周期阶段家庭的主要理财需求，在方案设计与撰写中，需要特别突出以下要点。

（一）保持家庭稳定的现金流

在互联网经济迅速发展的今天，不管是公司经营，还是个人就业，社会竞争压力日益增大。同时，由于互联网企业的大批量出现，以及互联网平台的涌现，企业生命周期明显缩短，个体就业的稳定性进一步弱化。而未来现金流入的稳定性，对于家庭事业形成期客户尤为重要，因此这一阶段的客户首先要规划好自己的职业生涯，特别是要不断地进行自我教育投资，使自己在职场不断增值，以使得自身有足够的能力承担起家庭的重大责任。

在财务方面，正是由于社会整体就业稳定性趋于弱化，且家庭未来可能的开支呈现增长趋势，因此家庭事业形成期客户最为基本的需求是准备足够的备用金，预留保障 3～6 个月家庭支出的流动资产（现金及现金等价物，主要包括现金、活期存款、定期存款和货币市场基金）。并且，除非该家庭（准）夫妻双方的薪金收入都非常稳定，比如在政府机构、事业单位等，否则一般预留的流动资产尽量接近覆盖 6 个月的家庭支出，以预防短期内婚礼、购房、购车、生育等支出。

（二）合理规划家庭支出

由于家庭刚刚形成，生活支出较多，特别是购房、购车等，每一项支出对于这一时期的家庭而言都是较为沉重的负担。对此，该时期的客户家庭要注意权衡家庭的基本情况和未来的收入支出，量力而行地合理规划好购房、购车事宜，不要过度使用财务杠杆。

（1）婚礼相关支出。该阶段客户家庭或是即将举行婚礼，或是刚刚结婚，若是前者需要做婚礼费用筹备。在这部分规划中，需要充分考虑客户自身的财务状况，结合婚后财务平衡状况，进行婚礼费用的预算。理财规划师应建议客户按照设定的预算金额做出相关的投资规划。通常这里的投资规划为短期行为，可以考虑结合客户家庭自身风险状况、资产的流动性等进行合理的一次性投资。

（2）购房相关支出。理财规划师应结合客户所在的城市购房政策，建议客户家庭充分考虑当下和未来家庭的负担能力，进行购房能力评估。若是实在没有足够的负担能力，婚后一段时间仍可考虑租房，同时为筹集购房首付做准备；若负担能力有限，也可考虑先购入地理区位远离高房价区域，且户型较小的住房，等到家庭收入和财富积累到一定程度，如到家庭事业成长期、成熟期再考虑房屋置换的问题。切勿急于一时，尤其是在整体就业状况较为低迷时期，要考虑到还贷支出的可持续问题。

（3）购车相关支出。随着环保理念的提出，以及绿色交通工具的大力推广，理财规划师应结合客户所在城市的购车政策，建议客户综合诸多因素来进行规划。在具体的支付方式上，考虑到客户的付款压力，也可以比较一次性付清和分期车贷偿还两种方式的优劣。

（三）加强家庭的保障体系

即便这一阶段的客户普遍保险意识不够，但作为（准）父母亲和家庭经济支柱，家庭责任重大，从一定意义上来说，保险是对家庭负责任的最好体现，可以避免因自身遭到意外伤害、重大疾病等情况减少或停止家庭收入，或是需要额外支出费用时，仍能为家庭提供持续的保障。

在保障体系的完善方面，首先要确定保额和保费，与单身期客户家庭类似，同样需要按照"双十原则"来进行规划（即一个家庭每年的保费支出应以年税后收入的10%为宜；而保额也要根据家庭的具体情况来确定，一般约为家庭年税后收入的10倍）。由于家庭事业形成期客户的身体状况一般较为健康，因此，这一时期的客户的健康保障最为看重性价比，重点解决家庭经济支柱的意外险和健康保障。若还有经济余力，再来考虑其他保障。同时，这一阶段也需要兼顾双方父母的保障情况，尤其关注父母的养老保障、医疗保障，及时加以完善。

（四）投资从积极逐渐趋于稳健

随着年龄的增长，这一阶段的客户风险承受能力评估得分逐步下降，即便客户出于经济压力等原因，偏好高风险高收益的投资品种，但理财规划师应充分综合考虑其风险承受能力与风险偏好两个因素进行投资建议。且随着年龄的进一步增长、孩子的出生，家庭负担逐步增加，从具体投资种类上，也可以逐步从股票及股票型基金占较大比重，开始逐渐预期稳健，直到进入家庭事业成长期乃至成熟期、退休前期，投资越来越趋于稳健化。

（五）充分考虑未来的教育支出

家庭事业形成期的客户即将（或刚刚）迎来新的家庭成员，就目前的社会情况来看，家庭普遍对孩子的养育和教育较为重视，而教育支出也将成为未来家庭的主要支出，因此在做任何的理财规划时均需考虑到未来这一支出的存在。

另外，在家庭事业形成期，客户家庭的理财需求呈现多元化，因此在进行理财规划之前需要详细了解客户的主观理财需求，以及风险偏好，以便能更好地进行规划。同时，在理财后的财务预测方面，如果可能也尽量有一些动态的跟踪，并要注意收入趋势的预测。

总之，这一时期的理财规划还要特别强调——安全性、收益性、流动性兼顾的原则，谨防出现资产单一为房产，且财务杠杆过度使用的情况，要保障客户未来一段时期内现金流的稳定性。

拓展阅读

家庭事业形成期客户理财
规划方案的重点

《中国家庭财富调查报告（2017）》（节选）

调查数据显示，2016年我国家庭人均财富为169077元，与2015年相比，增长幅度为17.25%，其中城乡差异较为明显。此外，家庭财富也存在着一定地区差异，东部地区家庭人均财富水平最高，中部地区次之，西部地区最低。从数值上看，东部地区家庭人均财富为242604元，中部、西部地区分别为119768元和92304元，东

部地区家庭人均财富分别是中部、西部地区的 2.03 倍和 2.63 倍。

　　房产净值是家庭财富最重要的组成部分。在全国家庭的人均财富中，房产净值的占比为 65.99%，在城镇和农村家庭的人均财富中，房产净值的比重分别为 68.68% 和 55.08%。调查数据显示，全国人均房产净值是人均可支配收入的 4.48 倍，相比人均房产原值，房产升值幅度达 61%。相对于房产现值而言，负债率仅为 5%。尽管农村房产价值低，但农村居民房产债务负担却高于城镇居民。

资料来源：中国经济趋势研究院

http://finance.sina.com.cn/roll/2017-05-24/doc-ifyfkkme0300919.shtml

第三节　家庭事业形成期客户理财规划的实训案例

为了更为直接地理解家庭事业形成期客户理财规划方案该如何设计，本节将以本章开篇韩先生家庭为案例，设计一个较为完整的理财规划方案。

一、客户基本资料

（一）客户基本信息

韩先生，男，28岁，温州乐清人，之前在温州某银行工作，后因考虑与在杭州的女友结婚组建家庭，换至杭州某银行工作，目前担任部门主管，在杭工作已满三年，月税后收入12000元，月支出5500元，有五险一金。通过这几年的时间累积，截至2019年12月31日，他的资产如下：余额宝里有12万元（由于收益不稳定，且金额随着支出有变化，暂忽略不计），三个月期银行理财产品11万元（年化利率为5%，2019年底到期），其名下有一辆价值11万元的别克凯越，无月供，无信用卡，名下无房屋，居住在银行提供的宿舍里。韩先生每月提取公积金1000元；公积金账户累计余额12万元，公积金账户月均余额10万元。

韩先生与陈小姐刚刚领证，但是还没有举办结婚仪式。近期准备买好房子、举行婚礼。陈小姐每月税后收入8000元，每月提取公积金800元，公积金账户累计余额8万元，公积金账户月均余额7万元。陈小姐在杭州工作（非杭州户籍），住在父母家里，无须房租，平时支出已经算入5500元中。

韩先生的父母均为50岁，从事服装批发行业，两人一年净收入35万元，他们目前有足够的经济能力给自己养老，因此韩先生现暂时无须支付赡养费，这对目前处于家庭组建期的韩先生来说，减轻了不少的经济压力。父母支持韩先生购房首付45万元，刚到账。因为短期内可能会购房，这45万元是活期存款，利息可忽略不计。

（二）客户自身理财意愿

（1）韩先生打算近期解决购房的问题，能在现有资产和收入情况下确定合理的房子总价，并确定适度的按揭贷款方案。

（2）韩先生虽然在银行工作，但工作较为忙碌且接触较多的

是银行的产品，因此他希望通过良好的现金规划和消费支出规划来树立正确的理财习惯。

（3）韩先生希望能通过进行一些稳健的投资，实现资产的保值和增值，为婚后的家庭开支（尤其是教育支出）做准备。

（4）韩先生除了单位社保之外，没有任何保险，也想了解下他的情况适合购买哪些保险。

二、客户财务状况分析

（一）家庭资产负债分析

根据韩先生现有的基本信息，可以得出表5-1：

表5-1　韩先生家庭资产负债表（截至2019年12月31日）

（单位：万元）

资产		负债	
项目	金额	项目	金额
流动性资产	57	短期负债	0
现金	0	信用卡贷款余额	0
活期存款	45	其他贷款余额	0
定期存款	0	长期负债	0
货币市场基金	12	汽车贷款余额	0
投资性资产	11	房屋贷款余额	0
股票	0	其他	0
国债	0		
基金	0		
银行理财产品	11		
自用性资产	11		
自住房产	0		
汽车	11		
其他	0		
资产总计	79	负债总计	0
净资产	79（79+公积金余额20=99）		

由表5-1可知，韩先生的家庭资产负债结构比较单一，资产主要由活期存款、货币市场基金、银行理财产品以及汽车价值四部分组成。韩先生除了银行理财产品和余额宝之外，并无其他投资理财工具，说明投资意识并不强，因此要在保持充足的流动性资金状态下增加金融产品。合理的金融资产组合不但能够降低风险，也可以增加金融资产收益，这是家庭理财规划必不可少的一步。但也有可能，韩先生是因为随时要准备购房而暂时未考虑投

3. 客户自身理财意愿需要跟客户进行深入沟通才能了解到。这部分的内容仅仅是客户自身的想法，并没有理财规划师专业的设计，是理财规划师确定该客户家庭理财需求的重要依据。

4. 家庭资产负债表需要注意的是：（1）表头需标明截止时间以及单位，且资产负债是存量概念，因此是截至一个时间点；（2）资产价格若与投入/购买时不同，按市价计算；（3）公积金是特殊的资产，只限于购房，一般可在表中单列，也可在分析中说明，但在财务比率计算时，公积金一般需要剔除在外，以免导致比率有偏差。

5. 资产负债不是简单的编制完成即可，还需要进行一定的分析，需要说明客户资产负债分布特征、说明的问题，并简单说明需侧重进行调整的方面。

6. 跟资产负债表类似，收入支出表也需要注意：（1）表头的时间和单位不可忽略，且由于收入支出属于流量概念，因此与资产负债不同的是，这里标注的是时间区间，而非时间点；（2）公积金收入计算时需将单位配套缴纳的部分纳入其中；（3）公积金作为仅限于购房的特殊收入，还是单列或是在最后加以说明，以免导致作为一般收入对待处理。

资工具。无论是哪一种，在后期韩先生均需要充分考虑投资工具的应用。

另外，韩先生和陈小姐的公积金余额情况并未反映在正式的表格中，但双方共计20万的公积金余额，按照目前杭州公积金中心的相关政策，可以在购房支付首付时一次性提取。

（二）家庭收入支出分析

根据韩先生现有的基本信息，可以得出表5-2：

表5-2 韩先生家庭收入支出表（2019年1月1日至2019年12月31日）

（单位：万元）

收入		支出	
项目	金额	项目	金额
工资收入	24	基本消费支出	6.6
投资收入	0.14	房屋按揭支出	0
其他收入	0	其他支出	0
收入合计	24.14	支出合计	6.6
年结余	17.54（17.54+ 公积金收入 4.32=21.86）		

通过表5-2可知，从收入来看，工资收入占绝对比重，投资收益几乎可以忽略不计。韩先生虽然在金融机构工作，但是投资渠道较少，需增加金融投资比例，合理利用闲置资金，不但可降低投资风险，也可获取稳定收入。从支出来看，韩先生家庭的主要消费支出均为个人的消费，暂时负担比较轻。

（三）家庭财务比率分析

7. 家庭财务比率分析跟单身期客户家庭类似，需要逐个分析，对比参考值，结合客户具体情况，进行综合诊断。例如，在韩先生这一案例中，结余比率严重偏高也有其一定的深层次原因；投资比率的改善需要在消费规划后中长期逐步提升；流动性比率严重偏高也与短期购房有关。这些都需要结合客户自身的特殊性评价，而非仅仅对比参考值。

根据韩先生家庭资产负债表和收入支出表的相关数据，通过计算可得出相应的财务比率，如表5-3所示：

表5-3 韩先生家庭财务比率分析

项目	计算过程	参考值	实际值
结余比率	年结余／年税后收入	10%～40%	73%
家庭投资比率	投资资产／净资产	>50%	14%
清偿比率	净资产／总资产	>50%	100%
流动性比率	流动资产／月支出	3～6（月）	103.6（月）

（1）结余比率是资产增值的重要指标，反映家庭控制支出的能力和储蓄意识，是未来投资理财的基础。韩先生家庭结余比率为73%，明显偏高，建议利用结余资金增加投资保险等方面规划。当然，因为韩先生家庭正处于筹备购房的阶段，因此结余比率偏高也有一定的合理性。后期随着购车、婚礼、保障等需求及目标

的逐步达成，这一比率也会随之下降。

（2）家庭投资比率反映家庭的投资意识，一般在50%以上，韩先生家庭该比率为14%，只有11万元的银行理财产品，所以韩先生家庭目前的资金规划不够兼顾收益性，故在规划时应注意增加投资渠道，优化投资品种，增加收益。同样，由于韩先生即将购房，考虑到优先顺序问题，可以将购房规划后剩余的资金再考虑投资规划，并在中长期逐步建立合理的投资组合。

（3）清偿比率反映客户综合还债能力的高低，韩先生家庭100%的清偿比率是因为其购房负债尚未开始，也没有申请任何信用卡，或动用蚂蚁花呗等互联网透支工具，这一比率在购房后将明显发生变化。

（4）流动性比率反映家庭的应急储备状况，范围应在3～6个月之间，韩先生家庭流动比率为103.6个月，严重偏高，一般情况下说明该家庭中的闲置资金过多，不利于资金的保值和增值，也表明该家庭打理闲置资金的能力不足。但本案例中，是因为韩先生的购房备用金不能被占用，只能以流动资产的形式存在。

综合来说，该家庭主要优势在于资产流动性强、偿债能力强，有一定的购房能力，但投资收益较少。预计这些财务比率在韩先生家庭进行购房后均将发生较大幅度变化。还需要注意的是，韩先生家庭目前保障体系也不完善，因此在解决购房后需要重点进行金融投资和保障规划。

（四）客户风险评估

根据韩先生的基本资料，可以得到风险情况判断，如表5-4所示。

8. 家庭风险承受能力与风险偏好评估需要综合考虑，且需要根据客户的实际状况在后期的各项规划中予以体现。

9. 这里的"家庭负担"可能会存在一定争议，因为韩先生已经领证了，可能会导致最后得分相差2分。但从结果来看，我们不难发现，这2分并不影响韩先生的整体风险承受能力。

表5-4 韩先生的家庭风险承受能力评估

分数\项目	10分	8分	6分	4分	2分	得分
就业状况	公教人员	上班族	佣金收入者	自营事业者	失业	8分
家庭负担	未婚	双薪无子女	双薪有子女	单薪有子女	单薪养三代	10分
置产状况	投资不动产	自宅无房贷	房贷<50%	房贷>50%	无自宅	2分
投资经验	10年以上	6～10年	2～5年	1年以内	无	4分
投资知识	有专业证照	财金类专业毕业	自修有心得	懂一些	一片空白	4分
年龄	总分50分，25岁以下者50分，每多一岁少1分，75岁以上者0分					47分
总分	75					

10. 在本教材中，"客户理财目标"等同于"客户理财需求"。

11. 不同于"客户自身理财意愿"，"客户理财目标分析"是理财规划师根据客户理财意愿结合专业理财的视角进行了一定的调整。在这个案例中，调整的幅度并不大，但若出现客户自身理财意愿明显不符合专业合理性，则理财规划师可以考虑与客户沟通，完善其理财意愿。

家庭风险承受能力评估表的分析结果显示：韩先生的家庭风险承受能力总分为75分，因韩先生年龄上的优势获得50分，其他的得分主要是由于韩先生有工作且尚未真正组建家庭，所以其整体风险承受能力也相对较强。这一特征在后期随着家庭的组建、购房按揭贷款的产生以及子女的生育等会逐步下降。

表5-5　韩先生家庭风险偏好评估

项目 ＼ 分数	10分	8分	6分	4分	2分	得分
首要考虑	赚短线差价	长期利得	年现金收益	抗通胀保值	保本保息	8分
认赔动作	预设止损点	事后止损	部分认赔	持有待回升	加码摊平	8分
赔钱心理	学习经验	照常过日子	影响情绪小	影响情绪大	难以成眠	10分
最重要特性	获利性	收益兼成长	收益性	流动性	安全性	10分
避免工具	无	期货	股票	房地产	债券	8分
本金损失容忍度	总分50分，不能容忍任何损失为0分，每增加一个承受损失百分比，加2分，可容忍25%以上损失者为50分					40分
风险偏好类型	积极进取	温和进取	中庸型	温和保守	非常保守	温和进取

根据与韩先生的沟通交流得出他的风险偏好是温和进取型，风险承受能力得分85分，有一定的风险偏好，属于积极进取型，不满足于平均收益，在进行具体理财规划时，可在货币市场基金、分红保险、债券等基础上，适量增加基金、股票及其他风险投资工具的比例，以获得更高的稳定收益。

三、客户理财目标分析

在对韩先生的访谈中，已经了解了他自身的理财意愿，作为理财规划师根据其实际情况，进一步明确其理财目标如下。

（一）现金规划目标

韩先生家庭现金及等价物比重超过参考值，需要进行规划，在预留足够的准备金后，可将其余资金进行合理规划，还可办理合适的信用卡作为补充。

（二）购房规划目标

12. 客户理财需求需要考虑到与后面理财规划组合相匹配，即每一个确定的理财需求需要在后面有相应的具体规划来达成。

这是这个家庭目前的重点之一，需要进行合理的购房能力评估以及按揭贷款设计。

（三）保障规划目标

由于韩先生和陈小姐除公司购买的社保之外没有其他商业险，应该考虑建立初步的保障体系，为其配置基本的意外险和重疾险等，以防意外发生对家庭的经济状况造成严重影响，同时建议在孩子出生后配置少儿教育险等。

（四）投资规划目标

按照优先顺序，在达成客户预留备用金的现金规划以及购房规划后，应尽可能增加韩先生家庭闲余资金的利用率，合理调动流动性资产，丰富投资方式，科学配置投资组合，提高投资收益。

（五）其他理财目标

结合韩先生家庭情况，其他理财目标方面，目前较为重要的是，需要考虑韩先生和陈小姐的婚礼、生育等费用，以及小孩出生后的抚养费和教育费。涉及的相关费用须提前规划，防止集中性大额支出的发生，影响韩先生家庭的资金流动性。

四、家庭理财规划组合

（一）现金规划之预留备用金

根据韩先生和陈小姐目前的工作情况可知，两人收入较稳定，因此建议以3个月家庭支出作为建立家庭应急准备金的标准，即16500元。这部分备用金单独预留，以备不时之需。

考虑到目前电子支付的便捷性以及收益性，可以暂时不考虑现金、活期存款等形式，以货币市场基金余额宝的形式存放一部分。由于余额宝的收益性相对于其他货币市场基金未必是最佳选择，也可以投入其他的货币市场基金。这样就能在保持流动性、安全性的前提下兼顾资产的收益性。表5-6的组合方式可作为参考：

表5-6　备用金预期收益

项目	金额	预计年化收益率	到期收益
余额宝	6500元	2.5%	162.5元
建信天添益货币A	10000元	4.2%	420元
总计		582.5元	

说明：预计年化收益率由该产品2019年平均七日年化收益率计算而得。

（二）现金规划之信用卡规划

虽然韩先生家庭预留了3个月的紧急备用金，但由于其余的资金多要用于购房住房，该家庭目前处于资金较为短缺的时期，

13. 客户理财目标尽量包含客户自身意愿以及可能存在的理财需求。这部分可以按照目标内容分类归纳，也可以按照短期目标、中期目标、长期目标三种不同的期限来划分。

14. 在进行现金规划时，一定需要明确以下要素：
（1）预留的具体金额是多少？
（2）预留的备用金以哪些方式存在？
（3）如果是货币市场基金，预期收益率多少？到期预计收益额度多少？如果是定期存款，存款利率和利息又是多少？
以上这些内容都是需要在现金规划部分明确的。

15. 信用卡规划的部分，需要明确：
（1）哪家银行的哪一类型信用卡？
（2）选择这一信用卡的原因？它有什么特色？
（3）预计的信用额度多少？

因此可以建议申请银行信用卡进行短期融资。

目前韩先生名下没有任何信用卡，但考虑到韩先生有一辆车，该家庭目前每月 5500 元的支出中，除了基本消费支出外，就是汽车相关的支出。因此，可建议他办理一张广发汽车金卡。该卡有一般信用卡均具有的功能，有一定额度的循环信贷，首年免年费，刷卡六次免次年年费，等等。该卡的主要特色是刷卡加油 5 倍积分或 1% 现金返还，主卡享汽车救援服务，这一特色非常符合韩先生的需求。按照韩先生递交的相关申请材料，最后确定的信用额度是 1 万元。

（三）消费规划之购房规划

韩先生已拥有一辆价值 11 万元的别克凯越，目前无月供，也无更换新车的想法。因此，消费规划部分主要体现在购房规划。根据韩先生的要求，希望通过合理的规划，近期在杭州购房，为结婚做准备。

1. 购房政策分析

作为理财规划师，若是韩先生咨询购房的问题，要如何给出建议？在给出具体的购房建议之前，需要做一些准备工作。首先，要考虑，韩先生家庭是否具有购房资格，即韩先生是否能在杭州买房。按照目前杭州 2019 年的购房政策，需要确认以下四个方面的情况。

（1）户口所在地

韩先生的户口还在老家温州。现在虽然来了杭州，但该家庭还未确定以后是否长久居住在杭州。这样的情况能不能在杭州买房呢？答案是不一定！从 2016 年 10 月以后，非杭州户籍人士在杭州买房须满足一定的社保或者个税的缴纳情况。

（2）社保和个税

社保和个税条件，两者符合之一即可。以社保为例，韩先生的社保是否符合杭州的购房政策呢？韩先生在杭州工作超过两年了，社保也缴纳了两年多。而从 2017 年开始，社保的缴纳要求是三年内连续缴纳两年社保，就有资格购房。所以，韩先生家庭在杭州具备购房资格。

（3）已有房产情况

具有购房资格，是否就一定能购房呢？按照现有的政策，还要确定购房者的"已有房产情况"。韩先生刚刚结婚，如果已经有一套房子了，那么即便在杭州有购房资格，购房的首付也不得低于 60%，首付的压力就会比较大。目前韩先生和陈小姐名下均没有房产，这是第一套住房购房，按照政策首付比例不低于 30% 即可。

16. 目前不同的城市有不同的购房政策，理财规划师需要充分帮助客户家庭了解相关政策的细节，以明确具备购房资格，若尚未具备购房资格，也需要做出中长期规划。

（4）摇号的可能性

最后，除了以上条件满足之外，购房还需摇号。假设韩先生满足以上所有的购房要求，但是他看中的楼房是一个开发的楼盘，那么韩先生可能需要摇号购房。

客户购房规划：城市
房产政策

2. 购房能力评估

根据客户的财务数据，可以进行购房能力的评估。一般来说购房能力的评估方式有两种，一是存量评估法，即韩先生有多少钱可以用来首付，然后推算出房子的总价；还有一种是流量评估法，即韩先生有多少钱可以用来付按揭贷款，然后推算出房子的总价。

（1）存量估算法

韩先生现有的资产包括余额宝12万元、银行理财产品11万元、11万元的别克凯越、父母支持的45万元，还有双方公积金账户余额20万元。这些资产中，扣除预留的备用金1.65万元以及11万元的汽车，其他均可用于支付首付，即这个家庭有86.35万元可用于支付首付。再根据"可用于首付的资金 ÷ 首付比例 = 房价总额"计算房价总额。为了宽裕起见，可按照最低的30%计算，即86.35÷30%，大约是287万元。如果按照这个金额来购房，这个家庭能否承担呢？同样，可以测算一下，房价总额是287万元，那么贷款70%约201万元。为了减缓还贷压力，暂且建议该家庭按照30年进行按揭贷款；在贷款方式上，考虑他们正处于事业起步期，收入将来会呈现上升趋势，因此理财规划师建议韩先生选择等额本息还款法。在贷款的方式上，在杭州公积金中心自动测算后得到以下情况（如图5-3）：

⌂ 当前位置：首页 > 服务大厅 > 快捷通道 > 贷款额度试算 > 公积金可贷款额度试算

▶ 公积金可贷款额度试算	▶ 公积金贷款月还款试算	▶ 商业贷款月还款试算

▶ 公积金可贷款额度试算

公积金贷款可贷金额试算

借款人账户月均余额：100000	元 *	出生年月：1990-10-01 *	性别：●男　女 *
配偶账户月均余额：80000	元 *	出生年月：1990-12-27	性别：男　●女
房屋类型：商品房	*	贷款类型：首套贷款	
购房总价：2870000	元 *	首付金额：863500 元 *	首付比例：30%

⊟ 计算　　⊘ 重置

公积金可贷金额：100　万元　　公积金可贷期限：30　年　　商业贷款组合金额：100.7　万元

图 5-3　韩先生家庭公积金贷款可贷金额试算结果

说明：杭州住房公积金管理中心"公积金贷款可贷金额试算"：
http://www.hzgjj.gov.cn/col/col514/index.html

17. 客户家庭理财规划方案要具有可执行性，因此购房规划在当下必须与客户所在城市的房地产政策相结合。但房地产政策具有短期性和可变性，因此需要在不同的时间点做出不同的规划，在方案的定期反馈中也需要及时调整。

18. 在客户家庭理财规划方案设计过程中，尽量将购房能力评估的过程展示出来，一方面这是该家庭目前最重要的规划内容，另一方面也能使客户更加信服。

19. 公积金住房贷款有很多需要注意的地方：（1）每个城市的相关政策有所不同，因此需要登录客户所在城市的公积金管理中心相关网站进行测算和查询；（2）杭州的公积金贷款可贷金额有严格的规定，需要根据贷款者公积金账户的月均余额来测算，夫妻双方最高可贷金额共计不超过100万元；（3）目前五年以上的公积金贷款利率为3.25%，同期限的商业贷款利率为4.9%。如果同样是30年的按揭贷款，公积金贷款利息会相对较低。

由此可进行组合贷款，通过网络按揭贷款计算器得到，每月按揭还款约 9697 元（如图 5-4 所示），减去韩先生和陈小姐每月公积金收入 3600 元后，实际韩先生家庭需要还款 6097 元。这一金额占韩先生家庭每月税后收入 2 万元的约 30%。从比例来看，并未超过 40%，在家庭的承受范围之内。所以，购买价格 287 万元的房子可以考虑。

图 5-4　韩先生组合贷款计算结果

（2）流量估算法

该方法按照可以承受的每月还款额进行倒推计算。韩先生家庭月税后收入 2 万元，公积金 1800 元。按照财务杠杆安全的原则，家庭每月还贷额应不超过税后收入的 40%，即该家庭可用于支付每月按揭贷款的最高额度是 11600 元。因为

客户购房规划：购房能力评估（1）

该家庭公积金贷款额度为 100 万元，贷款期限 30 年，可得每月需还款 4352 元；先用 11600 元减掉 4352 元，得到差额 7248 元。即该家庭在公积金 100 万贷款之外，商业贷款每月还可以承受 7248 元的还款额。

因此，按照财务计算器，年金为 7248 元，期限为 360 期，利率为 4.9%，可得商业贷款额度大约是 136.6 万元。加上 100 万元的公积金，可承受贷款的总额是 236.6 万元。再按照"按揭贷款总额÷贷款比率=房价总额"公式来计算房价总额，按揭比例是 70%，可得房价总额是 338 万。

20. 一般在购房规划中，不仅要考虑首付款的可能性，还需要考虑按揭还款的压力。

因此，韩先生家庭购房总价若按存量估算法为 287 万元，流量估算法则为 338 万元。最终确定房子总价若在两者之间或是 338 万，则说明首付需要借用一部分。

客户购房规划：购房能力评估（2）

3. 购房方案

经过与韩先生的沟通，他期望减轻购房压力，因此选择 287 万元左右的房子，未来再进行置换。

考虑到了双方的工作地点，为韩先生选定了位于杭州城西未来科技城的欧美金融城 89 平方米的小户型，属于二手房性质，不需要进行摇号，总价 280 万。这一区域在两年内将开通地铁，周边环境也逐步完善，未来有一定的升值可能性。

表 5-7 韩先生家庭购房按揭贷款一览表

项目	计算公式	金额
购房总额	购房总额 = 每平方米均价 × 平方数	280 万元
首付款	首付 = 购房总额 ×30%	84 万元
贷款额	贷款额 = 购房总额 − 首付款	196 万元
每月还款额	（等额本息还款法，30 年，组合贷款）	9447 元

综合而言，考虑到韩先生家庭的月税后收入情况，建议采用等额本息还款方式。目前每月还款额 9447 元，扣除韩先生家庭每月公积金收入 3600 元后，每月实际支付 5847 元，一年需要承担的房贷为 70164 元。该还款金额对于韩先生家庭来说相对合理，同时还有一定的结余进行资产积累，可用于投资，增加家庭资产收益性。（见表 5-7）

（四）保险规划

1. 已有的保障情况

韩先生和陈小姐所在单位已经为他们缴纳了五险一金，即养老保险、医疗保险、失业保险、工伤保险、生育保险。"五险一金"只能抵御家庭基本风险，因此韩先生家庭还需进一步完善保障体系。

2. 保费的确认

结合保险规划"双十原则"，即家庭年交保费占家庭年收入的 10%，保额要达到家庭年收入的 10 倍。韩先生家庭年税后收入 24 万元，因此建议：保费支出在 2.4 万元左右，保额为 240 万元左右。

3. 保险组合

按照一般保险购买的优先顺序，结合该家庭所处的生命周期，建议韩先生家庭配置意外险和重大疾病保险。

意外险保费低廉但是保额高，可以较好地保证家庭主要成员发生意外后的家庭财务安全。本设计为其选择了中国人寿旗下的

21. 若是借款，需要按照五年内结余能将全部借款还清的原则实施借贷。

22. 在实际生活中，购房还要考虑契税等问题，这又与房产证获取的年限有关。此案例中，由于韩先生家庭目前购房压力较大，而父母财务状况相对宽裕，因此额外的税费父母帮助承担了。

23. 在购房规划总结中，需最后明确该家庭的首付、还贷压力的合理性。

24. 保险规划一般回答以下四个问题：已有什么保险？可支付保费多少？谁需要保险？需要配置哪些险种？

25. 保险规划需要按照"双十原则"来确定基本的保障边界，但在具体产品配置中，则需要根据客户家庭成员的年龄和实际保障需求而定；且要对每一种产品做简单的特点介绍，帮助客户确定产品的适用性。

慧择无忧综合意外医疗垫付保障计划。（见表5-8）

表5-8　韩先生家庭保险产品配置一览表

家庭成员	保险产品	保额	保费	交费年限
韩先生	"职来职往"白领一年期意外综合保障计划升级版	50万元	860.8元	每年
	新一站常青树重大疾病终身保险	70万元	871元	20年交
陈小姐	"职来职往"白领一年期意外综合保障计划基础版	20万元	323.8元	每年
	慧择白领健康保险计划A	8万元	398元	每年
总计	/	148万元	2453.6元	/

26. 家庭保险产品配置一览表没有具体的标准，但需要以最简明扼要的方式展示客户家庭的整体保障情况，包括确定保险产品、保额、保费、缴费年限和方式等。

根据韩先生和陈小姐的综合情况，最终分别为他们选择了"职来职往"白领一年期意外综合保障计划升级版和基础版；在健康险方面，也进行了一定程度上的保障。整体而言，这是较为初步的保障设计，主要鉴于韩先生购房后第一年的经济压力较大，原有的积蓄几乎已全部用于支付购房首付，因此建议这笔保险费用从下一年度税后收入中支出。

（四）投资规划

从结余比例和家庭投资比例可以看出韩先生目前的投资工具应用不多，韩先生虽然在金融机构工作，但是除了银行理财产品外，没有使用其他的投资工具，故在规划时建议通过优化投资渠道来增加收益，以减轻购房后的房贷压力。

27. 投资规划需要结合财务比率情况、客户投资经验、客户资产和风险状况等综合进行考虑。

1. 现有资产的投资规划

按照目前韩先生家庭的资产情况来看，预留了备用金、支付了房子首付款后，资金已经所剩无几了，仅有11万元的汽车，1.65万元的流动资产，以及2.35万元的剩余资金。

28. 在投资规划中，一般需要查询理财市场的实时行情，说明选择哪个具体的产品，选择该产品的原因，以及预期的收益率等情况。

韩先生的风险偏好属积极进取型，建议韩先生首先将这部分资金用于投资股票型基金，以易方达消费行业（110022）为例，该基金整体上呈现较为稳定的走势，经历了大盘波动的几个阶段后，整体收益情况在同类基金中表现较好（如图5-5）。该基金自2010年成立，按照7.5%左右的复利增长。韩先生剩下的2.35万元购买该基金，预计一年的收益约为1763元。

29. 即便现有的资金不足以进行更多的投资规划，也能对未来有简单的投资预期。

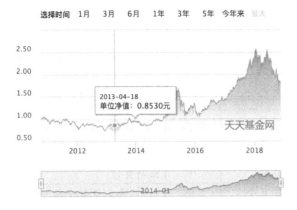

图 5-5　易方达消费行业（110022）成立以来净值的走势

2. 未来结余资金投资规划

韩先生家庭目前的支出压力较大，除前面的购房、保险支出外还要筹集婚礼相关的费用，年结余资金紧张，因此暂不考虑投资规划。但在未来的规划中要重视结余资金的投资及规划，比如，孩子出生后，通过基金定投等方式建立教育基金。

（五）其他规划

1. 装修费用及其规划

韩先生准备近期结婚，需提前准备装修新房、筹备礼金。韩先生个人喜欢简约的装修风格，预计装修金额约 20 万元。韩先生暂时没有剩余资金支付该笔装修费用。考虑到韩先生和陈小姐的现状，双方父母愿意协助他们支付装修费。

2. 婚礼及费用规划

在婚礼举办方式上，经与韩先生和陈小姐沟通后，双方决定举办一个有创意又经济实惠的主题婚礼或是进行旅行结婚。2020年韩先生家庭可支配收入约为 17.54 万元（2019 年结余），减去 70164 元的按揭还款，及 2453.6 元的保费支出后，余额为 10.28 万元左右。韩先生家庭可预留 9 万元作为婚礼的相关费用，剩余 1.28 万元继续投资股票型基金，增加家庭的投资收益。

五、家庭理财规划方案实施效果与调整

根据以上理财规划组合，可得到韩先生家庭理财规划调整后家庭资产负债表（见表 5-9）：

30. 装修房子的费用若是没有父母的资助，可考虑提高信用卡透支额度，并进行分期付款等方式。

31. 由于婚礼对于年轻人及双方家庭而言尤为重要，理财规划师应充分尊重客户意愿，同时对婚礼产生的费用给出合理的建议。

32. 理财规划方案需要对客户的现金流变动随时做出测算，以便能更好地规划未来。

表 5-9　规划后韩先生家庭资产负债（截至 2020 年 12 月 31 日）

（单位：万元）

资产		负债	
项目	金额	项目	金额
流动性资产	1.65	短期负债	0
现金	0	信用卡贷款余额	0
活期存款	0	其他互联网平台贷款余额	0
定期存款	0	长期负债	196
货币市场基金	1.65	汽车贷款余额	0
投资性资产	2.35	房屋贷款余额	196
股票	0	其他	0
国债	0		
基金	2.35		
期货	0		
银行理财产品	0		
自用性资产	291		
自住房产	280		
汽车	11		
其他	0		
资产总计	295	负债总计	196
净资产		99	

33. 通过调整后的资产负债表和收入支出表，能大致了解到理财规划的效果，从而进一步明确理财规划的合理性。

从表 5-9 中可以看出，韩先生家庭的资产结构发生了明显的变化，主要体现在自住房产的增加和购房首付的支出。资产结构中银行理财产品、货币市场基金等也均发生了变化。同时，该家庭开始出现了负债项目。

表 5-10　规划后韩先生家庭收入支出（2020 年 1 月 1 日至 12 月 31 日）

（单位：万元）

收入		支出	
项目	金额	项目	金额
工资收入	24	基本消费支出	6.6
投资收入	0.24	房屋按揭支出	7.02
其他收入	0	投资支出	1.28
		保障支出	0.25
		婚礼费用	9
收入合计	24.24	支出合计	24.15
年结余		0.09	

34. 值得注意的是，该家庭股票型基金投资有两次，第一次是购房首付剩余下来的 2.35 万元，在财务报表的处理中，直接归入了"基金"，并非算做"投资支出"，而是资产结构的调整。而 2020 年从收入中结余下来的 1.28 万元列为"投资支出"，是因为这是从"收入"中直接投出去的部分。

说明：投资收入主要是货币市场基金的 582.5 元收益，以及投资在股票型基金里产生的 1763 元收益之和。后面增加的 1.28 万元投资基金要在婚礼之后，接近 2020 年底，收益暂时忽略不计。

从表5-10可以看出，韩先生家庭进行理财规划后，收益短期内有小幅增加，而支出大幅度上升，主要是购房按揭贷款后的还贷支出，以及保险支出、投资支出及婚礼费用的增加，年结余减少。该情况会持续一段时间，但从长远来看，是将资产积累在未来，增强了家庭保障功能，从表5-11可以看出，年结余减少情况在2021年开始逐渐好转（见表5-11）。

表5-11　规划后韩先生家庭收入支出（2021年1月1日至12月31日）

单位：万元

收入		支出	
项目	金额	项目	金额
工资收入	26.4	基本消费支出	6.6
投资收入	0.33	房屋按揭支出	7.02
其他收入	0	投资支出	
		保障支出	0.25
		婚礼费用	
收入合计	26.73	支出合计	13.87
年结余		12.86	

说明：1. 投资收入主要是货币市场基金的582.5元，以及投资在股票型基金
（2.35+1.28）×7.5%=0.27万元收益之和。

　　2. 韩先生家庭的税后收入在两年中，按照社会平均来看，至少有10%的增长。

表5-12　规划后韩先生家庭财务比率分析表（2020年）

项目	计算过程	参考值	实际值
结余比率	年结余／年税后收入	>10%	0.04%
家庭投资比率	投资资产／净资产	50%	2.4%
清偿比率	净资产／总资产	>50%	34%
负债比率	负债／总资产	<50%	66%
即付比率	流动资产／负债	70%	0.84%
负债收入比率	年债务支出／年税后收入	<40%	29%
流动性比率	流动资产／月支出	3～6（月）	1.42（月）

　　（1）结余比率在理财规划后严重偏低，主要是由于购房支出和婚礼费用支出。这一比率将在2021年恢复到48%左右，可在此基础上再增加部分投资或保险支出。

　　（2）家庭投资比率也显著降低，主要是因为原有的银行理财资金被用于支付购房首付，剩余资金2.35万元也用于购买基金，净资产大幅减少。

　　（3）清偿比率降至34%，主要是因为增加了住房按揭贷款，

35. 为了进一步预测未来现金流的情况，可以先预测2021年的家庭收入支出表，可以看到情况明显好转。

36. 方案中的"调整后的家庭财务比率分析表"也可以将理财前后的数据同时放入表格中作比较，能更加明确理财规划后客户家庭财务状况的变动。

该比率数值处在合理范围内。

（4）即付比率主要反映客户可随时变现资产用于偿还债务的能力，是对短期偿债能力的评估。该家庭的即付比率严重偏低，预计两年后，该比率将会提升。这也是家庭事业形成期客户较常见的比率异常情况。

（5）负债收入比率反映的是家庭的短期偿债能力，也是衡量家庭的财务状况是否良好的重要指标，韩先生家庭负债收入比率为29%，该比率在合理范围内。

（6）该家庭的流动性比率仅为1.42个月，明显偏低，主要是由于2020年韩先生家庭支出大幅度增加。在规划中为该家庭配置了信用卡，因此能够解决资金流动性问题。同时建议在未来年度中结合家庭实际支出情况及时调整家庭备用金。

六、总结

本方案中理财规划师选取了处于家庭事业形成期的韩先生家庭为客户对象，在完整收集客户资料的情况下，对客户的财务信息做了充分剖析，了解了客户目前的资产结构、收入和支出状况等重要信息，并在计算财务比率、分析风险情况的基础上，结合客户自身的理财意愿，确定了客户的理财目标。围绕客户的理财目标，理财规划师以购房规划为重心，进行了现金、保障、投资规划，并兼顾了客户的装修和婚礼等规划。

在这一规划中，暂时未对韩先生家庭子女生养与教育进行规划，主要是考虑到韩先生自身尚未将生养孩子列入未来两年的计划中。因此，理财规划师首先考虑其当下的理财需求。由于理财规划师会对客户进行定期跟进与调整，建议在孩子出生后，根据届时家庭的综合情况，增加教育规划部分。同时，还要考虑父母赡养的问题。

➤ 本章小结

家庭事业形成期客户即便居住于不同的城市，有不同的职业，家庭的具体情况可能也有所不同，但这一阶段的客户家庭也有着诸多的共同点。本章以家庭事业形成期客户家庭的基本特征入手，分析这一类型客户理财规划方案的基本框架和要点。以韩先生家庭为具体案例，进行了点评式方案设计，以解决这一阶段家庭的基本理财需求。方案设计不仅紧密结合当下理财市场，且对客户的未来财务状况做出预测。

➤ 实训案例

（一）客户基本信息

戚先生，26岁，现在萧山的一家医药公司做医药销售，年薪加奖金税后10万元，享有单位提供的五险；未婚妻陈女士，26岁，现为萧山一家公司行政职员，年薪加奖金税后6万元，享有单位提供的五险。两人已订婚，2020年10月举办婚礼。

准夫妻俩在萧山区拥有一套价值280万的自住房将用作婚房，由男方父母以及男方本人完成首付。该住房采用商业贷款，贷款30万元，分10年还款，每月房贷3167元。截至2019年12月31日，戚先生资产情况如下：拥有一辆价值25万元的汽车；活期存款1.5万元，利

息忽略不计；一年期定期存款 8 万元，年利率为 2.00%。

陈女士目前在单位附近租房居住，每月租金 1100 元，打算婚后解除租房合约。目前陈女士余额宝内有 3 万元，购买了银行理财产品 3 万元，年化收益率大约 5%。两人平时开销不大，除房贷、房租等支出外，每月两人基本消费支出共 5000 元；每年汽车保险缴纳 6000 元左右。双方父母都有工作和自住房，暂不需要夫妻俩负担。

（二）客户理财意愿

1.陈女士想再购置一辆价值 10 万元左右的汽车；

2.该家庭打算在一年内结婚、两年内生小孩。准备好婚礼费用和子女的教育费及生活费。

3.该家庭对理财并不了解，但希望能在投资、保险等方面做出基本规划。

（三）实训任务

请按照家庭事业形成期客户家庭的基本特征，结合这一阶段客户家庭理财规划方案的要点，为客户设计一个较为合理且完整的理财规划方案。

第六章
家庭事业成长期客户理财规划方案设计

➤ **知识目标**

1. 归纳家庭事业成长期客户的基本特征。

2. 掌握家庭事业成长期客户理财规划方案的要点。

3. 分析家庭事业成长期客户的理财需求。

4. 明确家庭事业成长期客户的理财重点。

➤ **能力目标**

1. 能为特定家庭事业成长期客户进行财务分析和风险分析。

2. 能对特定家庭事业成长期客户进行理财需求分析。

3. 能为家庭事业成长期客户制定适合的理财规划方案。

4. 能为家庭事业成长期客户制定的理财规划方案进行反馈与调整。

➤ **客户案例**

家庭事业成长期客户李先生该如何理财？

李先生，男，39岁，浙江东阳人，是当地某集团的施工管理员，月税后收入1万元，税后年终奖金4万元，每月单位代为缴纳社保1000元，但无公积金。李太太，37岁，东阳市某小学的教师，月税后收入5000元，税后年终奖金1.5万元，单位缴纳社保，每月个人提取公积金1000元。两夫妻都有基本社会保障，但是没有购买其他的商业保险。

在家庭支出方面，日常月开销约5000元，每年会安排一次旅游花费约10000元；李先生夫妇有一个8岁的女儿，目前正在上小学二年级，女儿在公立小学，教育费用（含校外各类培训课程）每年支出约1.5万元。双方父母健在，且已经退休，各自有退休工资，暂时不需要承担父母的赡养费用。

2019年对李先生家庭资产进行盘点，情况如下：房产方面，该家庭2010年在东阳市区贷款买了一套120平方米的两居室商品房，贷款年限20年，贷款60万元，选择等额本息法还款，每月还贷3990元（李太太的公积金账户在买房时已经全部用于购房，当前每月2000元公积金用于偿还房贷本息后，每月实际还贷金额为1990元），目前剩余58万元本金未还，该

房产当前价值 150 万元；因为李太太上班较远，家里 5 年前已购置一辆当时价值 8 万元的小车（预计 10 年报废），养车费用每年约 8000 元（含车险保费每年 3000 元）；李先生家有现金 4 万元，活期存款 30 万元（利息忽略不计），三年期银行大额存单 20 万元（年利率 4.1%，2019 年底到期），30 万元储蓄式国债（三年期，每年付息一次，2019 年为第二年，利率为 4%）。

　　另外，考虑到家庭实际情况，李先生希望两年内能够再买一辆 30 万元左右的轿车；也希望能为女儿教育提供较好的规划与保障。

　　在此案例中，客户李先生家庭有一个处于受教育期的孩子，已经累积了一定的资产，具有稳定的工作，属于家庭理财生命周期的第三阶段，即家庭事业成长期。从该客户的基本资料我们可以看到，该家庭与大部分处于家庭事业成长期的家庭一样，面临着筹备子女教育费用、完善家庭保障体系、考虑组合投资和安排养车资金、换车等一系列理财需求，这也是我们这一章的难点——家庭理财资金往往较为充裕，但是要综合考虑的问题也更为繁杂。

第一节 家庭事业成长期客户的基本特征

家庭事业成长期，广义上是指家庭从子女出生到子女完成教育这一段时期，这个阶段持续的时间很长，可能会延续十余年甚至二十余年，在 18～25 年之间，客户的年龄则一般在 30～55 岁之间，一般也是一生中最黄金的年龄阶段。从理财的角度而言，家庭事业成长期客户一般有以下基本特征。

家庭事业成长期客户的
基本特征

一、家庭收入、支出和资产均呈现增长趋势

随着客户家庭进入家庭事业成长期，家庭的主要经济支柱一般在职场已有一定的累积，事业随着年龄的增长稳步上升，家庭的财富也得到不断累积，工资收入和投资收益不断增加。但同时，家庭的各项支出，如教育支出、医疗支出、保健养生支出、赡养支出等，随着孩子的成长和自身年龄的增长也会有所增加。

家庭收入的增加和资产的不断累积，为进一步投资理财奠定了良好的基础，可以让理财规划师有更多的规划空间。

拓展阅读

中国高净值客户财富情况分析（节选）

2019 年 4 月 8 日，中国建设银行携手波士顿咨询公司（BCG）发布了中国私人银行市场发展报告《中国私人银行 2019：守正创新 匠心致远》，通过对高净值客户的调研和数据分析，对当前中国财富市场的市场环境和客户诉求变化进行了深入的解析。

从高净值客户群体来看，2018 年国内个人可投资金融资产 600 万元人民币以上的高净值人士数量达到 167 万人，仍稳居全球第二。

报告预测，中国高净值人群数量未来五年间复合增长率为 8% 左右，在 2023 年达到 241 万人。报告还预测，未来中国高净值人群个人的资产配置将从房地产、企业股权更多向金融资产转移，个人可投资金融资产仍将维持年化 16% 的快速增长，增速将高于社会整体财富增速，2023 年可投资金融资产有望达到 82 万亿元人民币。

从高净值客户群体来看，企业家是中国高净值客户群体的中坚力量。通过经营企业获得分红或通过企业股权变现一直是高净值客户个人金融资产增长的主要来源。经历了过去几年股市、房市起落后，经营实业为主要创富来源的地位愈发巩固。展望未来，企业家仍将是中国高净值人群的主体。新一代的企业家在崛起，老一辈企业家对资产结构的调整，特别是金融资产的多元分散配置，将给财富管理行业带来巨大的机会。

数据显示，在高净值人群中，40% 的人表示将在未来一年增持现金存款，36% 的人表示将增持银行理财，28% 的人表示将增持保险类产品。

客户行为特征及需求分析

客户调研发现"50"现象明显，近一半的客户年龄超过50岁，客户对于理财的需求，正由追求财富快速增长转向追求财富的稳健、保值，以及财富的有序传承。这说明中国高净值人群的主体进入了财富管理生命周期的新阶段，再加上市场环境和监管的变化，进一步带动了高净值客户群在投资理念、机构选择以及产品需求方面的转变。

投资理念分析

高净值人士对金融机构的资产配置能力愈加看重，超过一半的客户需要金融机构为其提供优质的资产配置服务。高净值人士对风险和收益之间的辩证关系有了更加透彻的理解，投资心态日趋理性。

产品服务需求分析

超过一半的高净值客户正在或即将进行财富传承。伴随着财富传承需求的上升，综合财富规划的热情高涨，客户对于税务、法律等专业服务的需求也迅速上升。

增值服务需求分析

调研发现高净值人士最看重的两大需求依然是高端医疗和高端养老，同时对法律咨询、税务筹划的需求也显著提升。

资料来源：中国建设银行携手波士顿咨询公司（BCG）发布的《中国私人银行市场发展报告》

二、教育和养老两大人生规划成为理财重点

由于这一阶段的客户家庭主要经济支柱的年龄往往都大于30岁，且都育有子女。随着三胎政策的到来，有些家庭还不止一个孩子，因此教育费用也逐年上升。加上自身年龄的增加，养老问题也随之需要加以重视。这两大人生规划项目是这一阶段的理财重点。

教育规划的重要性在上一章节已经进行分析，在此不再赘述。而养老规划，是为家庭负收入阶段的退休养老阶段提前准备资金，由于资金累积的时间和最终使用的时间都比较长，以及客户寿命的不确定性，其规划的重要性和难度不言而喻。

三、家庭的保障需求进一步凸显

在这一阶段，家庭成员的年龄不断增加，健康、安全等问题对家庭财务的影响也愈加重要，需要在家庭事业形成期选择的商业保险基础上，进一步增加保险保障，增加诸如医疗保险、大病保险、养老保险、少儿保险等一系列保险产品，建立起与家庭面临的风险相契合的保险保障体系，也是这一阶段必不可少的规划。

四、家庭组合投资需求的增加

这一阶段还有一个特征，即客户家庭整体情况愈加稳定，家庭财富通常也已有一定累

积，可以用于投资的资金较之前也更为充裕。但考虑到这一阶段客户的年龄以及家庭负担等因素，理财规划师不能仅根据客户自身资产存量进行投资组合，需要综合各方面因素，尤其是家庭养老等需求，建立起与客户家庭风险承受能力和风险偏好相匹配的投资组合。

五、不同年龄阶段的理财特点存在差异

相对于之前两个阶段，家庭事业成长期有着更为复杂的群体，有时候也需要对客户群体进一步细分，将这一阶段的后期又单独划分成为家庭事业成熟期（通常是指子女离开原生家庭、接受高等教育期间家庭所处的阶段）。但鉴于家庭事业成熟期与退休前期（即子女参加工作至家长退休之间的这一阶段）属相对类似阶段，因此本教材不加以单独分类。

家庭事业成熟期
理财规划要点

该生命周期阶段涵盖 30 多岁、40 多岁和 50 多岁三大年龄段，在不同的年龄层次，理财需求和特点也存在较大的差异。

（1）30～40 岁阶段的家庭，购房、购车以及建立保障体系是重要的理财内容，这些规划项目占据了该阶段家庭重要的支出项目，资金可能比较拮据。

（2）40～50 岁阶段的家庭，财富实力一般比较雄厚，比较关注投资的保值增值，如何更好地投资理财是该阶段的理财重点。

（3）50 岁以上年龄段家庭，对于资产的保值需求更为突出，他们往往需要为接下去的退休养老以及孩子的独立提前做好准备。

第二节　家庭事业成长期客户理财规划的要点

一、家庭事业成长期客户理财规划方案的一般框架

　　与第五章相似，家庭事业成长期客户理财规划方案的一般框架包括现金规划、消费规划、教育规划、养老规划、保险规划、投资规划等主要组成部分。结合上文家庭事业成长期客户的基本特征，这一阶段客户理财规划方案的一般框架如图6-2所示。

　　同时结合家庭事业成长期客户的特征可知，相较于其他生命周期阶段的家庭，这一阶段的保障规划、教育规划和养老规划是理财规划师需要着重考虑的需求。

家庭事业成长期
理财规划要点

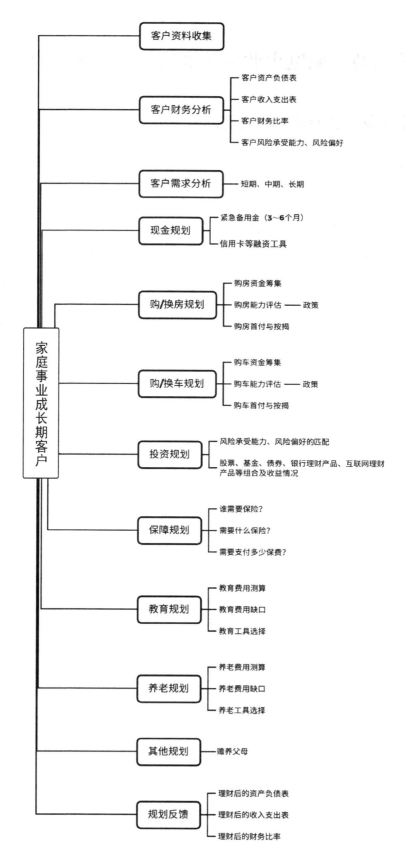

图 6-2　家庭事业成长期客户理财规划的一般框架

二、家庭事业成长期客户理财规划方案的重点

如图 6-2 所示，这个框架既涵盖了一般家庭理财规划方案的一般要素，又结合了这一生命周期阶段家庭的主要理财需求，在方案设计与撰写中，需要特别突出以下重点。

（一）常规理财规划内容

1. 不合理资产负债结构的调整

通过客户分析可知，家庭事业成长期客户存在着各种不合理的资产以及负债结构，在与客户风险承受能力和风险偏好相匹配的前提下，需调整家庭的资产组合，并改善不合理的负债项目，达到资产的优化合理配置。

2. 确保家庭现金流通畅

家庭的现金流是家庭各理财生命周期阶段都需要关注的重点指标，在具体的操作上，包括选择合适的产品规划 3 ～ 6 个月的现金及现金等价物，并利用信用卡等方式进行短期融资安排。但家庭事业成长期阶段的客户应尽可能充分预留备用金，尤其是在后期，在"上有老、下有小"的压力之下，一般建议尽量备足 6 个月的流动资金。

（二）特色规划项目

该阶段的重点规划项目主要包括养老、教育、保障，兼顾消费、投资等项目。

1. 养老规划

养老是未雨绸缪的规划项目，越早开始，复利的效用就越明显，除了通常选择的养老保险和各种投资产品可以作为养老规划工具外，还可以考虑以房养老等特色化养老资金筹集形式。

2. 教育规划

孩子教育问题贯穿成长期家庭的理财周期始末，也是国内家庭最为关注的一个问题。在利用教育保险、投资产品等教育规划工具储备教育资金的同时，要注意与家庭的整体财富累积和风险规避相协调，不建议把过多的资金投入教育保险等产品中，从而确保家庭财富的有效增长和风险控制的效用最大化。

3. 保障规划

即便这一阶段的客户应该已经购买了一些基础的保险产品，如意外保险，但是随着经济能力和年龄的增长，原有的保险保障可能不能满足未来的需求，则需要尽早将保障体系的建立提上日程，在符合"双十原则"的前提下，尽可能为家庭的主要经济支柱配置充足的养老、医疗、重大疾病等保险保障产品。

4. 消费规划

成长期家庭的消费规划重点在于购房和购车。该阶段的家庭一般已经购房，但是处于

还房贷时期，车子可能也已购买，需要还车贷或者有置换更高档轿车的需求。在规划时需要关注房贷的还款压力，选择合适的还款期限和还款方式，注重生活品质，谨防成为"房奴"；对于买车的规划，也要量力而行，以家庭的实际需要为主要衡量标准，尤其需要注意购车以后增加的各种养车费用。

5. 组合投资规划

该阶段可以用于投资的资金比家庭事业形成期要充足得多，因此可以充分利用市场上的各类投资产品，合理配置，形成与客户投资风格相一致的投资组合，在分散风险的同时，更好地获得投资收益，确保家庭资产的保值增值。

拓展阅读

我国人口老龄化问题与养老普惠金融的发展

所谓人口老龄化，是指65岁以上人口超过总人口的7%。2000年我国进入老龄化社会以来，老年人口数量及老年人口比重就一直在增加。据预测数据显示，至2050年，我国老年人口年均增长率将达到3%，2050年我国60岁及以上的老年人规模将达到4亿，占总人口的比重将超过30%。此外，联合国预测数据也显示：2030年和2050年，我国65周岁及以上老年人比重分别是15.78%和22.6%。这均表明我国人口老龄化态势严峻。

我国人口出现老龄化的成因主要表现在几个方面：一是改革开放40年来，经济得到了发展的同时，人们生活压力也在增加，生育愿望下降导致新生儿出生率下降；二是医疗水平的提高使得死亡率下降；三是我国计划生育政策致使出生人口下降。

2005年，联合国首次提出了普惠金融的概念，其服务对象一般是弱势群体，养老普惠金融就是为老年人口提供适当、有效的金融服务，满足老年人口的金融服务需求，不仅有利于解决老年人退休后是否可以过上美好生活的问题，使其老有所养，而且有利于养老金的保值增值。

发达国家人口进入老龄化的时间较早，在养老普惠金融方面积累了不少可供借鉴的经验和比较有影响力的做法。

1. 老年人口护理保险

老龄化的加深及老年人口增多带来的一个问题就是老年护理需求的增加，于是就催生出老年人护理保险。老年人口护理保险于20世纪七八十年代出现在美国，随后，欧洲的德国和英国及亚洲的日本和韩国仿效美国推出该项保险业务。长期护理保险的推出及发展有效降低了个人及家庭护理费用。

2. 以房养老的反向住房抵押贷款

如何将老年资产转换为养老资源，国内外金融机构一直在不断探索，其中最为成功的就是最早产生于荷兰的以房养老模式，在美国、加拿大、英国、法国、新加坡等发达国家应用比较普遍，这种养老模式的创新为很多国家提供了经验借鉴。经过30多年的发展，以房养老已经成为各个主要老龄化的发达国家采取的一种养老保障方式。总体上看，在老年人口养老保障有了极大提升的同时，也一定程度上缓解了国家财政负担。

3. 养老目标基金

欧美发达国家三大养老体系中，养老投资的比重非常大，由此产生多种养老基金。国际上比较成熟的两类养老目标基金，即目标风险型基金和目标日期型基金，目标日期型基金更广受投资者认可，是美国养老金默认投资的主要产品。美国的第一只目标日期基金于 1993 开始设立，已有二十几年发展历史，2017 年数据显示，美国的目标日期基金和目标风险基金总规模超过 1.5 万亿美元。截至 2017 年末，美国的养老金规模已达到 27.81 万亿美元，其中个人养老账户规模为 8.9 万亿美元，占整个养老金规模的 32%。此外，全球 30 多个国家、地区的目标日期基金数量达到 1726 只，总规模约 12410 万亿美元。

中国人口老龄化的不断加深加快给中国养老保障体系带来了一定的压力，近些年在养老金融方面不断努力，也推出了一些涉及老年人口和养老方面的普惠金融产品，在产品的设计上借鉴了国外经验并结合了国内的实际情况。

（一）关于老年住房抵押反向贷款的实践

我国于 2014 年正式启动老年人住房反向抵押养老保险试点工作，最初试点城市为北京、上海、广州和武汉 4 个城市，经过 5 年的发展，现已在全国范围开展。我国老年人口规模大，开展这项业务的潜力也相应较大，但是由于住房反向抵押贷款是一个小众产品，在我国出现的时间较晚，加上老年人口群体受传统观念的影响，我国住房反向抵押业务的成绩不是很理想。

（二）关于个人税收递延型商业养老保险的实践

在众多商业保险中，个人税收递延型商业养老保险是由保险公司承保的一种商业年金保险，主要面向缴纳个人所得税的社会公众，缴纳的保险费允许税前列支，养老金积累阶段免税，领取养老金时再相应缴纳。这是国际上采用较多的一种税收优惠模式，国外发展已经成熟。我国于 2018 年 5 月启动，试点地区选择上海市、福建省（含厦门市）和苏州工业园区三地。经过一年多的发展，数据显示，上海地区发展的情况相对比较理想，完成保单 2.29 万件，保单金额 3403.5 万元；福建地区，特别是苏州地区发展相对较差。

（三）关于养老目标基金的实践

2018 年 8 月，养老目标基金在中国正式获准发行。首批养老目标基金有 14 只，由不同的基金公司发行。经过一年多的运行，养老目标基金的规模有了较大幅度的增长。根据 wind 数据整理，目前市场上运行的养老目标基金有 164 只，基本上按照国际市场成熟的经验运行。在投资层面上，和国外一样采用 FOF 的形式，结合我国老龄化发展态势及养老体系建设情况，我国养老目标基金着重体现资产长期稳定增值这个养老规划目标，比如目标日期基金在日期上做了 2030 年、2033 年、2035 年、2040 年、2045 年、2050 年等明确时间节点，同时会根据所设定日期的远近，对基金的资产配置做明确的要求，特别是对于权益类资产的配置要求设置一定比例，使基金的资产做到优化配置。另外，监管层正式推动养老目标基金纳入个人税收递延型养老金的投资范围，这一政策为养老目标基金提供了广阔的发展空间。

近年来，我国在养老金融产品方面做了一些有益的尝试，但是暴露的问题也比较多，尤其是养老普惠金融方面的实践探索还不够深入，有进一步发展的巨大空间。

资料来源：节选《老龄化与养老普惠金融：国际经验、中国实践及对策建议》，赵周华、张春璐，《征信》2020年01期，国家自然基金项目。

拓展阅读

家庭生育二胎的成本分析

我国从2016年1月1日零点起正式实施全面"二孩"政策，即允许已婚夫妇在符合法定条件的情况下，生育第二胎。全面"二孩"政策对于个人家庭理财的影响明显，包括妈妈的生育费用和职业及收入影响、孩子的养育和教育成本，甚至是孩子未来的成家费用等都是需要考虑的因素。

学者在江苏省内对20至50岁的常住人口的两类群体进行调查，一类为已婚未育人群，一类为已生育一胎孩子的人群，收集到600份有效的调查问卷，并运用统计学方法对调查结果进行分析。认为，家庭收入水平对二胎生育意愿的影响很大。家庭年收入为5万元及以下的调查对象中愿意生育二胎的占32%，家庭年收入为5万元至10万元的调查对象中占44%，家庭年收入为10万元至20万元的调查对象中占56%，家庭年收入为20万元以上的调查对象中占53%。

该调查还分析了家庭生育二胎的经济成本包括：

1. 产前产后护理费。对于准妈妈来说，在孕期第11周或12周时需进行第一次产检，产检内容在孕期每个阶段都会有所调整。根据调查结果显示，在每次检查结果都正常的情况下，平均每一位孕妇的产检花费为4000元至5000元。如果检查结果出现异常情况，则需要根据实际情况进行调理，花费更多的费用。在婴儿出生时，如果孕妇是自然分娩，并且婴儿的各项指标都正常的情况下，平均每一位孕妇的花费为3000元至4000元；如果孕妇进行剖腹产手术，在同等情况下，平均每一位孕妇的花费为6000元至7000元。

2. 衣食住行等费用。一个孩子从出生开始，衣食住行方面的花费将是一笔较高的支出。在通常情况下，一岁前的小孩食用奶粉比较多，也有母乳和奶粉混合喂养的情况。调查结果显示，在孩子出生后的前6个月，不能食用辅食，平均每一位小孩每月的奶粉开销为1200元左右；6个月以上的小孩，可以食用米糊等各类辅食，平均每一位小孩每月的奶粉开销为1500元左右；1岁至3岁期间，平均每一位小孩每月的奶粉开销为1000元左右。如此算下来，一个小孩从0至3岁期间仅奶粉花费就需4万左右，再加上尿布、衣物、玩具、医疗等消费，则需要7万至8万元。

3. 教育费用。如今，家长都十分重视孩子的个人发展及教育培养，教育成本也随着教育质量的提高而不断增加。根据调查结果显示，有36%的调查对象把自己的小孩送去了早教机构，平均每一位小孩每年的早教费用为15000元。另外，有的家长还为小孩购买智力开发用品。算下来，在小孩0至3岁期间，平均每一位小孩的教育花费为5万元左右。

资料来源：《家庭经济能力对生育二胎意愿的影响分析》，骆苏婷，时代金融，2017。

第三节　家庭事业成长期客户理财规划的实训案例

为了更好地理解家庭事业成长期客户理财规划方案该如何设计，本节将以本章开篇李先生家庭为案例，设计一个较为完整的理财规划方案。

一、客户基本资料

（一）客户基本信息

李先生，男，39 岁，浙江东阳人，是当地某集团的施工管理员，月税后收入 1 万元，税后年终奖金 4 万元，每月单位代为缴纳社保 1000 元，但无公积金。李太太，37 岁，东阳市某小学的教师，月税后收入 5000 元，税后年终奖金 1.5 万元，单位缴纳社保，每月个人提取公积金 1000 元。两夫妻都有基本社会保障，但是没有购买其他的商业保险。

在家庭支出方面，日常月开销约 5000 元，每年会安排一次旅游，花费约 1 万元；李先生夫妇有一个 8 岁的女儿，目前正在上小学二年级，女儿在公立小学，教育费用（含校外各类培训课程）每年支出约 1.5 万元。双方父母健在，且已经退休，各自有退休工资，暂时不需要承担父母的赡养费用。

2019 年对李先生家庭资产进行盘点，情况如下：房产方面，该家庭 2010 年在东阳市区贷款买了一套 120 平方米的两居室商品房，贷款年限 20 年，贷款 60 万元，选择等额本息法还款，每月还贷 3990 元（李太太的公积金账户在买房时已经全部用于购房，当前每月 2000 元公积金用于偿还房贷本息后每月实际还贷金额为 1990 元），目前剩余 58 万元本金未还，该房产当前价值 150 万元；因为李太太上班较远，家里 5 年前已购置一辆当时价值 8 万元的小车（预计 10 年报废），养车费用每年约 8000 元（含车险保费每年 3000 元）；李先生家有现金 4 万元，活期存款 30 万元（利息忽略不计），三年期银行大额存单 20 万元（年利率 4.1%，2019 年底到期），30 万元储蓄式国债（三年期，每年付息一次，2019 年为第二年，利率为 4%）。

案例解析栏：

1. 从李先生家庭的资料可以看出，该家庭是典型的家庭事业成长期家庭案例，有一个上小学的女儿，家庭资产和事业都稳步成长。

2. 该家庭存在房贷，每月均有还贷压力，要充分重视这项开销，并安排足够的家庭备用金以备不时之需。

3. 值得注意的是，该家庭的贷款、定期存款和国债等在进行计量时，要明确本金和利息的具体情况，以便以合适的金额分别计入资产负债表和收入支出表。

4. 客户理财意愿往往是客户自身比较迫切的理财想法，如李先生的购车、教育和保险等需求，而最终确定的理财目标，则还需要结合该家庭所处生命周期阶段以及职业、财务状况等背景来合理确定。

5. 在填制表 6-1 时，需要注意，家庭资产负债表中的资产和负债，银行存贷款产品均为本金，如表中的大额存单和房屋贷款分别为存款本金和截至 2019 年底的剩余贷款本金，而其他金融资产和房产、汽车金额则为当前价值。这里的汽车价值也进行了折旧。由表 6-1 可知，李先生的家庭资产中，实物资产比重较高，而金融资产中，也以安全性比较高的资产为主，综合收益率相对比较低，体现出李先生稳健性的投资倾向。该家庭的负债只有房贷，公积金抵扣以后还贷压力较小。

（二）客户自身的理财意愿

经与李先生沟通，该客户家庭有以下理财意愿：

（1）购车方面，李先生家庭希望在两年内能够增购一辆轿车，价格 30 万元左右，以提高生活品质。

（2）教育资金方面，李先生家庭非常重视女儿的教育，希望孩子能够得到良好的教育，教育资金安排将是一项重要的人生规划项目。

（3）投资方面，李先生家庭希望在控制风险的情况下，优化目前的投资组合，增加一些收益性更好的投资产品，实现资产的保值和增值，为家庭资产进一步累积创造条件。

（4）保险和养老方面，李先生家庭除了社保和车险之外，没有任何其他商业保险，随着年龄的增加，也打算购买一些商业保险来增加健康疾病方面的保障，这部分需求可以结合养老规划进行合理设计。

二、客户财务状况分析

（一）家庭资产负债分析

根据李先生现有的基本信息，可以得出表 6-1 的家庭资产负债表。

表 6-1　李先生家庭资产负债表（截至 2019 年 12 月 31 日）

（单位：万元）

资产		负债	
项目	金额	项目	金额
金融资产	84	短期负债	0
现金	4	信用卡贷款余额	0
活期存款	30	长期负债	58
大额存单	20	汽车贷款余额	0
国债	30	房屋贷款余额	58
实物资产	154		
房产	150		
汽车	4		
资产总计	238	负债总计	58
净资产		180	

（二）家庭收入支出分析

根据李先生现有的基本信息，可以得出表 6-2 的收入支出表。

表6-2 李先生家庭收入支出表（2019年1月1日至2019年12月31日）

（单位：万元）

收入		支出	
项目	金额	项目	金额
工资薪金收入	23.5	日常消费支出	6
李先生收入	16	养车费用	0.8
李太太收入	7.5	旅游支出	1
投资收入	2.02	房屋按揭支出	2.39
利息收入	2.02	教育费用	1.5
其他收入	0		
收入合计	25.52	支出合计	11.69
年结余		13.83	

分析表6-2，可以看出，李先生家庭的收入主要为工资薪金收入，占家庭总收入的92%，其中李先生收入高于李太太收入；投资收入则分别为20万元的大额存单和30万元的储蓄式国债所得收益，收益率在4%左右，再加上4万元现金和30万元活期存款，因此整体资产收益率较低，资产增值能力较弱。

从支出结构来看，日常消费支出和房屋按揭支出是该家庭最主要的两项支出项目，分别占总支出的59%和23%，财务负担目前而言还比较轻。

（三）家庭财务比率分析

根据李先生家庭的相关信息数据，通过计算得出各项家庭财务比率如表6-3所示。

表6-3 李先生家庭财务比率分析

项目	公式	参考值	实际值
结余比率	结余资金／年税后收入	10～40%	54%
流动性比率	流动资产／月支出	3～6（月）	55.43（月）
家庭投资比率	投资资产／净资产	≥50%	27.78%
负债比率	净资产／总资产	<50%	24.37%
负债收入比率	年债务支出／年税后收入	<40%	9.37%
财务自由度	年投资收入／年家庭生活支出	≥1	0.17

（1）结余比率为家庭年结余与年税收入之比，是家庭资产增值的基础重要指标，反映家庭控制支出的能力和储蓄意识。经计算，2019年李先生家庭结余比率为54%，高于40%，说明该家庭的理财基础比较好，但从支出结构也可得知，李先生家庭的投资支出、保障支出等项目有待进一步优化。

6. 表6-2中金额填列需要注意以下两点：

（1）利息收入主要包括大额存单和国债2019年的利息收入；

（2）房屋按揭支出是扣除了公积金直接还贷以后的支出金额，李太太每月个人提取1000元公积金，单位配套缴纳部分也为1000元，合计2000元；

（3）虽然客户案例中交代了李先生社保缴纳额每月1000元，但需要注意的是，这里的收入是税后收入，这就意味着1000元社保是从税前工资中扣除的，因此这1000元无须计入支出。

7. 需要强调的是，负债收入比率中的年债务支出是由于当年偿还债务所产生的支出，不同于债务本身。

8. 财务自由度的公式有很多种，其中年投资收入也可以是"年非工资性收入"。

9. 李先生家庭的大额存单本质依然是定期存款，受存款保险制度保障。与一般存单不同的是，大额存单在到期之前可以转让，期限不低于7天，投资门槛高，金额为整数。其流动性相对较强，且由于2019年已到期，因此将其列入流动资产范畴。

10. 对有负债的家庭，通常可以用"负债比率""清偿比率""负债收入比率"来分析该家庭的偿债能力。由于"负债比率"和"清偿比率"是一组相加为1的比率，因此实际运用中选择其中一个进行分析即可。

11. 流动性比率需要注意的是家庭固定开销的确定，对该家庭而言，旅游、养车和房贷按揭等费用都是固定需要支付的，因此也要计入年家庭固定支出中。

（2）流动性比率为家庭流动资产与平均月家庭支出之比，反映家庭的应急储备状况，范围应在3～6个月之间。李先生家庭的流动资产主要为现金、活期存款以及刚到期的大额存单，共计54万元，平均月家庭支出为0.97（11.69万元/12个月）万元，因此两者之比为55.43个月，偏高较多。李先生夫妻工作稳定，债务压力不大，不需要过多的应急储备资金，需要将这部分流动资产加以充分规划，以增加其投资收益，或用于提升家庭保障程度等。

（3）家庭投资比率反映家庭的投资意识，为家庭投资资产与净资产之比，其理想数值一般在50%以上。李先生家庭的投资资产为国债30万元，因此该比率为16.7%，低于理想数值，所有投资产品为国债单一品种，且属于收益率偏低的保守型产品，故在投资规划时应注意优化投资品种结构，提高资金利用率和综合收益率。

（4）负债比率和负债收入比率反映客户的偿债能力。李先生家庭负债比率为24.37%，说明该家庭的综合偿债能力很强；该家庭2019年债务支出主要是由于偿还房贷按揭所产生的2.39万元，因此其债务收入比率为9.37%，远低于40%的参考值，说明该家庭的短期偿债能力也不弱。

（5）财务自由度是反映家庭财务自由状况的比率，该比率越高则家庭利用投资收入覆盖日常开销的能力越强。李先生家庭的财务自由度为0.17，说明该家庭还需继续增加投资比重及投资收益率，从而实现未来的财务自由。

综合分析，该家庭的财务状况基本良好，主要优势在于资产流动性强、偿债能力强、有房有车，有了一定的投资资产，但是资产的综合投资收益低，理财意识略显薄弱，保障体系不够完善，因此调整现有金融资产的结构是必要的。

三、客户风险分析

对李先生进行风险评估需要从风险承受能力和风险偏好两个方面进行。

表6-4从年龄、就业、家庭负担、置业和投资经验以及投资知识方面对李先生的家庭风险承受能力进行了评估，评估表的分析结果显示：李先生的家庭风险承受能力总分为70分，在同一生命周期阶段家庭中风险承受能力较强，主要是与职业性质、房贷压力、投资经验等有关。

表6-4 李先生家庭风险承受能力评估表

项目 \ 分数	10分	8分	6分	4分	2分	得分
就业状况	公教人员	上班族	佣金收入者	自营事业者	失业	9分
家庭负担	未婚	双薪无子女	双薪有子女	单薪有子女	单薪养三代	6分
置产状况	投资不动产	自宅无房贷	房贷<收入50%	房贷>收入50%	无自宅	6分
投资经验	10年以上	6～10年	2～5年	1年以内	无	8分
投资知识	有专业证照	财金类专业毕业	自修有心得	懂一些	一片空白	4分
年龄	总分50分，25岁及以下者50分，每多一岁少1分					37分
总分	70分					

表6-5是对李先生家庭风险偏好的评估结果，可以看出李先生的得分只有36分，风险偏好属于温和保守型，比较厌恶风险，不愿意承受太高的本金损失，更愿意接受稳定的投资收益和较高的流动性。结合该家庭的风险承受能力较高的评估结果，在进行投资规划时需要为其考虑配置一定的基金等中等风险产品，但是配置比例不宜过高。

表6-5 李先生家庭风险偏好评估表

项目 \ 分数	10分	8分	6分	4分	2分	得分
首要考虑	赚短线差价	长期利得	年现金收益	抗通胀保值	保本保息	8分
认赔动作	预设止损点	事后止损	部分认赔	持有待回升	加码摊平	4分
赔钱心理	学习经验	照常过日子	影响情绪小	影响情绪大	难以成眠	4分
最重要特性	获利性	收益兼成长	收益性	流动性	安全性	4分
避免工具	无	期货	股票	房地产	债券	6分
本金损失容忍	总分50分，不能容忍任何损失为0分，每增加一个承受损失百分比，加2分，可容忍25%以上损失者为50分					10分
得分						36分

12. 年龄、就业、家庭负担、置业和投资经验以及投资知识等可以从一定程度上客观反映家庭可以抵御的风险冲击，所以将这些因素作为评估家庭风险承受能力的重要因素。其中，就业状况之所以是9分，是因为李先生属于上班族，但其太太属于公教人员，因此取平均值。年龄部分也是取夫妻二人的年龄平均值加以计算。

13. 客户风险偏好的评估可以选择如表6-5的风险偏好评估表进行，也可以采用问卷形式了解，或者通过访谈以及研究该客户家庭现有的投资资产情况进行。

14. 确定客户理财目标时，短期目标和中长期目标不是固定的，也并非一年以内才算短期，而是根据家庭理财需求和相关考虑及影响时间的差异进行合理确定。

四、客户理财目标分析

结合李先生的家庭背景、生命周期阶段和理财需求，为其确定以下理财目标

短期目标

（1）按照李先生家庭的实际情况，预留足够的家庭备用金。

（2）调整现有金融资产结构，在符合李先生家庭风险特征的基础上，适当增加资产组合的综合投资收益率。

（3）为家庭选择合适的信用卡，使日常消费和短期融资更为便利。

中长期目标

（1）两年内为家庭购买一辆30万左右的轿车。

（2）为女儿将来各个阶段的教育安排合理的资金。

（3）李先生家庭目前仅有社保和车险，需要为家庭成员补充商业保险，形成完善的保险保障体系。

（4）李先生夫妇已经年近四十，需要结合该家庭当前的消费支出以及对退休养老的期望，尽快进行养老金的规划安排。

五、家庭理财规划组合

（一）现金规划

1. 现金及现金等价物的安排

15. 由于李太太为公教人员，收入非常稳定，且暂时没有赡养的压力，因此李先生家庭预留的备用金取中间值即可。

鉴于李先生家庭财务状况健康，家庭主要收入来自工资薪金和利息，职业都比较稳定，也没有很高的房贷负担和赡养老人的压力，平常无大宗支出，且家庭成员均无重大健康问题，故建议留出3～6月月支出的中间值，即4万元作为应急性备用金，可以在留出1万元活期存款后将剩余部分备用金选择合适的现金等价物产品。这部分资金在现金部分预留即可。

理财规划师建议李先生家庭可以选择的现金等价物产品包括货币市场基金以及银行的活期存款、定活两便、高流动性理财产品等。最后李先生选择了中国工商银行的"全鑫权益"鑫尊利每周定期开放理财产品，预计年化收益率4.3%。因此，李先生3万元投资的年收益约1290元（活期存款部分由于余额的变动性以及年利率仅0.35%，因此忽略不计）。

16. 常见作为家庭备用金的货币市场基金，可以在各大平台直接申购货币市场基金，也可通过包括余额宝、腾讯理财通等产品实现，流动性是其最大的优势，虽然银行的活期存款、定活两便等传统现金等价物产品在收益率方面没有竞争优势，但目前也有一些银行推出可实时到账的灵活申赎产品或者每周定期开放的产品，基本为1万元起购，业绩比较基准往往高于同期各种货币市场基金产品，为个人理财的现金规划提供了更多的选择。之所以按4.3%年化收益率折算是因此类产品通常还会收取销售手续费率和固定管理费率等。

市场链接

银行推出的高流动性银行理财产品

各家全国性商业银行都有高流动性的银行理财产品推出，为客户的金融理财提供了更多的选择，下面以工商银行和浦发银行推出的两款产品举例。

工商银行："全鑫权益"鑫尊利每周定期开放理财产品

　　起购金额：1万元

　　业绩比较基准：4.84%（2019年7月29日）

　　产品类型：非保本浮动收益

　　产品风险评级：适中风险

　　成立日：2019年4月29日

　　开放日及开放时间：每周第一个工作日9:00—17:00

浦发银行：天添盈增利1号净值型理财计划

　　起购金额：1万元

　　7日年化收益率：3.862%（2019年7月29日）

　　产品类型：非保本浮动收益

　　产品风险评级：较低风险

　　赎回时间：实时赎回，9:00—15:30实时到账，其他时间限额赎回5万元。

数据来源：工商银行和浦发银行官网

2. 信用卡的选择

现金规划不仅要考虑流动资金的安排，还要为短期融资做好充分准备。李先生家庭已经预留了充足的备用金，因此短期融资主要考虑为其选择合适的信用卡即可。

李先生家庭目前没有信用卡，根据该家庭有车并有旅游需求，建议可以考虑增加一张广发汽车信用卡和一张旅游信用卡（见表6-6）。信用卡具体选择时，尽量选择与工资卡相关银行，便于关联还款。

表6-6　李先生家庭信用卡配置一览表

成员	银行卡功能	功能特色	信用额度
李先生	广发银行车主卡	刷卡加油1%现金返还或5倍积分；免费赠送高额意外险；免费赠送道路救援服务。	1.5万元
李太太	招商银行全币种国际信用卡	全币卡购买本人机票赠意外险；有效期内无附加条件免收信用卡年费；全球任意外币消费，零货币兑换手续费。	1万元

17. 信用卡额度≠自有资金，使用信用卡时需要注意控制刷卡金额与家庭的收入相吻合，注意合理用卡。

18. 李先生家庭综合投资收益率不高，且金融资产累积充足，建议可以选择全额付款。但最终如无实质性区别，可尊重客户意见。

19. 计算月付款，可以利用财务计算器，期限 N 为 36 期，利率 I/Y 设为 $6/12=0.5$（贷款利率设为 6%），现值 PV 为 210000，终值 FV 为 0，可得每月还款 PMT 是 6389 元。

（三）消费规划：购车规划

李先生已拥有一辆购买时 8 万元、目前价值 4 万元的轿车，希望购买一辆 30 万元左右的轿车。根据李先生家庭的实际情况和家庭的需求，就目前李先生家庭的资产结构来看，可以用于购车的资金主要有活期存款 30 万元，到期的大额存单 20 万元，以及还有一年就到期的国债。从资金存量来看，购买 30 万元的汽车在该家庭承受范围内，且原有的汽车已购买了五年，李先生夫妻上班也需要用车。

在车型的选择方面，李先生偏向于选择奔驰 2019 款 C180L 时尚型。该车型现价全款购买为 30 万元，在综合该家庭需求和财务现状后，为李先生准备两种购车方案：

（1）现价全款购买。李先生家庭目前有大量的现金及等价物，可一次性承受购车费用，且该方法方便简单，同时可以省去许多贷款购车需要支付的评估、全额保险等费用。购车资金可以用现有的 30 万元国债到期后支付。

（2）采用个人消费车贷进行购车。若李先生倾向于贷款购车，可以选择银行的消费贷款，如选择中国建设银行的个人消费类汽车贷款，年限为 3 年，首付 30%，偿还方式为等额本息偿还法（按月），表 6-7 为详细费用测算，其中首付部分可以从国债到期后取用 9 万元。表 6-8 为购车相关费用明细。

表 6-7　购车费用及贷款测算情况表

（单位：元）

款项	计算公式	金额
现款购车价格	/	300000
首付款	首付款 = 现款购车价格 × 30%	90000
贷款额	贷款额 = 现款购车价格 − 车贷首付款	210000
首期付款额	首期付款总额 = 购车首付款 + 购车相关费用	127747
月付款	21 万贷款 36 个月等额本息还款法计算	6389

表 6-8　购车相关费用

（单位：元）

	项目	金额
车辆保险费	车损险	3723
	第三者责任险（按 10 万元赔付计算）	746
	全车盗抢险	1454
	不计免赔特约险	894
	玻璃单独破碎险	450

续表

项目		金额
车辆保险费	自燃损失险	450
	无过责任险	149
	车身划痕险	570
担保费	3 年	1800
购置税		25641
上牌费		500
车船使用税		420/ 年
交强险		950/ 年
合计		37747

（备注：若全额付款购车，则不需要支付担保费，车辆保险费也不需要购买，全险可以有所降低）

（四）教育规划

从李先生家庭理财目标来看，女儿的教育规划是重中之重。李先生的女儿 8 岁，二年级的小学生。目前还处于义务教育阶段，利用即期收入解决义务教育阶段的教育资金比较宽裕，不会超出教育负担比。理财规划师更为关注的是需要为李先生家庭考虑女儿从高中到大学毕业的教育费用安排。按照目前教育费用的增长情况，教育费用年增长率约在 5% 左右，因此后期教育费用的增长也按此比率推算。教育费用还包括教育期间的生活费，而生活费的增长率可按照消费者物价指数（即 CPI）来进行推算，按照 1978 年以来国内 CPI 的平均增长情况，生活费按照 3% 的增长率估算。高中、大学和研究生的教育费用和生活费则根据目前东阳所在的区域的高中以及浙江省高等教育目前的学费作为标准。由此，李先生家庭教育资金需求测算见表6-9。

表6-9　教育资金需求测算表

（单位：元）

教育阶段	项目	学杂费	住宿和生活费	合计
高中	当前费用	30000	30000	60000
	增长率	5%	3%	/
	8 年后的预期费用	44324	38003	82327
大学	当前费用	28000	40000	68000
	增长率	5%	3%	/
	11 年后的预期费用	47890	55370	103260
研究生	当前费用	21000	30000	51000
	增长率	5%	3%	/
	15 年后的预期费用	43658	46739	90397

20. 不论是全额付款还是贷款购车，除了车价，均需要考虑相关购车费用。同时，购车以后未来的养车费用也会随之提高。

21. 若客户教育负担比超过 30%，则需要对初中乃至小学的费用也做出规划。

22. 教育费用、生活费及其增长率均需要经过一定的市场调研，建议查询客户所在区域的统计信息网，了解具体的数据。

23. 高中阶段3年资金需求测算，学杂费按照每年10000元，住宿和生活费每年10000元；本科阶段4年则为学杂费每年7000元，住宿和生活费每年10000元；研究生阶段3年也为学杂费每年7000元，住宿和生活费每年10000元。学杂费的增长率假设为5%，通货膨胀率假设为3%。

由于教育资金缺乏弹性，结合李先生家庭投资经验与风险偏好考虑，不建议选择股票、期货等风险过高且需要时间精力关注的产品，理财规划师建议选择教育保险和基金产品定投相结合。保险产品的选择详见保障规划，而基金产品可以选择混合型基金或者指数基金，并与债券型基金形成投资组合，形成综合收益率。理财规划师为李先生家庭选择了华夏策略优选与易方达双债增强C两种基金，按照一定的比例进行组合。例如，按照4 ∶ 6组合以上两个基金，形成综合收益率约7%的投资组合。由此，每月具体需要累积金额见表6-10，即解决高中教育费用，李先生家庭每月定投该基金组合，共642元；为了解决大学费用，每月定投522元；研究生阶段的费用，则需要每月定投285元。李先生目前每月需拿出1449元进行基金定投。

基金投资在教育规划中的应用

表6-10 教育资金累积

（单位：元）

项目	*FV*	*I/Y*	*PV*	*N*	每月累积资金（*PMT*）
8年后的高中费用	82327	7/12	0	96	642
11年后的大学费用	103260	7/12	0	132	522
15年后的研究生费用	90397	7/12	0	180	285

24. 表6-10为利用财务计算器测算每月累积资金需求，前8年需要投入的资金为每月1449元（642+522+285）；8年以后每月投入807元（522+285）；11年以后每月只要投入285元即可。

（五）养老规划

李先生夫妇年近四十，养老规划是时候提上日程了。世界银行建议如果退休后生活水平与退休前相当，养老金的替代率需要达到70%以上，理财规划设计时可以按照这个原则来进行。

1. 资金需求测算

李先生家庭当前年支出为11.69万元，按照3%的通货膨胀率，李先生夫妇根据平均年龄38岁，60岁退休，退休以后生存年限25年测算，考虑70%的养老金替代率，则预计未来每年需要支出的养老资金为188986元。

116900×（1+3%）×22×70%=188986（元）

表6-11　养老资金测算表

通货膨胀率（%）	3
退休前投资收益率（%）	7
退休后投资收益率（%）	5
退休后余寿年数	25
预期退休时每年生活费需求（元）	188986
退休后的养老金总需求（元）	3160935
每月需要投入资金（元）	5060

2.产品选择

养老资金与教育资金类似，对资金的安全性要求较高，同样可以选择"保险+基金"的资金配置方式来进行安排。出于谨慎性原则，每月投入资金5060元用于购买开放式基金，如华夏策略优选基金等混合型开放式基金，弥补退休后的养老资金缺口，基金配置比例和产品选择同教育规划。保险产品安排在保障规划中详细介绍。

在李先生夫妇正式退休后则建议进行相对低风险的基金投资，能保持5%收益即可。

（六）保障规划

李先生夫妇目前只有社会保障和车险，随着年龄的增加，需要为其家庭增加商业保险，建立一个较为完整的保障体系。在选择商业保险时，需要按照"双十原则"来进行，总保费不能超过收入的10%，即2.4万元。

按李先生家庭成员对家庭的经济贡献，结合该家庭所处的生命周期，建议李先生家庭重点为夫妇二人配置养老保险、意外保险和重大疾病保险；为孩子购买少儿保险。可根据家庭情况绘制家庭保险产品配置一览表，如表6-12，建立保障体系前期需要进行养老保险和重大疾病保险的缴费，支付保费以每年2.55万元的限度为准。

表6-12　李先生家庭保险产品配置一览表

家庭成员	保险产品	保额	保费	缴费年限
李先生	养老保险	50万元		
	意外保险	100万元		
	重大疾病保险	30万		
李太太	养老保险	30万元		
	意外保险	60万		
	重大疾病保险	30万元		
女儿	少儿保险	20万元		
总计	/	148万元		

（注：保费和缴费年限可根据市场的保险产品进行填写）

25.表6-11中，测算退休后的养老资金总需求，是在先付年金模式下进行的，即
188986　PMT
20　　　N
0　　　FV
2　　　I/Y
CPT　　PV
获得结果需要的养老资金总额为3160935元，计算过程中的投资收益率为2%是退休后投资收益率扣除退休后每年通过膨胀率后的结果。在此基础上，测算现在开始累积养老资金，每月需要投入的资金，测算过程为：
3160935　FV
0　　　PV
22×12　　N
7/12　　I/Y
CPT　　PMT
获得的结果为5060元。

26.保障规划需要综合考虑原有的社会保障和商业保险，在此基础上根据保障效用最大化原则为家庭配置保险产品。养老保险和意外保险的配置额度，根据李先生和李太太的收入水平，即对家庭的经济贡献确定。

1. 养老保险产品

养老保险作为理财规划产品，最大的优势在于强制储蓄和长寿保障功能方面，因此在选择时，不要过于关注是否有分红条款，尽量选择终身型产品。由于这类产品缴费金额比较高，领取时间和年限也比较长，因此更需要选择实力雄厚、服务口碑好的保险公司提供的产品。

在缴费方式选择方面，养老保险产品可以选择一次性缴纳，也可以分5年甚至是10年缴纳，建议综合考虑家庭的投资收益率，即通过资金机会成本来确定。

市场链接

我国税收递延型养老保险产品的发展

个人税收递延型商业养老保险，是由保险公司承保的一种商业养老年金保险，主要面向缴纳个人所得税的社会公众，公众投保该商业养老年金保险，交纳的保险费允许税前列支，养老金积累阶段免税，领取养老金时再相应交纳，这也是目前国际上采用较多的税收优惠模式。运作上投保人在税前列支保费，在领取保险金时再缴纳税款。

近年来，银保监会会同国务院有关部门陆续印发《关于开展个人税收递延型商业养老保险试点的通知》《个人税收递延型商业养老保险产品开发指引》《个人税收递延型商业养老保险业务管理暂行办法》等系列政策文件，稳步推进税延养老保险试点业务发展。

2018年5月1日，个人税收递延型商业养老保险在上海市、福建省（含厦门市）和苏州工业园区试点。

资料来源：中国财政部官方网站 http://www.mof.gov.cn/

2. 少儿保险产品

市场上的少儿保险也非常多，意外、医疗、重疾和教育方面都有涉及，选择投保顺序应该是意外险、健康险，最后才是教育金。少儿保险最大的优势除了强制储蓄，确保孩子的医疗、教育资金外，往往都会有保费豁免条款，即在未完成全部交费时，投保人出现意外不能再支持孩子的资金需求时，可以豁免未交保费而仍旧能够获得相应的保险保障。

27. 近年来，市场上的百万医疗保险和防癌险层出不穷，可以较低的保费获得高额医疗保障，值得理财客户关注，但是其投保对于身体条件有一定的要求，且对于能够持续续保也往往让人存在一定的疑虑，需要重视。

3. 健康保险产品

健康保险是社会医疗保险的补充。根据李先生家庭的经济实力，可以选择购买重大疾病保险，也可以选择购买百万医疗保险作为社会保障的补充。

（七）投资规划

从前面的客户分析部分可以看出李先生家庭目前拥有的金融资产过于保守，建议进行调整，提高资产收益率；且结余资金较充裕，建议合理进行投资规划。

1. 现有金融资产的调整

按照目前李先生家庭的资产情况来看，4万元现金用于紧急备用金规划，30万元国债暂时不调整，可用于未来购车付款、教育规划、保险规划和养老规划的基金定投可在未来年度的税后收入中直接支付，无须动用现有资产。因此还有20万元到期的大额存单，以及30万元活期存款，可用于投资规划。

50万元的金融资产可以调整为配置40%的混合型基金和60%的债券型基金进行投资理财，预计投资综合收益率为10%，则每年可以增加5万元投资收益。

2. 未来结余资金的投资

每年的结余资金11.69万元扣除养老规划、教育规划和保障规划支出分别为5060元/月、1449元/月和2.5万元/年，同时增加每年5万元投资收益后，每年会有13.54万元左右的结余，这部分资金也可以用于未来的增量投资。

这部分结余资金的投资可以参照前面40%混合型基金和60%债券型基金进行配置，获得预期10%的综合投资收益率。

六、家庭理财规划方案实施效果与调整

根据以上理财规划组合，可得到李先生家庭理财规划调整后该家庭的资产负债表（表6-13）和收入支出表（表6-14）。

表6-13 调整后李先生家庭资产负债表（截至2019年12月31日）

（单位：万元）

资产		负债	
项目	金额	项目	金额
金融资产	54	短期负债	0
现金	1	信用卡贷款余额	0
活期存款	0	长期负债	58

> 28. 投资规划产品的配置需要与客户分析中客户的风险偏好和风险承受能力相吻合。

> 29. 这里并未给客户具体的基金工具建议，只是给出大致的基金组合建议。但在实际操作中，也可根据客户的需求选定具体某个基金或某几个基金组合，并在未来根据市场行情进行定期评估与调整。

续表

资产		负债	
项目	金额	项目	金额
货币市场基金	3	汽车贷款余额	0
大额存单	0	房屋贷款余额	58
国债	0		
非货币市场基金	50		
实物资产	184		
房产	150		
汽车（旧）	4		
汽车（新）	30		
资产总计	238	负债总计	58
净资产		180	

表 6-13 可以看出，李先生家庭原有的金融投资结构发生了变化，主要体现在现金和活期存款的调整，兼顾了资产的流动性与收益性，使资产结构配置更为合理。

表 6-14　规划后李先生家庭收入支出表（2020 年 1 月 1 日至 12 月 31 日）

（单位：万元）

30. 表 6-14 中的投资支出是家庭为了进行养老规划和教育规划进行的基金投资，基金收入则为现金和活期存款调整为非货币市场基金后获得的投资收入。

收入		支出	
项目	金额	项目	金额
工资薪金收入	23.5	日常消费支出	6
李先生收入	16	养车费用	0.8
李太太收入	7.5	旅游支出	1
投资收入	6.2	房屋按揭支出	2.39
利息收入	1.2	投资支出	7.81
基金收入	5	保险支出	2.5
收入合计	29.7	支出合计	20.50
年结余		9.2	

注：货币市场基金和活期存款的投资收入在此表中忽略不计，客户收入的增长因为未曾明显确定，也未予以体现。

经过规划后，李先生家庭投资收入与规划前相比有了较为明显的增长，支出方面也有所增长，主要体现在投资支出的增加。这些调整在一定程度上保障客户家庭理财趋于合理化。（见表 6-14）

表 6-15　规划后李先生家庭财务比率分析表（2020 年）

项目	计算过程	参考值	实际值
结余比率	年结余 / 年税后收入	>10%	26.93%
家庭投资比率	投资资产 / 净资产	50%	46.11%
流动性比率	流动资产 / 月支出	3 ～ 6（月）	4.12（月）

从表 6-15 可以看出，通过理财规划，李先生家庭原有不尽合理的给余比率、投资比率和流动性比率都有了很大的改善，保持在了较为合理的范围内。

七、总结

通过本方案设计，李先生的预期理财需求和设定的理财目标都得到了实现，正确处理了消费、资本投入与收入之间的关系，教育、养老和保险资金的安排也得到了较好的匹配，实现了资产的动态平衡，在达到预期投资理财目的的同时保证了生活品质的提高。

➤ 本章小结

家庭事业成长期是客户理财生命周期中持续时间比较长的一个阶段，客户的事业和资产都有了一定的积累，消费规划、子女教育、自身养老、保障体系建设等问题都需要仔细规划。本章从家庭事业成长期客户的基本特征入手，分析家庭事业成长期客户理财规划的基本框架和要点，以李先生家庭为具体案例，进行了点评式方案设计，重点进行了现金规划、消费规划、教育规划、养老规划和保障规划以及投资规划的分析，以解决这一阶段家庭的基本理财需求。

➤ 实训案例

（一）客户基本信息

马先生，35 岁，浙江一私营企业销售经理，税后年收入 15 万元；马太太，30 岁，浙江某公司财务，税后年收入 6 万元，年终奖金 8000 元，每月公积金有 2200 元（单位和个人缴存共计），因为之前买房，公积金账户提取后，余额仅 1 万元。双方均有五险一金，身体状况良好且均未购买其他任何保险产品。

家中有一个儿子，6 周岁，上幼儿园，在校有意外保险，每年兴趣班和学校各类杂费 2 万元左右。马先生家庭比较重视教育，未来想尽可能为孩子创造良好的教育条件。马先生和太太双方父母健在，身体状况良好，且在农村都有社保，每年各给双方父母赡养费用 5000 元，共计 1 万元。

截至 2019 年 12 月 31 日，马先生家有现金 1 万元，活期存款 2 万元（不计利息），股票投资约 30 万元，马先生工作之余会研究股票，有这方面的投资经验。现自住 2018 年买的一套 200 平方米的房子，当时商业贷款 40 万元，公积金贷款 60 万元，贷款年限 25 年，选择等额本息还款法，目前周边房价在 14000 元每平方米。家中有两辆车，车龄分别为 5 年和 1 年，价值分别为 10 万元和 30 万元，两辆车的车险每年共需支付 6000 元。

马先生一家基本日常消费支出为每月 5000 元，每年旅游休闲费用 15000 元，孩子的培训费用 2 万元左右，其他一些杂费在 1 万元左右。

请按照家庭事业成长期客户的基本特征，结合这一阶段客户家庭理财规划方案的要点，为客户设计一个较为合理而完整的理财规划方案。

第七章
退休前期客户理财规划方案设计

➤ **知识目标**

1. 归纳退休前期客户的基本特征。

2. 掌握退休前期客户理财规划方案的要点。

3. 分析退休前期客户的理财需求。

4. 明确退休前期客户的理财重点。

➤ **能力目标**

1. 能为特定退休前期客户进行财务分析和风险分析。

2. 能对特定退休前期客户进行理财需求分析。

3. 能为退休前期客户制定适合的理财规划方案。

4. 能为退休前期客户制定的理财规划方案进行反馈与调整。

➤ **客户案例**

退休前期客户王先生该如何理财？

王先生，浙江杭州人，今年51岁，在私营企业工作。妻子今年49岁，为公立小学教师。儿子23岁，刚刚步入职场，基本能够经济独立。

王先生目前年收入13万元，单位有缴纳社保。王太太的年收入在6万元左右，有社保和住房公积金。王先生2015年开始另购有一份重大疾病险，年交费1500元。王太太每月缴纳住房公积金1200元（包括单位与个人），截至2019年底，公积金账户累计余额为5万元。家庭每年基本消费支出约6万元；由于双方父母年事已高，王先生夫妇每年给双方父母赡养费3万元。

王先生家现有资产现金5万元，活期存款2万元（活期利息忽略不计），银行理财产品15万元，年化收益率约4%。近几年，股市行情动荡，王先生在股市中投资的30多万元，截至2019年底仅剩下20万元。该家庭有一套自住房产（现市价450万元），房贷已还清；有一辆悦达起亚智跑，现值20万元。王先生家庭无负债、无信用卡。未来王先生夫妇打算为儿子准备35～45万元的新房首付款，并希望有足够的资金养老。

在这个案例中，客户王先生处于生命周期的第四个阶段，即退休前期。从该客户的基

本资料里我们可以看到，客户王先生夫妻已经步入 50 岁，子女也实现了经济独立，看似家庭负担较轻，但他们现在面临着退休养老金、稳健投资规划等较为明显的目标。作为一个即将步入退休阶段的家庭，面临着未来收入下降的趋势，该家庭如何确定自身退休资金是否足以养老，又应如何规划？这不仅是王先生家庭接下来的理财规划重点，也是整个社会即将迈向退休期的家庭都需面对和解决的重点。尤其是随着我国老年人口比重的增加，如何保证将来有一个自尊而有品质的退休生活是每一个老年人、每个家庭乃至整个社会所关注的重要民生问题。

第一节　退休前期客户的基本特征

从生命周期角度，退休前期具体指从子女独立生活至夫妻二人双方退休为止。一般夫妻年龄在50～60岁居多，但未来随着退休年龄的延迟，这个阶段也可能将会延长，或年龄平均值上移。在此阶段，家庭成员人数随着子女独立而减少，同时赡养负担视家庭情况而定，有些父母已经过世，有些父母在80岁左右医疗支出也需一并承担。同时，子女在这一阶段已经基本实现经济独立，这部分负担相对较轻。退休前期家庭客户一般有以下基本特征。

一、家庭收入达到人生的最高峰

在这一阶段，收入以双薪为主，夫妻两人的工作收入一般情况下会达到巅峰。处于该时期的部分客户家庭已解决房贷还款问题。由于子女在生活、经济等各方面已经独立，家庭支出大幅度减少，因此储蓄也相对增加。随着前两个阶段家庭形成期和家庭成长期投资性资产的积累，生息资产逐步趋于最大值，理财收益在整个家庭收入中占据的比例随之趋于峰值。

当然，随着产业的变迁以及互联网信息技术的发展，这种年龄与收入呈现正相关关系的现象也产生了变化。很多在互联网相关行业工作的客户可能收入不一定出现传统的以50岁左右为收入定点的倒U型。可能部分的收入峰值出现在35岁左右，之后随着工作压力等变化，需要转换岗位，收入也随之下降。因此，理财规划师需要特别关注客户家庭的职业及其带来的家庭收入的变化。

二、重视自身退休养老问题

我国法定的企业职工退休年龄是男性年满60周岁，女工人年满50周岁，女干部年满55周岁。[①] 本阶段家庭基本面临近10年内退休的问题，家庭开始重视养老规划问题。由于通货膨胀、生活水平提高等因素，退休养老成本高，远超许多人的预期。与此同时，大多数退休人士的收入较退休前有较大的落差，而退休人士往往对其退休后的生活品质极为关注，很多兴趣爱好退休前因为工作繁忙而留至退休后去实现，因此对退休后的财务资源要求较高。退休养老收入一般分为三大来源：社会养老保险、企业年金和个人储蓄投资。当前大多退休人士退休后的收入来源主要为社会养老保险，部分人有企业年金收入，但这些财务资源远远不能满足客户退休后的生活品质要求。因此，在此阶段的家庭开始重视养

[①] 1978年5月24日第五届全国人民代表大会常务委员会第二次会议原则批准，现在仍然有效的《国务院关于安置老弱病残干部的暂行办法》和《国务院关于工人退休、退职的暂行办法》（国发〔1978〕104号）文件所规定的退休年龄，现行退休年龄是，男性60周岁，女干部55周岁，女工人50周岁。但从事井下、高温、高空、特别繁重体力劳动或其他有害身体健康工作的，退休年龄为男年满55周岁，女年满45周岁，因病或非因工致残，由医院证明并经劳动鉴定委员会确认完全丧失劳动能力的，退休年龄为男年满50周岁，女年满45周岁。
2013年11月12日中国共产党第十八届中央委员会第三次全体会议通过《中共中央关于全面深化改革若干重大问题的决定》指出：研究制定渐进式延迟退休年龄政策。明确了顶层设计中，延迟退休政策渐行渐近。

老问题，进行退休养老规划。事实上，养老规划应尽早提上议程，越早开始为退休规划，达到退休生活目标的可能性越大。

拓展阅读

劳动年龄人口下降，老龄化程度加深

2018年末，全国0～15岁人口为24860万人，占总人口的17.8%；16～59岁人口为89729万人，占64.3%；60岁及以上人口为24949万人，占17.9%，其中，65岁及以上人口为16658万人，占11.9%。与2017年末相比，16～59岁劳动年龄人口减少470万人，比重下降0.6个百分点；老年人口比重持续上升，其中，60岁及以上人口增加859万人，比重上升0.6个百分点；65岁及以上人口增加827万人，比重上升0.5个百分点，人口老龄化程度继续加深。

当前我国人口发展处于重大转折期，随着年龄结构的变化，自2012年起，我国劳动年龄人口的数量和比重连续7年出现双降，7年间减少了2600余万人。受劳动年龄人口持续减少的影响，劳动力供给总量下降，2018年末全国就业人员总量也首次出现下降，预计今后几年还将继续下降。同时，老年人口比重的上升加重了劳动年龄人口负担，给经济发展和社会保障带来挑战。

过去一年，我国16～59岁劳动年龄人口继续减少，就业人口总量首次出现下降，但劳动年龄人口总量仍近9亿人，就业人口总量仍达7.8亿人（见表7-1），劳动力资源仍然丰富，通过提高劳动参与率，扩大和保障就业等方式，发挥好现有劳动年龄人口和就业人口的作用，进而通过优化人口和劳动年龄人口结构，提高人口和劳动年龄人口素质，发挥人力资源、人才资源的作用，潜力很大。

党中央、国务院高度重视新时期人口问题，深刻把握人口发展变化规律，科学制定应对措施，实施人口均衡发展、积极应对人口老龄化和老龄社会等一系列国家战略，优化和提升劳动年龄人口的结构和素质，不断促进人口和社会经济持续协调健康发展。

表7-1　2019年年末人口数及其构成

指标	年末数（万人）	比重（%）
全国总人口	140005	100.0
其中：城镇	84843	60.60
乡村	55162	39.40
其中：男性	71527	51.4
女性	68478	48.9
其中：0～15岁（含不满16周岁）	24977	17.8
16～59岁（含不满60周岁）	89640	64.0
60周岁及以上	25388	18.1
其中：65周岁及以上	17603	12.6

资料来源：中国国家统计局

三、子女可能并未真正财务独立

值得注意的是，子女"经济独立"的含义，不同的国别、区域在认识上有很大的差异。部分区域，子女在大学毕业后，会逐步脱离家庭，对父母依赖较小；但也有部分区域，子女大多要到结婚后才逐渐财务独立，在婚礼、购房、购车等方面往往需要父母支持。这个阶段，子女若暂停工作，继续深造，读研或者出国，还会再次面临教育支出。因此在此阶段很多客户家庭子女往往难以真正做到"经济独立"，父母仍然存在负担教育支出或者其他支出的可能性。

四、自身健康对理财规划影响显著

这一阶段客户自身身体状况尤为重要，不同的客户家庭之间差异较大。若是身体状况良好，则医疗支出相对较少，且同时能在很大程度上对家庭收入的稳定性有所保障，从而退休金也相对有保障；若身体状况不佳，则医疗支出增加显著，且可能会影响客户退休前收入，从而导致退休后的养老费用短缺等问题。但无论是何种情况，这一阶段客户定期的体检，以及健康保险的配置尤为重要。

退休前期客户的基本特征

第二节　退休前期客户家庭理财规划的要点

一、退休前期客户理财规划方案的一般框架

在前面的生命周期不同阶段客户家庭的理财规划中，我们已经学习了家庭理财规划方案的基本框架，结合家庭退休前期客户基本特征，这一阶段客户理财规划方案的一般框架如图7-1所示。

由图7-1可见，这一阶段的家庭理财规划方案，除了具备一般家庭理财规划方案均具备的现金、消费、投资、保障、养老等规划项目外，不再有教育规划，且出现了"财产传承"项目，这是前面三个阶段的客户家庭未曾开始考虑的问题。另外，购车、购房规划到了这一时期也主要体现在置换房屋或车辆的问题。这一框架与客户所处的生命周期有关，其理财需求与前面几个阶段有所不同，导致了理财的重点也随之不同。

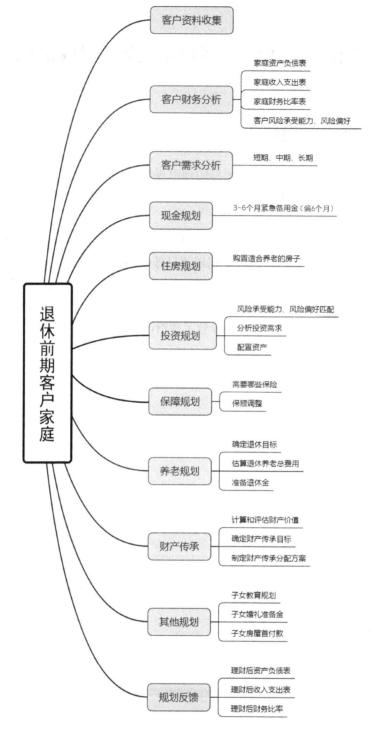

图 7-1 退休前期客户家庭理财规划的一般框架

二、退休前期客户理财规划方案的重点

如图 7-1 所示，这个框架既涵盖了一般家庭理财规划方案的一般要素，又结合了这一生命周期阶段家庭的主要理财需求，在方案设计与撰写中，需要特别突出以下重点。

（一）提高投资收益的稳定性

由于临近退休，追求高收益已不再是这一阶段客户家庭的主要理财目标，追求资产在保值基础上的增值是本阶段理财主旨。此时，子女已完成学业，步入社会开始独立，房贷等中长期债务也已基本还清。因此，这个时期基本上没有债务负担，财富积累到了最高峰，个人与家庭都拥有一笔不小的财富，可以为未来的生活奠定一定的基础。在此阶段，主要的理财任务是妥善管理积累财富，积极调整投资组合，降低投资风险，以保守稳健型投资为主，配以适当比例的进取型投资，多配置基金、债券、储蓄、结构性理财产品，以稳健的方式使资产得以保值增值。

（二）社会人口老龄化趋势下的养老规划

随着国内 60 岁及以上人口比重的增加，社会人口老龄化趋势已成为未来人口发展过程中不可逆转的趋势。随着人均寿命的延长，一般人在退休后还有 20 ～ 30 年或更长的退休生活。大多数人在退休之后即失去了主要收入来源——工资，为了使退休后的生活更有保障，未雨绸缪，需要预先进行基于退休目的的财务规划，将年老时各种不确定因素对生活的影响程度降到最低。

若客户要安享晚年，通常需要具备三个基本条件：资金、住房、医疗。退休规划需要保障客户家庭的资金需求，能保障退休后的日常生活支出；同时，考虑到老年人的实际情况，他们需要稳定的住房保障；随着身体机能的下降，老年人的医疗支出在大多数情况下会随着年龄的增长而增加，因此老年医疗保障也尤为重要。

因此，退休规划就是为保证将来有一个自尊、自立、保持水准的退休生活，而从现在起就开始实施的理财规划方案，主要包括：退休后的消费、其他需求及如何在不工作的情况下满足这些需求。单纯靠政府的社会养老保险只能满足一般意义上的养老生活，要想退休后生活得舒适、独立，一方面，可以在有工作能力时积累一笔退休基金作为补充，另一方面，可在退休后选择适当的业余性工作为自己谋得补贴性收入。退休规划中资产增值的总原则是：本金安全、收益适度，能抵御生活费增长和通货膨胀。具体而言包括以下几个方面。

1. 尽早着手规划

通过前面三个阶段的客户家庭理财规划可知，尤其是在家庭事业成长期和成熟期，房贷、生活开销、孩子的教育占据极大比重的支出，积累数额不小的养老基金存在着一定难度。也正因如此，越早开始为退休做规划，达到退休生活目标的可能性也就越大。且若为养老进行投资出现了行情波动，越早规划，客户从短期市场低迷和投资失误中恢复过来也越容易。

2. 投资讲究安全

相对于前面几个阶段而言，退休前后客户的风险承受能力明显下降，所以针对退休所做的投资应该倾向于安全性，在此基础上尽量追求收益性。如果规划时间长，可选收益和风险相对较高的产品，时间会摊平风险；如果规划时间短，可选储蓄和短期债券，确保本金安全。

理财规划师应着重提醒老年客户投资安全性问题，尤其是在各大 P2P 平台不断推出新型产品，又不断出现平台倒闭现象的情况下（如表 7-2 所示）。例如，2016 年 2 月百亿级理财平台中晋资产被立案侦查时，其投资总额已突破 340 亿元，涉及总人次超过 13 万，其中 60 岁以上投资人就超过 2 万；再如，在 e 租宝非法集资案件中，老年投资者占比竟然高达 90%。

表 7-2　2019 年网贷平台相关数据

（单位：家）

月份	新增平台数量	累计平台数量	正常运营平台数量	累计停业转型平台数量	累计问题平台数量
1 月	0	6610	1031	2861	2718
2 月	0	6610	989	2893	2728
3 月	0	6610	927	2939	2744
4 月	0	6610	840	2999	2771
5 月	0	6610	777	3041	2792
6 月	0	6610	713	3087	2810
7 月	0	6610	621	3148	2841
8 月	0	6610	531	3216	2863
9 月	0	6610	485	3257	2868
10 月	0	6610	428	3294	2888
11 月	0	6610	380	3316	2914
12 月	0	6610	343	3343	2924

资料来源：网贷之家，https://shuju.wdzj.com/industry-list.html

3. 满足不同的养老需求有一定弹性

因为通货膨胀以及其他不确定的因素的影响，在进行退休规划时，不要对未来收入和支出的估计太过乐观，很多人往往高估了退休之后的收入而低估了退休之后的开支，在退休规划上过于吝啬，不愿意动用太多的财务资源。所以应该制定一个比期望略高的退休理财目标，多做财务上的准备以应付意料之外的退休支出增长，宁多勿少。

拓展阅读

银行理财等金融产品纳入养老保险第三支柱 更多配套管理措施待出

人社部表示，拟考虑采取账户制，并建立统一的信息管理服务平台，符合规定的银行理财、商业养老保险、基金等金融产品都可以成为养老保险第三支柱的产品，通过市场长期投资运营，实现个人养老金的保值增值。

从国外经验看，此前，银行理财、基金与保险产品都可以成为养老保险第三支柱的产品。北京大学国家发展研究院教授赵耀辉对经济观察网表示，此次提出多类金融产品均可参与养老保险第三支柱，可以起到扩展投资渠道，使第三支柱养老金

能得到更高的投资回报的作用。并且，第一、第二支柱缴纳的费用与领取的养老金的关系比较弱，具有一种再分配的性质，而第三支柱养老金完全是基于基金积累的个人账户制度，个人拥有产权，投资回报都回到个人账户，可以起到增值保值的功能。在这个设计下，提高回报率，对于提高第三支柱养老金的参与积极性可以起到重要作用。

何为养老保险三支柱体系？

"第一支柱"指"城镇职工＋城乡居民"的基本养老保险制度。人社部数据显示，截至2018年底，全国基本养老保险参保人数达9.42亿人。5月1日起的"社保降费"指的即是城镇职工基本养老保险单位缴费比例下降。

"第二支柱"指补充养老保险制度，以企业年金、职业年金为主。截至2018年底，全国参加职工人数达到了2300多万人。

"第三支柱"指个人储蓄性养老保险和商业养老保险。人社部多次发声表示，建立养老保险第三支柱，对于积极应对人口老龄化、完善多层次养老保险制度体系、满足人民群众对更加美好老年生活需要、促进经济社会发展，具有十分重要的意义。

赵耀辉介绍，此前中国的社保费率在全世界而言相对较高，按照《降低社会保险费率综合方案》，2019年5月1日起，各地可将城镇职工基本养老保险单位缴费比例从原规定的20%降至16%。在降费的同时，养老金发放、老年人的养老保障问题成为社会新的担忧。因此，在第一支柱缴费比例下降的背景下，第三支柱的发展可以成为保障社会养老的重要补充。

在2019年4月10日举行的《中国养老金精算报告2019—2050》发布式暨养老保险降费形势研讨会上，中欧基金管理有限公司董事长窦玉明表示，当前人口结构对第一支柱养老保险产生巨大冲击，第一支柱面临缴费减少，支出增加的局面。从现实看，只靠第一支柱已无法支撑我国养老保障体系，亟需第二、第三支柱全面发展，但是第二、第三支柱都各有问题。

窦玉明在会议上表示，第三支柱在三支柱体系中起步最晚，2014年4月，相关部门联合发布个人税收递延商业保险办法，第三支柱才在中国正式落地。试点过程中，基金和保险机构积极推广，形成规模和个人自觉缴费意识还有待提升。

赵耀辉表示，当前我国金融服务市场已经比较发达，因此第三支柱有其可行性。但第三支柱的发展还需要更多的配套管理措施。因为涉及养老钱，在风险的管理上需要一定的措施。同时，如何确定合理的管理费用，保证较高的净收益率，也是第三支柱养老金制度可持续性的重要因素。

资料来源：经济观察报 http://www.eeo.com.cn/2019/0611/358353.shtml

（三）保障规划重在医疗健康

保险需求在退休前依然处于高峰期，考虑到投保期限的问题，此时商业养老保险需酌情考虑，保险规划重在医保。子女成人后，其保险需求会随着其新家庭的组建而变化，此时一般可以不必再考虑孩子的保险支出，重点在于夫妻二人的保险规划。在险种上，以医疗健康险为主，并适当投保终身寿险和意外险。但这一阶段保险产品的购买要充分考虑产

品规定的被保人的年龄问题。

（四）其他理财重点

退休前期客户在控制支持子女财务的程度，在子女继续深造与婚嫁、购房购车等费用方面需量力而行，必须和家庭长期的理财目标、家庭养老保障结合起来，尤其关注医疗方面的保障是否充分，因为部分医疗支出，尤其是重大疾病医疗支出往往并不在基本社保之列。

拓展阅读

国家医疗保障局关于将 17 种抗癌药纳入国家基本医疗保险

党中央、国务院高度重视减轻人民群众用药负担问题，习近平总书记多次强调让改革发展成果更多更公平惠及全体人民。李克强总理就抗癌药降价问题多次做出重要批示，并召开国务院常务会议进行部署。为落实好国家抗癌药税收政策调整工作部署，切实降低患者用药负担，经商人力资源社会保障部、国家卫生健康委等部门，现将有关事项通知如下：

一、通过谈判将抗癌药纳入医保支付范围是落实党中央、国务院要求的重要举措，各地要统一思想，提高认识，确保把好事办好。特别是在机构改革期间，要加强统筹协调，按规定时限落实，让群众尽早得到实惠。

二、我局组织专家按程序与部分抗癌药品进行谈判，将阿扎胞苷等 17 种药品（以下统称"谈判药品"）纳入《国家基本医疗保险、工伤保险和生育保险药品目录（2017 年版）》（以下简称药品目录）乙类范围，并确定了医保支付标准（名单附后）。各省（区、市）医疗保险主管部门不得将谈判药品调出目录，也不得调整限定支付范围。目前未实现城乡居民医保整合的统筹地区，也要按规定及时将这些药品纳入新型农村合作医疗支付范围。

三、各省（区、市）药品集中采购机构要在 2018 年 10 月底前将谈判药品按支付标准在省级药品集中采购平台上公开挂网。医保经办部门要及时更新信息系统，确保 11 月底前开始执行。

五、各统筹地区要采取有效措施保障谈判药品的供应和合理使用。因谈判药品纳入目录等政策原因导致医疗机构 2018 年实际发生费用超出总额控制指标的，年底清算时要给予合理补偿，并在制定 2019 年总额控制指标时综合考虑谈判药品合理使用的因素。同时，要严格执行谈判药品限定支付范围，加强使用管理，对费用高、用量大的药品要进行重点监控和分析，确保医保基金安全。

资料来源：中国政府网 http://www.gov.cn

另外，这一阶段家庭还需要考虑的是其公积金使用情况，以及财产传承计划。这一阶段的家庭往往自身住房的问题大多已解决，甚至公积金账户有余额，但由于自身无购房计划，按照相关政策，公积金账户余额暂时无法提取。同时可能面临着子女购房的问题，此

时需要注意如何在直系亲属之间灵活实现公积金提取。例如，杭州市住房公积金中心《关于申请办理住房公积金提取业务有关事项的通知》规定：职工本人账户余额不足提取限额的，其父母、子女可在限额内按规定申请提取，职工及其父母、子女合计提取金额不得超过提取限额。另需提供有效关系证明原件[①]。

关于申请办理住房公积金提取业务有关事项的通知

退休前期客户家庭理财规划要点

---

① 有效关系证明如结婚证、同一住址的户口簿、出生证或独生子女证。其中，杭州市范围内户口簿、浙江省范围内结婚证可通过公共数据平台查询的，免提供纸质材料。资料来源：http://gjj.hangzhou.gov.cn。

第三节　退休前期客户家庭理财规划的实训案例

退休前期客户家庭的理财需求及具体的理财规划方案也有着明显的差异，本节将以本章开篇王先生家庭为案例，针对退休前期客户家庭设计一个较为完整的理财规划方案。

一、客户基本资料

（一）客户基本信息

王先生，浙江杭州人，今年 51 岁，在私营企业工作。妻子今年 49 岁，为公立小学教师。儿子 23 岁，刚刚步入职场，基本能够经济独立。

王先生目前年税后收入 13 万元，单位有缴纳社保。王太太的年税后收入在 6 万元，有社保和住房公积金。王先生 2015 年开始另购有一份重大疾病险，年交费 1500 元。王太太每月缴纳住房公积金 1200 元（包括单位与个人），截至 2019 年底，公积金账户累计余额为 5 万元。家庭每年基本消费支出约 6 万元；由于双方父母年事已高，王先生夫妇每年给双方父母赡养费 3 万元。

王先生家现有资产现金 5 万元，活期存款 2 万元（活期利息忽略不计），银行理财产品 15 万元，年化收益率约 4%。近几年，股市行情动荡，王先生在股市中投资的 30 多万，截至 2019 年底仅剩下 20 万元，主要为科技股。该家庭有一套自住房产（现市价 450 万），房贷已还清；有一辆悦达起亚智跑，现值 20 万元。王先生家庭无负债、无信用卡。未来王先生夫妇打算为儿子准备 35 ~ 45 万元的新房首付款，并希望有足够的资金养老。

（二）客户自身理财意愿

（1）王先生在私企工作，收入并不算稳定，因此希望在养老金方面有所储备，夫妻两人准备退休后能去各地旅行，有一定的出游经费。

（2）王先生虽然已经在 2015 年购买了一份重大疾病险，但是考虑到随着年纪增加，健康方面问题也会增多，希望能在保险方面增加一些健康险，增加保障。

（3）王先生经过前期投资的一些经历，希望能对资产投资进行重新调整，增加投资的稳健性，实现资产的保值和增值。

（4）考虑到儿子刚刚步入社会，儿子也想自己再购置一套新房作为婚房，因此打算给儿子准备 35～45 万的房屋购置首付款。

二、客户财务状况分析

（一）家庭资产负债分析

根据王先生现有的基本财务信息，可以得出以下财务报表：

表 7-3　王先生家庭资产负债表（截至 2019 年 12 月 31 日）

（单位：万元）

资产		负债	
项目	金额	项目	金额
流动性资产	7	短期负债	0
现金	5	信用卡贷款余额	0
活期存款	2	其他贷款余额	0
定期存款	0	长期负债	0
货币市场基金	0	汽车贷款余额	0
投资性资产	35	房屋贷款余额	0
股票	20	其他	0
国债	0		
基金	0		
期货	0		
银行理财产品	15		
自用性资产	470		
自住房产	450		
汽车	20		
其他	0		
资产总计	512	负债总计	0
净资产	512（512＋公积金余额 5 =517）		

由表 7-3 可知，王先生的家庭资产负债结构方面，占据绝对比重的是房产，占比为 88%，其次是汽车和股票，再次是银行理财产品，以及部分现金和活期存款。整体上资产的构成较为多元化。考虑到王先生家庭处于退休前期，投资资产结构可根据风险状况在后期调整，增强投资组合稳健性。在负债方面，房贷均已还清，负债为零，符合该阶段家庭的负债情况。

另外，该家庭的公积金账户余额为 5 万元，属于家庭资产的一部分，由于公积金用途的专用性，并未列入资产负债表，但若进行购房，这部分资产可启用。因此，王先生家庭的资产总计实则为 517 万元。

4. 资产负债表编制要求参考前面章节相关内容。

5. 家庭收入支出表编制要求参考前面章节相关内容。其他支出为王先生每年的保费支出1500元。公积金收入依然单列，若是进入收入支出表亦可，但需特别提醒客户注意其用途的特殊性，在后期的理财规划中也需加以区分。

（二）家庭收入支出分析

根据王先生家庭的财务信息，还可得出以下收入支出报表：

表7-4　王先生家庭收入支出表（2019年1月1日至2019年12月31日）

（单位：万元）

收入		支出	
项目	金额	项目	金额
工资收入	19	基本消费支出	6
投资收入	0.6	房屋按揭支出	0
其他收入	0	赡养费	3
		其他支出	0.15
收入合计	19.6	支出合计	9.15
年结余	10.45（10.45＋公积金收入1.44＝11.89）		

通过表7-4可知，从收入来看，工资收入占绝对比重，投资收益占比仅3.06%，结构较为单一。除此之外，公积金收入1.44万元，作为特定用途的收入加以单列。

从支出来看，王先生家庭已经还清房贷，主要消费支出是个人消费和赡养费用，暂时负担比较轻，年结余较高。

（三）家庭财务比率分析

以上王先生家庭的资产负债表和收入支出表均为绝对数据。为了进一步深入诊断王先生家庭的财务情况，为理财规划建议提供依据，理财规划师进一步测算该家庭的财务比率（表7-5）：

表7-5　王先生家庭财务比率分析

项目	计算过程	参考值	实际值
结余比率	年结余／年税后收入	>10%	53.3%
家庭投资比率	投资资产／净资产	50%	6.8%
清偿比率	净资产／总资产	>50%	100%
流动性比率	流动资产／月支出	3～6(月)	9.2（月）

6. 家庭财务比率分析通常需要逐个分析，并由此得出后期理财规划的初步方向。但与第四章案例类似，这一家庭因为没有负债，也缺少了"负债比率""即付比率""负债收入比率"等。若理财规划师服务的客户家庭存在负债则需逐一分析，参见"家庭事业成长期客户家庭"案例。

（1）结余比率是资产增值的重要指标，反映家庭控制支出的能力和储蓄意识，是未来投资理财的基础。王先生家庭结余比率为53.3%，明显偏高，说明投资的潜力还很大，需要进一步的合理利用结余进行债券、基金等稳健型金融产品投资。王先生家庭还应增加保险投入，为养老生活做好准备。

（2）家庭投资比率反映家庭的投资意识，一般在50%以上。王先生家庭该比率为6.8%，投资资产比率明显偏低，应该调整投资策略，增加投资渠道和投资金额。同时，从具体数据来看，引

起该比率严重偏低的原因主要是王先生家庭资产中自用住房资产占比较高，这也是当下许多城市家庭的特征之一。

（3）清偿比率反映客户综合还债能力的高低，王先生家庭100%的清偿比例是因为其购房负债均已还清，符合退休前期阶段家庭负债情况。

（4）流动性比率反映家庭的应急储备状况，范围应在覆盖家庭3～6个月的支出，王先生家庭流动比率为9.2个月，比率偏高，一般情况下说明该家庭中的闲置资金过多，不利于资金的保值和增值，也表明该家庭打理闲置资金的能力不足。

综合来说，该家庭主要优势在于资产流动性强、结余较多，有一定资本保证养老规划和子女财务支出，保障体系不够完善，应着重考虑保障规划，同时合理调整投资组合配置。

（四）客户风险评估

根据王先生家庭的具体情况，其风险承受能力评估如下：

表7-6　王先生的家庭风险承受能力评估表

项目＼分数	10分	8分	6分	4分	2分	得分
就业状况	公教人员	上班族	佣金收入者	自营事业者	失业	9分
家庭负担	未婚	双薪无子女	双薪有子女	单薪有子女	单薪养三代	6分
置产状况	投资不动产	自宅无房贷	房贷<50%	房贷>50%	无自宅	8分
投资经验	10年以上	6～10年	2～5年	1年以内	无	10分
投资知识	有专业证照	财金类专业毕业	自修有心得	懂一些	一片空白	4分
年龄	总分50分，25岁以下者50分，每多一岁少1分，75岁以上者0分					24分
总分	61分					

家庭风险承受能力评估表（表7-6）的分析结果显示：王先生的家庭风险承受能力总分为61分，为中等风险承受能力。另外，年龄在这个家庭的风险承受能力中也成为最重要的考虑因素，将作为将来进行具体理财规划组合的重要依据。

---

7. 王先生家庭投资比率明显受到房产的影响，如第一章所述，目前城市家庭房产占总资产的七成。在这一平均数据之下，若客户的投资比率略微偏低也有一定的合理性。重点是将客户其余资金合理进行投资规划，并关注投资资产结构。

8. 家庭风险承受能力评估表中，就业状况是由于该家庭一方为公教人员，一方为上班族，将两者得分加以平均所得。

9. 与其他生命周期阶段家庭类似，两张表格综合运用判断客户的风险特征，从而确定合理的理财规划组合。

表7-8 王先生家庭风险偏好评估

分数	10分	8分	6分	4分	2分	得分
首要考虑	赚短线差价	长期利得	年现金收益	抗通胀保值	保本保息	6分
认赔动作	预设止损点	事后止损	部分认赔	持有待回升	加码摊平	6分
赔钱心理	学习经验	照常过日子	影响情绪小	影响情绪大	难以成眠	6分
最重要特性	获利性	收益兼成长	收益性	流动性	安全性	6分
避免工具	无	期货	股票	房地产	债券	4分
本金损失容忍度	总分50分，不能容忍任何损失为0分，每增加一个承受损失百分比，加2分，可容忍25%以上损失者为50分					25分
风险偏好类型	积极进取	温和进取	中庸型	温和保守	非常保守	中庸型

根据与王先生的沟通交流得出，其风险偏好是中庸型，风险承受能力得分53分（见表7-8），理财规划师需配置风险适中、收益适中的产品，可选择房产、基金、债券、银行理财产品等投资工具。

三、客户理财目标分析

10. "客户理财目标分析"可参见前几章，既要结合客户的自身理财意愿，又要从理财规划师专业角度加以纠正。

在对王先生的访谈中，已经了解了他自身的理财意愿，理财规划师根据其实际情况，进一步明确其理财目标如下。

（一）现金规划目标

王先生家庭现金及现金等价物超过了参考值，需要进行重新规划，需预留应急准备金，并办理合适的信用卡。

（二）投资规划目标

考虑到王先生家庭进入了退休前期，结合王先生风险偏好，调整投资组合工具，构建适合王先生家庭的投资组合，稳健投资。

（三）保障规划目标

11. 每个客户家庭情况不尽相同，因此在目标选择上也有所区别，需要充分了解客户的实际情况。

王先生和王太太都即将退休，随着年龄增加，医疗支出也会随之增加，王先生只有一份购于2015年的重大疾病险，因此要增加其他险种的配置。

（四）养老规划

养老规划是王先生家庭理财规划的重点，但由于之前尚未进行合理规划，因此需要估算退休养老总费用，准备退休金。

（五）其他理财目标

王先生还想为儿子准备首付款，作为中国传统家庭，情有可原，因此要预留出一定的合理资金作为儿子购房费用。

四、家庭理财规划组合

（一）现金规划

根据王先生家庭情况，父母赡养义务显现，家庭的生活质量要求也在上升，因此建议预留将近 6 个月的家庭支出作为家庭紧急备用金标准，共计 4.5 万元。

在具体形式上不考虑现金及活期形式等收益极低的方式，考虑到客户所在城市支付宝使用普及度高，因此准备以货币市场基金余额宝的形式存放一部分作为日常开支。鉴于余额宝收益性相比于其他银行货币市场基金偏低，因此一部分投入其他货币市场基金，这样既保持了流动性，又增加了收益性。可参考以下投资组合形式（见表 7-9）：

表 7-9　备用金预期收益表

项目	金额	预计年化收益率	到期收益
余额宝	15000 元	2.5%	375 元
兴业银行"现金宝–添利 1 号"	30000 元	3.3%	990 元
总计		1365 元	

说明：1. 预计年化收益率由该产品 2019 年平均七日年化收益率计算而得。

2. "现金宝–添利 1 号"详情可查询兴业银行网站：http://wealth.cib.com.cn/retail/duration/cash/referNetValue/201801/201801_24.html

（二）现金规划之信用卡规划

虽然王先生家庭预留了够用的备用金，但由于还要为儿子准备购房首付款，同时考虑到父母赡养问题，因此可以建议申请银行信用卡进行短期融资。

目前王先生名下没有任何信用卡，但考虑到王先生有一辆车，建议考虑工商银行牡丹中油信用卡。工商银行牡丹中油信用卡是工商银行和中石油联手打造的国内第一张可在加油站使用的全国

12. 由于这部分是备用金，用于平时生活所需，因此备用金的收益情况不列入收入支出表亦可。

13. 信用卡的选择没有所谓的标准答案，王先生在这里也可以选择某些银行的汽车卡、车主卡。同时，王太太亦可申办信用卡。

性联名卡。持牡丹中油信用卡在中石油加油站的工行 POS 机上刷卡加油，可享受 1% 折扣优惠；24 小时全国道路汽车救援特惠服务；年刷卡消费满 5 笔或累计消费金额达到 5000 元人民币（含等值外币），即可自动免除当年年费等，同时消费积分可兑换航空里程和丰富的礼品，考虑到王先生有出游考虑，因此该卡特色比较符合王先生家庭需求。按照王先生递交的相关申请材料，最后确定的信用额度是 1 万元。

（三）保障规划

经了解，王先生在 2015 年购买的商业保险是重大疾病险，因此王先生需要再配置医疗保险等。王太太也应该增加保险配置。按照双十原则，该家庭的年保费支持应保持在 19600 元左右，除去已经购买的 1500 元，该家庭还有较大的选择空间。理财规划师经过市场调研以及与王先生夫妇的沟通，最终确定以下配置（见表 7-10）：

表 7-10　王先生家庭保险产品配置一览表

家庭成员	保险产品	保额（万元）	保费（元）	交费年限
王先生	平安中老年人综合医疗保险	如表 7-11	450	每年
	国华人寿养老年金极速版	/	2000	每年
王太太	平安成人重大疾病保险	50	450	每年
总计	/	110	2900	/

从具体配置产品的功能来看，相对较为齐全。

王先生配置的是平安中老年人综合医疗保险，该产品适合 50～80 岁的人群，王先生选择了高端型，具体保障如表 7-11 所示：

表 7-11　王先生平安中老年人综合医疗保险保障内容一览表

保障类型	保障范围	高端型
意外保障	意外伤害身故、残疾	20 万元
	意外伤害医疗（含门诊及住院）	1 万元
健康保障	猝死	20 万元
	意外和疾病住院	5000 元
特色保障	意外住院津贴	200 元 / 天
	火车意外身故、残疾	100 万元
	汽车意外身故、残疾	20 万元
	燃气意外身故、残疾	30 万元
	救护车费用报销	2000 元
	银行卡盗刷损失	10 万元

14. 保障规划的双十原则在一般家庭中均适用，能对保障规划有一个大致的框架设定。但退休前期家庭不一定会完全按照家庭税后收入的 10% 来配置保险，一是由于年龄的问题，比如案例中的王先生已经 51 岁，很多保险已经超过年龄，不能投保了；二是因为家庭人员的减少，加上家庭成员本身退休待遇较好，可适当减少。另外在具体保险产品的选择方面，由于保险市场变化较快，理财规划师可根据提供理财规划服务时的情况，提供针对性的参考意见。此处也仅作为举例。

续表

保障类型	保障范围	高端型
专享服务	电话医学咨询	专享
	意外住院垫付 / 担保服务	专享

资料来源：平安保险网站，https://baoxian.pingan.com。

王先生配置的第二种产品是国华人寿养老年金极速版，一次性购买 20 份，5 年后可按比例领取养老金至终身，主要是为了补偿王先生未来的养老金。

王太太由于是公教人员，未来退休后的待遇较好，因此只需要考虑到重大疾病的问题。理财规划师为她配置的是平安成人重大疾病保险，该产品适合 18 ～ 50 周岁，续保客户符合产品投保规则的可续保至 60 周岁，因此王先生由于年龄限制已无法购买，但是王太太购买后可续保至 60 周岁。该产品涵盖 30 种重疾，最高 50 万元重疾保障，且有重疾绿色通道服务。

王先生家庭下年度开始的这部分 2900 元的保障支出可从每年的家庭结余中直接支出。

（四）养老规划

王先生今年 51 岁，王太太 49 岁，二人都处于中年期，养老问题对于王先生家庭来说是一个即将要面临的问题。在未来的十年王先生需要有足够的资金来满足家庭的养老生活所需。王太太作为退休教师，按照现行的退休金和退休生活费测算，加上其购买的商业保险，基本上不存在养老金缺口，因此主要是需要为王先生做好充分的养老规划，但作为一个家庭，生活费、退休金又可融合在一起测算。

1. 养老费用测算

王先生准备 60 岁退休，该家庭距离退休还有 9 年时间，退休后余寿 20 年，届时王太太也已退休。退休后的收益率下降到 3%。目前家庭月支出在 7625 元左右，退休后维持目前生活水平，按照 70% 比例进行估算，也就是退休后生活费在 5337.5 元左右，通货膨胀率保持在 3%，因此 9 年以后，生活费将达到每月 6964.23 元，减去该家庭退休后可能领取的退休金 5000 元，还有 1964.23 元的缺口，20 年共计 471415.2 元。为了解决这一缺口，理财规划师可选取基金组合，按过去平均收益测算未来可能的收益率，如博时稳定价值债券 A 和东方核心动力混合进行组合，按照过去平均收益率可推算出未来约 7% 的年回报率并以此进行折现，则按年定投，目前每年需投入 39356.79 元；按月定投，每个月需要投入 3145.73 元，全年共计 37748.76 元（见表 7-12、7-13）。

15. 计算退休后能领导多少养老金，可借助新浪财经的理财工具进行测算。

16. 需要再次强调的是，养老规划部分需要明确：
（1）退休年龄；
（2）退休后每年生活费用；
（3）退休后收入；
（4）养老金缺口测算；
（5）选择哪种投资方式；
（6）选择哪些养老规划产品。

17. 基本养老金根据个人累计缴费年限、缴费工资、当地职工平均工资、个人账户金额、城镇人口平均预期寿命等因素确定，由统筹养老金和个人账户养老金组成。

18. 本案例养老金费用测算要点：
（1）退休后每月生活费按照现在每月生活费的7折计算；每月退休估算需结合城市当下水平；实际测算方法：一次性投入采用现值复利计算方法，每年投入资金、每月投入采用年金现值计算方法。
注意每月投入资金计算过程中将收益率和期数换算成每月收益率和月数期数。此处可采用财务计算器或EXCEL进行计算。

经与客户王先生沟通，在三种方式中他倾向于每月进行基金定投。因此，一年需投资37748.8元。这部分从下年度收入中直接进行投资即可。

表7-12　王先生家庭养老金费用测算表

养老测算参数	计算结果
退休前工作年数	9
退休前假设通胀率（%）	3
退休前投资收益率（%）	7
退休后余寿年数	20
退休后假设通胀率（%）	3
退休后投资收益率（%）	3
目前每月家庭支出（元）	7625
预期退休后每月生活费的现值（元）	5337.5
预期退休后每月生活费的终值（元）	6964.23
预期退休后养老费用的折现值（元）	1671415.2
退休后预计领取的每月退休金（元）	5000
预计能领的社保总退休金的折现值（元）	1200000
养老金缺口（元）	471415.2
如现在一次性投入需要（元）	256418.63
如从现在每年投入需要（元）	39356.79
如从现在每月投入需要（元）	3145.73

表7-13　王先生养老基金配置一览表

基金名称	博时稳定价值债券A	东方核心动力混合
基金类型	债券型	混合型
风险特征	中风险	中高风险
预期年收益	5.5%	8.65%
评级	☆☆☆☆☆	☆☆☆☆
投资比率	60%（2000元/月）	40%（1145元/月）
预期年收益率	7%	

19. 投资规划需要结合前面所提到的财务比率情况、客户投资经验、客户资产和风险状况等综合进行考虑。

另外，在王先生退休后，建议改变投资产品，换成风险较低的债券类产品，年收益率能抵御3%的通货膨胀率即可。

养老金测算

（五）投资规划

从投资情况看，王先生家庭股票投资收益不理想，鉴于王先生家庭中庸稳健型风险偏好及中等风险承受能力，并考虑到该家庭处于退

家庭养老规划工具

休前期，理财规划师建议调整稳健型投资品种；从结余比率和家庭投资比率来看，投资额度可适当增加。

　　按照目前王先生家庭的资产情况来看，建议预留 35 万元作为儿子房屋购置首付款，到期的银行理财产品以及股票卖掉后的资金刚好够用。银行理财产品一般都有固定期限，但因为王先生儿子刚毕业不久，并未有短期购房打算，因此可将这部分资金继续用于购买短期的银行理财产品。万一出现马上要买房的情况，一些银行理财现在支持转让功能，因此可以保证流动性。除去这部分资金和紧急备用金预留款 4.5 万元后，王先生家庭剩下 2.5 万元剩余资金。

　　结合王先生风险偏好和资金用途，建议 35 万元房屋首付款可先购买银行保本理财产品，推荐浦发银行三个月保本理财产品。剩余 2.5 万元建议投资基金，推荐景顺长城鼎益混合（LOF），基金成立于 2005 年，该基金获 3 家证券公司 5 星评级，基金成立以来收益率高达 1059.83%，近 3 年收益率 93%（如图 7-2 所示）。根据平均计算，基金近 10 年，按 7.8% 左右的复利增长。王先生剩下的 2.5 万元购买该基金，则一年的收益约 3338 元（见表 7-15）。

表 7-15　投资产品配置一览表

理财产品名称	投资额（万元）	预期年化收益率（%）	预计收益（万元）
理财稳盈利系列 V 计划	35	4	/
景顺长城鼎益混合（LOF）	2.5	7.8	0.195

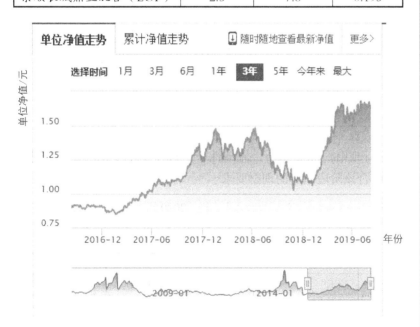

图 7-2　景顺长城鼎益混合（LOF）近 3 年走势

20. 在投资规划中可通过天天基金网、和讯网等查询理财产品投资额度、投资期限、投资收益率。但由于产品情况变化较快，理财规划师需要实时做出选择，并在后期进行跟进。本教材中所有配置的投资、保险等产品均具有一定的时效性，仅作为举例参考。

21. 在投资规划中，一般需要查询理财市场的实时行情，说明选择了哪个具体的产品，选择该产品的原因，以及预期的收益率等情况。理财规划师尽量在为客户提供投资方向基础上同时推荐一些可供借鉴的产品。

22. 王先生家庭的投资规划产品并不多，一般情况下投资规划的最后需要为客户提供一张投资产品的分布表。以王先生家庭为例，除了表7-15中的两种产品，还应包括养老规划中的基金定投产品。

23. 公积金的增加主要是2020年的余额应加上2019年新增部分。

24. 值得注意的是：该家庭投资银行理财共计35万元，但考虑到儿子可能会购房，因此收益具有不确定性，未将收益纳入投资收入。表7-17中的收入仅为现金规划以及投资规划两部分所得。

五、家庭理财规划方案实施效果与调整

根据以上理财规划组合，可得到王先生家庭理财规划调整后该家庭的资产负债表（表7-16）：

表7-16 规划后王先生家庭资产负债表（截至2020年12月31日）

（单位：万元）

资产		负债	
项目	金额	项目	金额
流动性资产	4.5	短期负债	0
现金	0	信用卡贷款余额	0
活期存款	0	其他贷款余额	0
定期存款	0	长期负债	
货币市场基金	4.5	汽车贷款余额	0
投资性资产	41.27	房屋贷款余额	0
股票	0	其他	0
国债	0		
基金	6.27		
期货	0		
银行理财产品	35		
自用性资产	490		
自住房产	470		
汽车	20		
其他	0		
资产总计	535.77	负债总计	0
净资产	535.77（535.77+ 公积金6.44=542.21）		

说明：基金为养老规划中基金定投一年3.77万元，剩余资产基金投资2.5万元，合计6.27万元。

从表7-16可以看出，在进行理财规划之后投资资产主要投资为银行理财产品和基金，流动性资产也发生了变动。负债依然为0，符合该阶段家庭的理财要求。

表7-17 规划后王先生家庭收入支出表（2020年1月1日至12月31日）

（单位：万元）

收入		支出	
项目	金额	项目	金额
工资收入	19	基本消费支出	6
投资收入	0.33	投资支出	3.77
其他收入	0	保障支出	0.44

续表

收入		支出	
项目	金额	项目	金额
		赡养费	3
收入合计	19.33	支出合计	13.21
年结余	6.12（6.12+1.44 公积金 =7.56）		

从表 7-17 可以看出，投资收入减少了，主要是由于儿子购房资金进行了单列，未将这笔银行理财产品的收益纳入其中。同时，该家庭新增了投资支出和保障支出，年结余减少。

表 7-18 规划后王先生家庭财务比率分析表

项目	计算过程	参考值	实际值
结余比率	年结余 / 年税后收入	>10%	31.7%
家庭投资比率	投资资产 / 净资产	50%	7.7%
负债比率	负债 / 总资产	<50%	0
负债收入比率	年债务支出 / 年税后收入	<40%	0
流动性比率	流动资产 / 月支出	3～6（月）	4.09（月）

表 7-18 为规划后王先生家庭财务比率分析表，由此表可以看出：

（1）结余比率在理财后有所降低，仍然保留一定的结余比率，双方父母健在，考虑到赡养支出情况，因此该结余比率较为合理。

（2）家庭投资比率偏低，但是较之前的投资利率有所增加。该家庭位于杭州，受杭州房价影响，因此家庭中固定资产的占比较大。在投资组合中，主要投资于银行理财产品和基金，与该家庭风险特征相符。

（3）负债收入比率为 0，退休前期家庭如有负债应尽快还清债务，王先生家庭负债为 0，符合该阶段家庭理财规划要求。

（4）该家庭的流动性比率为 4.09 个月，在合理范围之内，因新增了投资支出和保障支出，因此 2020 年的流动比率比原设定标准略微偏低，但仍在合理范围之内。同时为该家庭配置了信用卡，因此能够解决资金流动问题。

六、总结

理财规划师对处于退休前期的王先生家庭进行了现金、消费、保障、养老、投资规划，将客户家庭的整体理财需求提出了规划建议。通过这些规划，基本上满足了客户对日常备用金以及稳健投资的需求，并保障了客户在医疗、养老方面的需求。整体规划方案突出了这一阶段客户的显著需求，且在现有财务、风险情况基础上，尽可能实现了财务的合理化。

25. 投资规划中的 2.5 万元归为基金，而非归入投资支出，因为该部分资金为资产调整。剩余 3.77 万元为养老规划中的基金定投，采用每月定投方式，资金来源为 2020 年每月收入，因此归为投资支出。与此类似的还有保障支出。

26. 一旦儿子购房，王太太公积金账户余额可提取用作购房首付款。

27. 一般情况下，公积金可能会随着工资收入的增长而增长，该客户未曾提及，因此暂时未作任何变动。

28. 该案例中家庭的收入和生活费支出并未在 2020 年家庭收入支出表中显示出增长的情况。这与客户自身的状况有一定的关系。但若客户家庭明确收入和支出的增长大致幅度，则需按照幅度在理财规划后的收支表中予以反馈。

➤ **本章小结**

退休前期客户最为显著的需求是对退休生活质量方面的保障，虽然不同的家庭其理财规划方案会存在一定的差异，但整体上养老、医疗以及财产的继承是这一类客户的重点。本章从退休前期客户家庭着手，总结该阶段家庭的共同特征和主要理财需求，结合王先生家庭具体案例，通过点评式案例分析，解决该阶段家庭的理财规划设计，为同类型客户的理财规划提供借鉴。

➤ **实训案例**

（一）客户基本信息

徐先生，金华武义人，在一家中等规模的民营企业工作，51岁，税后月薪2万元，年终奖金8万元。徐先生公积金账户余额10万元（每月个人缴纳2000元），养老账户余额8万元，医疗账户余额2万元，已交费15年。徐太太，46岁，担任武义当地某民营企业的高管，税后月薪2.5万元，年终奖金5万元。徐太太公积金账户余额8万元（每月个人缴纳3000元），养老金账户余额6万元，医疗账户余额1.8万元，已交费15年。夫妻二人目前都没有商业保险。女儿22岁，刚毕业，税后月薪3500元。

该家庭现有资产有现金25万元，存款50万元，股票基金150万元；自用汽车两辆，现值分别为25万元和45万元；自用房产一套，现值150万元。刚投资商铺一处，现值300万元，房贷100万元，贷款10年（商业贷款利率为4.9%），每月还款1.06万元。投资住房一套，现值150万元，贷款额度为50万元，贷款15年，目前剩余房贷20万元（公积金贷款利率3.25%），还有12年还清，每月还款3513元。商铺已经出租，每年税后租金15万元；投资住房也已出租，每年税后租金4万元；存款利息收入2.6万元，每月的生活费2万元。

（二）客户理财意愿

1.夫妻二人想尽快还清房贷。

2.该家庭打算给女儿买一辆车、买一套房，同时给女儿准备较为充裕的嫁妆。

3.该家庭对保险不太了解，希望能在保险方面做出较为完善合理的规划。

（三）基本假设

1.退休前的收入增长率为5%。

2.退休后社保养老金的增长率为5%。

3.年生活支出增长率为4%。

4.五年期及以上商业房屋贷款利率为4.9%，公积金贷款利率为3.25%。

5.徐先生夫妇公积金账户的利息按《住房公积金会计核算办法》计算。

6.徐先生夫妇的工资在当地上年社会平均工资的60%到3倍之间。

（四）实训任务

请按照退休前期客户的基本特征，结合这一阶段客户家庭理财规划方案的要点，为客户设计一个较为合理而完整的理财规划方案。

第八章

家庭理财规划计算工具

► **知识目标**

1. 掌握货币时间价值的基本内涵。

2. 熟知单利终值与现值的计算原理。

3. 熟知复利终值与现值的计算原理。

4. 掌握年金终值与现值的计算原理。

5. 明确财务计算器的主要功能。

6. 掌握财务计算器使用方法。

7. 归纳财务计算器操作流程。

8. 明确 EXCEL 财务计算功能。

9. 熟练 EXCEL 财务计算操作。

► **能力目标**

1. 熟练应用各种计算方法。

2. 能够熟练使用财务计算器。

3. 能够使用常用的计算软件。

4. 能综合运用财务计算器与软件为客户理财规划提供翔实的计算。

第一节 家庭理财规划方案设计中的计算

家庭理财规划方案设计中由于涉及家庭资产在一定期限中的投资与再投资，需要计算投资回收率等，因此常常会进行货币时间价值计算。货币时间价值是家庭理财的基础理论之一，甚至被视作家庭理财的"第一原则"。

所谓的货币时间价值（Time Value of Money，TVM）是货币随着时间的推移而发生的增值，也称为资金时间价值。它具体是指当前所持有的一定量货币比未来获得的等量货币具有更高的价值。因为从经济学的角度分析，现在的一单位货币与未来的一单位货币的购买力之所以不同，是因为要节省现在的一单位货币不消费而改在未来消费，则在未来消费时必须有大于一单位的货币可供消费，作为弥补延迟消费的贴水。简而言之，同等数量的货币或现金流在不同时点对应的价值不同，货币时间价值就是两个时点之间的价值差异。比如，年初在银行存入10000元，当存款利率在4%的情况下，到年终价值变为10400元，其中400元即为货币的时间价值。

在进行货币时间价值测算时，需要确定几个基本参数，包括了现值、终值、时间和利率。

（1）现值，即货币现在的价值，也就是期间发生的现金流在期初的价值，通常用PV（Present Value 的简写）表示。

（2）终值，即货币在未来某个时间点上的价值，即期间发生的现金流在期末的价值，通常用FV（Future Value）表示。根据不同的计息方式，又可分为单利终值和复利终值。一定金额的本金按照单利计算，若干期后的本利和，称为单利终值；一定金额的本金按照复利计算，若干期后的本利和，称为复利终值。

（3）时间，即货币价值的参照系数，通常用t（或n）表示。时间的长短是影响货币时间价值的首要因素，时间越长，货币时间价值越明显。例如，以年均5%的通货膨胀率计算，2000年的10000元钱的购买力（即其时间价值）相当于2010年的16300元，相当于2020年的26500元，20年的时间差导致了货币时间价值的差异。

（4）利率，这是影响金钱时间价值程度的波动要素，通常用r（或i）表示。与之对应的还有通货膨胀率，即一般价格总水平在一定时期（通常是一年）内的上涨率，该利率大于零时，代表了货币在该时期内的贬值情况，在货币时间价值计算中也常常用r或i表示。利率是决定货币在未来增值程度的关键因素，而通货膨胀率则是使货币购买力缩水的反向因素。

一、单利终值与现值计算

单利（Simple Interest）是指按照固定的本金计算的利息，是计算利息的一种方法。单利的计算取决于所借款项或贷款的金额（本金），资金借用时间的长短及市场一般利率水平等因素。按照单利计算的方法，只要本金在贷款期限中获得利息，不管时间多长，所生利息均不加入本金重复计算利息。

（一）单利终值

单利终值即现在的一定资金在将来某一时点按照单利方式计算的本利和。单利终值的计算公式为：$FV=PV(1+rt)$。其中，FV 代表终值（本金＋利息）；PV 代表期初的价值（本金）；r 代表利率、投资报酬率或通货膨胀率；t 代表投资时间，$(1+rt)$ 是单利终值系数。

例 8-1 小明获得压岁钱共 1 万元，他打算将这笔钱存入银行定期存款，利率为 2%，一年后再取出来，那么来年小明可以获得多少钱？

解析： 小明的 1 万元压岁钱就是现值 PV，而他的定期存款到期后获得的价值就是终值 FV。$FV=PV(1+rt)=1\times(1+2\%)=1.02$（万元）

例 8-2 某投资产品年化收益率为 8%，王先生今年投入 50000 元，按照单利方式，5 年后他将获得多少钱？

解析： $FV=PV(1+rt)=5\times(1+8\%\times5)=7$（万元）

（二）单利现值

单利现值是单利终值的逆运算，它一般用于在已知期限投资后的所得，来计算期初需要投入的金额，广泛运用于债券价格的计算。在现实经济生活中，有时需要根据终值来确定其现在的价值即现值。

单利现值的计算公式为：$PV=FV/(1+rt)$

其中，FV 代表期末的价值；r 代表利率、投资报酬率或通货膨胀率；t 代表投资时间；$1/(1+rt)$ 是单利现值系数。

例 8-3 徐女士两年后想买辆 20 万元的车，若投资收益率是 8%，那么今天徐女士需要拿出多少钱来进行投资？

解析： $PV=FV/(1+rt)=20/(1+8\%\times2)=17.2414$（万元）

二、复利现值与终值计算

（一）复利终值

复利终值通常指单笔投资在若干年后所反映的投资价值，包括本金、利息、红利和资本利得。它的特点是每经过一个计息期，要将所生利息加入本金再计利息，逐期滚算，俗称"利滚利"。

复利终值计算公式为：$FV=PV(1+rt)^t$。其中，FV 代表终值（本金＋利息）；PV 代表现值（本金）；r 代表利率、投资报酬率或通货膨胀率；t 代表期限；$(1+rt)^t$ 代表复利终值系数。

例 8-4 某投资产品年化收益率为 4%，王先生今天投入 10000 元，按照复利方式，3 年后他将获得多少钱？

解析： $FV=PV(1+rt)^t=10000\times(1+4\%)^3=11248.64$（元）

（二）复利现值

复利现值一般指当要实现期末期望获得的投资价值时，在给定的投资报酬率和投资期限的情况下，以复利计算出投资者在期初应投入的金额。它本质上就是复利终值的逆运算。

复利现值计算公式为：$PV=FV/(1+rt)^t$。其中，PV 代表现值（期初投资金额）；FV 代表终值（期末获得投资价值）；r 代表折现率、投资报酬率或通货膨胀率；t 代表期限；$1/(1+rt)^t$ 代表复利现值系数。

例 8-5 张先生准备投资一笔钱用于 5 年后为儿子购置一套婚房，预计需要 50 万元作为首付，现有一个期望收益率为 6% 的基金产品非常适合他，那么他需要为购房准备多少资金？

解析： $PV=FV/(1+rt)^t=50/(1+6\%)^5=37.3629$（万元）

三、年金现值与终值计算

年金（普通年金）是指在一定期限内，时间间隔相同、不间断、金额相等、方向相同的一系列现金流。比如，退休后每个月固定从社保部门领取的养老金就是一种年金，定期定额缴纳的房屋贷款额、每个月定期定额购买基金（即基金定投）的月投资额、向租房者每月固定收取的租金等均可视为一种年金。年金通常用 PMT 表示。

年金按其每次收付款项发生的时点不同，可以分为普通年金、递延年金、永续年金等类型。

（一）期末和期初年金的计算

年金现金流一般都具备等额与连续这两个特征：每期的现金流入与流出的金额必须固定且出入方向一致，并保证在计算期内各期现金流量不能中断。没有满足以上两个特征都不算是普通年金。

根据等值现金流发生的时间点的不同，年金可以分为期初年金和期末年金。期初年金，又称为先付年金、预付年金，指在一定时期内每期期初发生系列相等的收付款项，即现金流发生在当期初，比如说生活费支出、教育费支出、房租支出等；期末年金即现金流发生在当期期末，比如房贷支出等。期初年金与期末年金并无实质性的差别，二者仅在于收付款时间的不同。通常在没有特别情况说明时，年金是指期末普通年金。

实际生活中的现金流的周期并不一定以年为周期，也可以是半年、季度、月现金流。

1. 期末年金现值和终值

（期末）年金现值的公式为：

$$PV_{END} = \frac{PMT}{(1+r)} + \frac{PMT}{(1+r)^2} + \frac{PMT}{(1+r)^3} + \cdots + \frac{PMT}{(1+r)^t}$$

$$PV_{END} = PMT \times \frac{1-(1+r)^{-t}}{r}$$

其中，PV_{END} 代表期末普通年金现值；PMT 代表年金；$\dfrac{1-(1+r)^{-t}}{r}$ 代表普通年金现值系数；r 代表报酬率；t 代表折现期数。

简而言之，期末普通年金现值系数就是每一期的复利现值系数的相加所得总数。

（期末）年金终值的公式为：

$$FV_{END}=PMT(1+r)^{t-1}+PMT(1+r)^{t-2}+PMT(1+r)^{t-3}+\cdots+PMT$$

$$FV_{END}=PMT[(1+r)^{t-1}+(1+r)^{t-2}+(1+r)^{t-3}+\cdots+1]$$

$$FV_{END}=PMT\dfrac{(1+r)^{t}-1}{r}$$

其中，PV_{END} 代表期末普通年金终值；PMT 代表年金；$\dfrac{(1+r)^{t}-1}{r}$ 代表普通年金终值系数；r 代表投资回报率；t 代表期数。

例 8-6 小王采用分期付款方式购买电脑，期限 36 个月，每月底支付 400 元，年利率 7%，那么小王能购买一台价值多少钱的电脑？

解析： $PV=\dfrac{400}{0.07/12}[\dfrac{1-(1+0.07)^{-36}}{0.07}]=12954.59$（元）

因此，小王可以购买一台配置较高的价值 12954 元的电脑。

例 8-7 朱女士 6 年后退休，她打算为自己退休后准备一笔旅游基金。理财经理为她推荐一款收益率为 5% 的理财产品，朱女士决定每年存入 6000 元，那么朱女士退休后能获得多少旅游基金？

解析： $FV=6000\dfrac{[(1+0.05)^{6}-1]}{0.05}=40812$（元）

朱女士在退休后可以有四万多元的资金去旅行。

2. 期初年金（先付年金）现值和终值

期初年金现值等于期末年金现值的 $(1+r)$ 倍，即 $PV_{BEG}=PV_{END}(1+r)$，因此，期初年金现值的公式为：$PV_{BEG}=PMT\times\dfrac{1-(1+r)^{-t}}{r}(1+r)$

期初年金终值等于期末年金终值的 $(1+r)$ 倍，即 $FV_{BEG}=FV_{END}(1+r)$，因此，期初年金终值的公式为：$FV_{BEG}=PMT\times\dfrac{(1+r)^{t}-1}{r}(1+r)$。

例 8-8 徐先生作为某信托产品受益人，将在未来 10 年内每年年初获得 2 万元，年利率为 6%，这笔年金的现值为多少？

解析： $PV_{BEG}=200000\times[\dfrac{1-(1+0.06)^{-10}}{0.06}](1+0.06)=156032$（元）

先付年金现值计算

（二）永续年金

永续年金是指在无限期内，时间间隔相同、不间断、金额相等、方向相同的一系列现金流。比如优先股，它有固定的股利而无到期日，其股利可视为永续年金；未规定偿还期限的债券，其利息也可视为永续年金。

$$PV_{END}=\dfrac{PMT}{(1+r)}+\dfrac{PMT}{(1+r)^{2}}+\dfrac{PMT}{(1+r)^{3}}+\cdots+\dfrac{PMT}{(1+r)^{t}}$$

期末永续年金的现值公式为：$PV = \dfrac{PMT}{r}$。

例 8-9 黄先生购买了某股票，该股票每股每年年末支付股利 2 元，若年利率为 5%，那么这只股票的价格是多少？

解析：$PV = \dfrac{PMT}{r} = \dfrac{2}{5\%} = 40$（元）

永续年金和普通年金现值
公式推导

（三）增长型年金

1. 普通增长型年金

增长型年金（等比增长型年金）是指在一定期限内，时间间隔相同、不间断、金额不相等但每期增长率相等、方向相同的一系列现金流。

增长型年金现值的计算公式为：

$$PV = \frac{PMT}{(1+r)} + \frac{PMT(1+g)}{(1+r)^2} + \cdots + \frac{PMT(1+g)^t}{(1+r)^t}$$

增长型年金终值的计算公式为：

$$FV = PMT(1+r)^{t-1} + PMT(1+g)(1+r)^{t-2} + \cdots + PMT(1+g)^{t-1}$$

其中，PMT 表示第一年现金流，g 表示每年固定增长比率，r 代表现金流的收益率或贴现率。

（期末）增长型年金现值的计算公式为：

（1）当 $r > g$ 时，$PV = \dfrac{PMT}{(r-g)}\left[1 - \left(\dfrac{1+g}{1+r}\right)^t\right]$

（2）当 $r < g$ 时，$PV = \dfrac{PMT}{(r-g)}\left[1 - \left(\dfrac{1+g}{1+r}\right)^t\right]$

（3）当 $r = g$ 时，$PV = \dfrac{PMT}{(1+r)}t$

（期末）增长型年金终值的计算公式为：

（1）当 $r > g$ 时，$FV = \dfrac{PMT(1+r)^t}{(r-g)}\left[1 - \left(\dfrac{1+g}{1+r}\right)^t\right]$

（2）当 $r < g$ 时，$FV = \dfrac{PMT(1+r)^t}{(r-g)}\left[1 - \left(\dfrac{1+g}{1+r}\right)^t\right]$

（3）当 $r = g$ 时，$FV = PMT(1+r)^{t-1}t$

例 8-10 一项养老计划为你提供 20 年养老金。第一年为 10000 元，以后每年增长 5%，每年年底支付。如果贴现率为 10%，那么这项计划的现值是多少？

解析：$PV = \dfrac{10000}{0.1-0.05}\left[1 - \left(\dfrac{1+0.05}{1+0.1}\right)^{20}\right] = 121121$（元）

2. 增长型永续年金

增长型永续年金是指在无限期内，时间间隔相同、不间断、金额不相等、每期增长率相等、方向相同的一系列现金流。

（期末）增长型永续年金的现值计算公式（$r > g$）：

$$PV = \frac{PMT}{(r-g)}$$

例 8-11 某增长型永续年金每年将分红 1.5 元，并将以 5% 的速度增长下去，年贴现率为 10%，那么该预期股利的现值是多少？

解析： $PV = \dfrac{1.5}{0.1-0.05} = 30$（元）

永续增长年金和普通增长年金现值公式推导

（四）递延年金

递延年金是指第一次收付款发生时间与第一期无关，而是隔若干期后才开始发生的系列等额收付款项，又称为延期年金。它是普通年金的特殊形式。递延年金终值等于普通年金终值。

递延年金现值计算公式：

$$PV = \frac{PMT}{r}\left[1 - \frac{1}{(1+r)^n}\right] \times \frac{1}{(1+r)^m}$$

递延年金终值计算公式：

$$PV = \frac{PMT}{r}\left[\frac{1}{(1+r)^n} - \frac{1}{(1+r)^{m+n}}\right]$$

其中，PMT 表示每期现金流；r 代表现金流的收益率或贴现率；n 代表期数；m 代表递延的期数。

例 8-12 小杭在年初存入一笔资金，存满 5 年后每年年末取出 1000 元，至第 10 年末取完，银行存款利率为 10%，那么小杭应在最初一次存入银行多少钱？

解析： $PV = \dfrac{10000}{10\%}\left[1 - \dfrac{1}{(1+10\%)^{10}}\right] \times \dfrac{1}{(1+10\%)^5} = 3815$（元）

递延年金现值计算

第二节　财务计算器的使用

目前经 FPSB China 认可的 CFP 考试专用财务计算器包括：惠普 HP12C 和 HP10bII、德州仪器 TI BAII Plus、卡西欧 CASIO FC 200V 等。由于几种产品功能大同小异，这里以德州仪器 TI BAII Plus 财务计算器为例，讲解其在理财规划计算中的应用。（如图 8-1）

一、财务计算器的基本功能

（1）主要功能按键：主键都印在键上。如按右上方 $\boxed{\text{ON/OFF}}$ 键，表示开关机，可直接操作。

（2）次要功能按键：按 $\boxed{\text{2ND}}$ 切换键之后，显示写在按键上方的次要功能，如按 $\boxed{\text{2ND}}$ $\boxed{\text{ENTER}}$ 表示调用 $\boxed{\text{SET}}$ 功能，$\boxed{\text{2ND}}$ $\boxed{+/-}$ 表示调用 $\boxed{\text{RESET}}$ 功能。

（3）货币时间价值操作键：直接写于键上。$\boxed{\text{PV}}$ 为现值；$\boxed{\text{FV}}$ 为终值；$\boxed{\text{PMT}}$ 为年金；$\boxed{\text{N}}$ 为期数；$\boxed{\text{I/Y}}$ 为利率。

（4）小数位数的设置：默认为显示两位小数；更改设置时，依次按 $\boxed{\text{2ND}}$ $\boxed{\cdot}$，表示调用 $\boxed{\text{FORMAT}}$ 功能，出现 DEC = 2.00 的字样，若要改为 4 位小数，输入 4，再按 $\boxed{\text{ENTER}}$，出现 DEC=4.0000，表示更改成功。考试时最好设为 4 位小数。这样输入金额时可以万元计，结果的小数点 4 位，答案可以精确到元。小数位数设置将保持有效，不会因退出或重新开机而改变，要重新设置必须使用 $\boxed{\text{FORMAT}}$ 功能才会改变。

图 8-1　BAII Plus 财务计算器（左）及安卓 APP

（5）日期键：在计算利息设计需要算持有存款或债权的天数。若已知购入日、卖出日和相隔的天数中任意两个数字的情况下，通过使用计算器的日期键可以算出第三个变量。按 $\boxed{\text{2ND}}$ $\boxed{\text{DATE}}$ 调用 $\boxed{\text{DATE}}$ 日期功能，出现 DT1=12-31-1990，此为原始设定值。若输入 4.3019 $\boxed{\text{ENTER}}$ 会显示出 DT1=4-30-2019。接着按向下键 $\boxed{\downarrow}$，出现 DT2=DT1=12-31-1990，为原始设定值，若输入 7.2019 $\boxed{\text{ENTER}}$ 显示出 DT2=7-20-2019。按向下键 $\boxed{\downarrow}$，出现 DBD=0.0000，按 $\boxed{\text{CPT}}$ 得出 81，表示两个日期间相隔 81 天。

（6）重新输入：数字重新输入按 CE/C 键。一般计算重新设置，则按 2ND CPT 键调用 QUIT 功能，计算器显示 0.0000，退出到主界面。

（7） PV 、 FV 、 N 、 I/Y 、 PMT 这五个货币时间价值功能键中会存有上次运算的结果，如果只是按 OFF 或 CE/C 键是无法清除其中数据的。正确的清空方法是按 2ND FV 键调用 CLR TVM 功能即可。

（8）功能键中数据的清除： CF 是输入现金流量计算 *NPV* 和 *IRR* 的功能键，和货币时间价值的五个功能键一样，它通常会存有上次输入的现金流量。如需清空，则必须先进入 CF 后再按 2ND CE/C 键来调用 CLR WORK 键。其他功能键中数据的清除也可运用同样方式清除数据，比如：清空 BOND 键中的数据，也是先进入 BOND 键，再按 CLR WORK 键清空数据。

（9）清除数据：清除储存单元中保存的所有数据，可以进入 MEM 键，再使用 CLR WORK 键。如果需要清空所有数据，包括恢复计算器内所有的设置，直接按 RESET 键（2ND +/－）即可，可以理解为计算器的"格式化"。

（10）一般四则运算：括号的用法与一般代数运算规则相同，括号必须对称，否则无法算出正确值。算式列完按 = 可以求出答案。用 ANS 键可以调出前一个计算结果。

（11）数学函数计算：先输入数字，再输入该函数所代表的符号。比如 e^3 应先按 3 再按 e^x。

（12）付款和复利计算设置： P/Y 表示每年付款次数，再按 ↓ C/Y 表示每年计算复利的次数。计算器中 P/Y 与 C/Y 默认值均设定为 1，表示每年付款一次，每年计算复利一次。如果每月付款一次，每季复利一次，就应修改设定为 P/Y=12，C/Y=4。

注意：计算器会自动将 C/Y 和 P/Y 设为相等，因此在面临 C/Y 与 P/Y 相同的时候，建议 P/Y 与 C/Y 均设定为 1。这样计算每月付款额（*PMT*）时，就输入 i/12（月利率），N×12（月数）的数据进行计算。如果是半年计算复利一次，同时半年付息一次的话，就输入 i/2（半年的利率），N×2（半年计的期数）的数据进行相关计算。

（13）名义年利率换算为有效年利率：同样的名义年利率随着复利频率的不同，有效年利率也不同。功能键 ICONV （ 2ND 2 ）可以帮助进行名义年利率向有效年利率的自动转换。

例 8-13 名义年利率为 6%，按季度计算复利，相应的有效年利率是多少？

①按 ICONV 键屏幕显示 NOM = 0.0000 输入 6 ENTER ，显示 NOM = 6.0000，表示名义年利率为 6%。

②按两次向下键 ↓ ，显示 C/Y=1.0000，由于是按季度计算复利，所以一年是 4 次，则按 4 ENTER 。

③按向上键 ↑ 显示 EFF = 0.0000，接着按 CPT 键得出 EFF= 6.1364，这表示有效年利率为 6.1364%

财务计算器演示1—有效年利率

二、货币时间价值的计算功能

1. 货币时间价值的输入顺序

（1）以财务计算器做货币时间价值计算时， N 、 I/Y 、 PV 、 PMT 、 FV 的输入顺

序并不会影响计算结果，可以按照计算器的顺序，由左至右顺序输入。

（2）当按题目里变量的顺序输入时，如果没有用到的 $\boxed{\text{TVM}}$ 功能键要输入 0，可以把上次输入的数据覆盖掉；或者可以在输入各个变量的数据之前，按 $\boxed{\text{CLR}}$ $\boxed{\text{TVM}}$ 键清除以前的数据。

（3）若熟悉 EXCEL 财务函数设置，可按照 EXCEL 财务函数的顺序输入 $\boxed{\text{I/Y}}$、$\boxed{\text{N}}$、$\boxed{\text{PMT}}$、$\boxed{\text{PV}}$、$\boxed{\text{FV}}$。

2. 现金流量正负号的决定

（1）以客户的角度来确定正负：现金流出记为负数，现金流入记为正数。$\boxed{\text{PV}}$、$\boxed{\text{FV}}$、$\boxed{\text{PMT}}$ 要看题目的意思来决定正负符号。$\boxed{\text{CF}}$ 函数中一样要以现金流入或流出来决定每期 CF 的正负号。第一期通常是初始投资，为负数。

（2）在一个货币时间价值算式中，现金流一定有负有正，否则求 $\boxed{\text{I/Y}}$ 与 $\boxed{\text{N}}$ 会出现 ERROR 提示，无法计算正确答案。一般情况下，利率 $\boxed{\text{I/Y}}$ 和期数 $\boxed{\text{N}}$ 都为正数。

3. 货币时间价值（TVM）的计算操作

（1）输入顺序一般为数字在先，变量键或功能键在后。输入负数时，先输入数字再按 $\boxed{+/-}$。如要输入 –100，则先输入 100，再按 $\boxed{+/-}$ 键。输出答案时候按 $\boxed{\text{CPT}}$ ＋变量键，即可求出答案。

（2）在 $\boxed{\text{P/Y}}$（每年付款次数）与 $\boxed{\text{C/Y}}$（每年复利次数）均设定为 1 的情况下，若期数以月计算，则要输入月利率，年金部分也为月现金流量。

例 8-14 王女士是银行贵宾客户，理财经理为周太太制定了理财方案，其中投资 10 万元购买了报酬率为 8％ 的配置型基金，投资期限为 6 年，那么王女士届时可累计收回多少资金？

解析：此题为已知现值求终值，按键如下：

8 $\boxed{\text{I/Y}}$，6 $\boxed{\text{N}}$，0 $\boxed{\text{PMT}}$，–10 $\boxed{\text{PV}}$；$\boxed{\text{CPT}}$ $\boxed{\text{FV}}$ =15.8687
预计王女士 6 年后可以获得 15.8687 万元资金。

财务计算器演示 2—复利终值计算

例 8-15 理财经理为王女士制定的理财方案中，根据王女士的需求，她希望投资一笔资金到期可以获得 100 万元作为 6 年后为儿子购房的首付。于是理财经理为王女士提供了某理财产品，年化收益率为 7％，那么王女士现在应该投资多少钱？

解析：此题为已知终值求现值。

财务计算器演示 3—复利现值计算

7 $\boxed{\text{I/Y}}$，6 $\boxed{\text{N}}$，0 $\boxed{\text{PMT}}$，100 $\boxed{\text{FV}}$；$\boxed{\text{CPT}}$ $\boxed{\text{PV}}$ =–66.6342
王女士现在需要花费 66.6342 万元来进行投资。

4. 期初年金与期末年金的计算操作

（1）设置期末年金：按 $\boxed{\text{2ND}}$ 再按 $\boxed{\text{PMT}}$ 键，如果显示 END，表示默认设置为期末年金。

（2）设置期初年金：再按 $\boxed{\text{2ND}}$ $\boxed{\text{ENTER}}$ 键，即 $\boxed{\text{SET}}$，显示 BGN，表示已设置为期初年金。此时计算器的显示屏上会出现小字显示的 BGN，表示计算器将用期初年金的模

式进行计算。如果继续按 2ND ENTER ，即 SET ，显示屏上的 BGN 会消失，计算器又恢复到期末年金的模式。

（3）理财规划在通常情况下，生活费、房租与保险费通常是先付，用期初年金。收入的取得、每期房贷本息的支出、利用储蓄来投资等等，通常都假设发生在期末。若试题中特别注明每月投资发生在期初，则以试题所假设的条件为准。

例 8-16 程女士 45 岁，打算为自己准备一笔退休金，结合自己财务状况和理财经理意见，打算将目前手中的 30 万元存款投入一款报酬率为 6% 的债券型基金，同时在 55 岁退休前，每年定额投资 8 万元。问程女士最终可以积累多少养老金？

解析： 此例题为已知年金的情况下求终值。

6 I/Y ，10 N ，–30 PV ，–8 PMT ，CPT FV =–159.1718 万元
程女士 10 年后可以积累 159.1718 万元的养老金。

财务计算器演示 4

例 8-17 王先生家庭现有存款 30 万元，他希望用 5 年的时间累积 100 万元购置二套房，现理财经理为他推荐一款投资报酬率为 8% 的理财方案，按月计息，为了达到目标王先生每月还应定期定额投资多少钱？

解析： 此例题为已知终值与现值，求年金。

8/12=0.6667 I/Y ，5 × 12=60 N ，–30 PV ，100 FV ，CPT PMT =–0.7527

由上述可知王先生家庭每月定期定额投资 7527 元即可达到预期目标。

财务计算器演示 5

例 8-18 刘先生和太太今年刚结婚，他们告诉理财顾问近期打算购置一套新房，希望可以向银行申请住房贷款，刘先生和太太每月的收入合计为 2 万元，打算用其中的 40% 来缴纳房贷月供。理财顾问告诉他们最多可以向银行申请期限为 30 年的房贷，年利率为 6%。那么通常情况下，银行可以给他们贷款多少额度？

财务计算器演示 6
——可贷金额计算

解析： 本题是在已知年金的情况下计算现值。

6/12=0.005 I/Y ，30 × 12=360 N ，–2 × 40%=–0.8 PMT ，0 FV ，CPT PV =133.4333
刘先生家庭可以贷款 133.4333 万元。

例 8-19 接上一案例，几年过后，刘先生和太太准备开一家婴儿用品店，他向银行贷款了 100 万元，贷款利率为 7.5%，期限 10 年，若等额本息即每月本息平均摊还，刘先生每月的还款额应为多少？

解析： 此题是比较典型的房贷计算，10 年后贷款还清，所以彼时的终值为 0。

7.5/12=0.625 I/Y ，10 × 12=120 N ，100 PV ，0 FV
CPT PMT =–1.1870
刘先生家庭每月本利摊还额为 11870 元。

财务计算器演示 7
——每月还款额计算

5. 现金流量输入、净现值（*NPV*）与内部报酬率（*IRR*）的计算

（1）按 CF 键，出现 CF₀=0.0000，这时，应输入期初的现金流量。一般情况下期初都是投资资金，所以要输入负数。

（2）按向下键 ↓ ，出现 C01=0.0000，输入第一期的现金流量，按 ENTER 。

（3）然后再按 $\boxed{\downarrow}$，出现 F01=0.0000，这表示该现金流量连续出现的次数。如果该现金流连续出现多次，输入次数 + $\boxed{ENTER}$。例如从第一期到第五期现金流量相同，则输入 F01=5；如果只出现 1 次，输入 1 $\boxed{ENTER}$。

（4）再按向下 $\boxed{\downarrow}$，输入下一期的现金流量，依此类推。

（5）若当期有现金流入，比如年金收入、投资获得净利或获得借款，则输入正数。若有现金流出，如交保费、成本投入、则输入负数。

（6）将所有的现金流量都输入完毕后，算净现值时用 $\boxed{NPV}$ 键，算内部报酬率时用 $\boxed{IRR}$ 键。

①净现值的计算。按 $\boxed{NPV}$ 键时，显示 I=0.0000，输入相应的投资报酬率后，按 $\boxed{ENTER}$。按向下键 $\boxed{\downarrow}$，显示 NPV=0.0000，此时按 $\boxed{CPT}$ 可得出净现值的金额。

②内部报酬率的计算。按 $\boxed{IRR}$ 键时，显示 IRR=0.0000，此时按 $\boxed{CPT}$ 可得出内部报酬率。

（7）一般情况下，$NPV > 0$ 时，表示该投资方案可行。有几个投资方案供评估时，选择 IRR 最高的投资。

6. 房贷中利息与本金的计算

（1）先用等额本息偿还方法运用 $\boxed{PMT}$ 键算出月供额。

（2）运用 $\boxed{AMORT}$ 函数，来计算某一期的本息和：进入 $\boxed{AMORT}$（$\boxed{2ND}$ $\boxed{PV}$）键后，P1 为开始期数，P2 为结束期数。若只算某一期支付的本金与利息，则设定 P1= P2= 该期数。若要算本金与利息到从开始到目前累积各多少，则 P1=1，P2= 最近一期。

例 8-20 周先生通过房屋贷款方式购买了一套住房，该笔房屋贷款期限为 20 年，贷款金额为 300 万元，贷款利率为 5.4%，他选择的是等额本息的还款方式即每月本息平均摊还，请问周先生在第 20 期付款中的本金、利息与贷款本金余额为多少？前 20 期总共需还本息共多少？

解析：

5.4/12=0.45 $\boxed{I/Y}$，20 × 12=240 $\boxed{N}$，300 $\boxed{PV}$，0 $\boxed{FV}$

$\boxed{CPT}$ $\boxed{PMT}$ =-2.0468

财务计算器演示 8

运用 AMORT 函数进行摊销运算。进入 $\boxed{AMORT}$ 键（$\boxed{2ND}$ $\boxed{PV}$），P1 = 20

按 $\boxed{ENTER}$ 键，按 $\boxed{\downarrow}$，出现 P2 = 20 $\boxed{ENTER}$，按 $\boxed{\downarrow}$，得出 BAL = 285.4528，因此第 20 期结束后贷款本金的余额为 285.4528 万元。

再按 $\boxed{\downarrow}$，得出 PRN = -0.7588，此为第 20 期应还的本金金额 7588 元。

再按 $\boxed{\downarrow}$，得出 INT = -1.2880，此为第 20 期的利息额 12880 元。

之后再连按 $\boxed{\downarrow}$ 返回到 P1，修改为 1 $\boxed{ENTER}$，表示从第一期到第 20 期的累积额：PRN = -14.5472 表示前 20 期累积还款 14.5472 万元。INT = -26.3879，表示 20 期共累积利息 26.3879 万元。

第三节　EXCEL 的使用

Office 软件作为现代办公软件中应用最为广泛的工具，为我们大多数职场人士所熟悉，其中 Excel 软件中的财务函数为理财师们计算货币时间价值提供了极大的便利。Excel 财务功能包括利率函数、终值现值函数、年金函数、内部报酬率函数等，它集查表法与财务计算器法的优势于一体，能够迅速又准确地计算出相关财务结果，同时也能够方便地将各个工作表格计算出来的数字相互链接方便最终结果的计算。

一、调用 Excel 财务函数方法

（1）打开 Excel 电子表格，在菜单中选择【公式】的功能。

（2）选择插入【函数】中的【财务】。

（3）在财务函数中选择需要用的终值、现值或年金函数

① FV 终值函数

② PV 现值函数

③ PMT 年金函数

④ NPER 期数函数

⑤ RATE 利率函数

（4）输入剩下的四个变量：比如 RATE 要输入 6% 或者 0.06；TYPE 中 1 表示期初，0 表示期末；输入数字时，投资、存款、生活费用支出、房贷本息支出等客户角度为现金流出的输入负号；收入、赎回投资、借入本金等客户角度为现金流入的记为正号。输完所有数字之后按确定键即可求出结论。

上述例 8-14 的 Excel 计算法：王女士是银行贵宾客户，理财经理为周太太制定了理财方案，其中投资 10 万元购买了报酬率为 8% 的货币型基金，投资期限为 6 年，那么王女士届时可累计收回多少资金？

解析：调用 FV 函数，FV（8%，6，0，–10，0）=15.8687（见图 8-2）

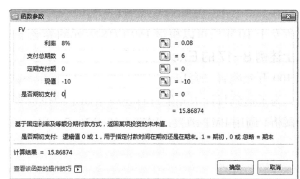

图 8-2　FV 函数参数界面

预计王女士 6 年后可以获得 15.8687 万元资金。

上述例 8-15 的 Excel 计算法： 理财经理为王女士制定的理财方案中，根据王女士的需求，她希望投资一笔资金到期可以获得 100 万元作为 6 年后为儿子购房的首付。于是理财经理为王女士提供了某理财产品，年化收益率为 7%，那么王女士现在应该投资多少钱？

解析： 调用 PV 函数，PV（7%，6，0，100，0）=66.6342（见图 8-3）

 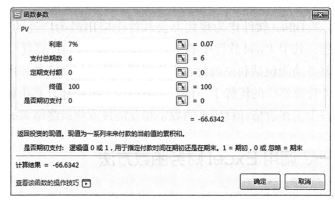

图 8-3 FV 函数参数界面

王女士现在需要花费 66.6342 万元来进行投资。

上述例 8-16 的 Excel 计算法： 程女士 45 岁，打算为自己准备一笔退休金，结合自己财务状态和理财经理意见，打算将目前手中的 30 万存款投入一款报酬率为 6% 的债券型基金，同时在 55 岁退休前，每年定额投资 8 万元。问程女士最终可以积累多少养老金？

解析： 调用 FV 函数，FV=（6%，10，-8，-30，0）=159.1718（见图 8-4）

图 8-4 FV 函数参数界面

程女士 10 年后可以积累 159.1718 万元的养老金。

上述例 8-17 的 Excel 计算法： 王先生家庭现有存款 30 万元，他希望用 5 年的时间累积 100 万元购置二套房，现理财经理为他推荐一款投资报酬率为 8% 的理财方案，按月计息，为了达到目标王先生每月还应定期定额投资多少钱？

解析： 调用 PMT 函数，PMT（8%/12，5×12，-30，100，0）= -0.75268（见图 8-5）

 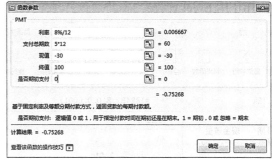

图 8-5 PMT 函数参数界面

王先生家庭每月应定期定额投资 7527 元即可达到预期目标。

上述例 8-18 的 Excel 计算法： 刘先生和太太今年刚结婚，他们告诉理财顾问近期打算购置一套新房，希望可以向银行申请住房贷款，刘先生和太太每月的收入合计为 2 万元，打算用其中的 40% 来缴纳房贷月供。理财顾问告诉他们最多可以向银行申请期限为 30 年的房贷，年利率为 6%。那么通常情况下，银行可以给他们贷款多少额度？

解析： 调用 PV 函数，PV=（6%/12，30×12，−2×40%，0，0）=133.4333（见图 8-6）

图 8-6 FV 函数参数界面

刘先生家庭可以贷款 133.4333 万元。

二、IRR 与 NPV 的计算

例 8-21 张先生投资了 1 万元在某理财产品，并在接下来的 8 期中每期现金流量如表 8-1 所示，折现率为 10%，请用 Excel 表格计算出它的内部回报率与净现值（见图 8-7，8-8）。

表 8-1 张先生投资现金流量表

期数	现金流量（元）	期数	现金流量（元）
1	0	5	800
2	100	6	1600
3	200	7	3200
4	400	8	6400

解析： IRR 用 Excel 计算：

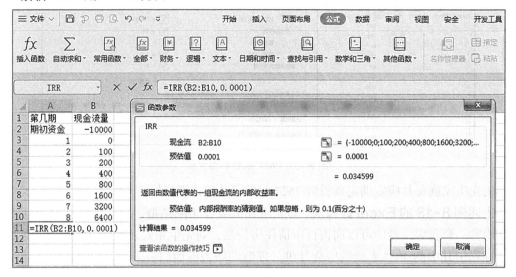

图 8-7　张先生投资内部回报率（IRR）

NPV 用 Excel 计算：

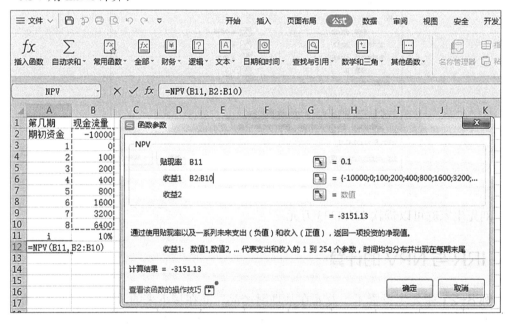

图 8-7　张先生投资净现值（NPV）

从上图可看出：IRR=3.46%，NPV=－3151，因此此项投资是非常不合算的。

第四节　理财计算工具的特点和比较

前面分别介绍了财务计算器和 Excel 表格在理财规划计算中的使用方法，除此之外，还有复利与年金表、专业理财软件等理财规划计算工具。它们各有特点和优势，理财师应该熟练掌握一到两种工具或方法。几种计算工具或方法的优劣势比较如下：

表 8-2：理财计算工具比较

工具名称	优点	缺点
复利与年金表	简单、高效	计算结果不够精准
财务计算器	便携、精准	操作流程复杂、难记忆
EXCEL 表格	使用成本低、操作简单	局限性较大、需要电脑
专业理财软件	功能齐全、附加功能多	局限性大、内容缺乏弹性

在理财规划计算中可以应用查表方式，如计算复利现值、复利终值、年金现值、年金终值均可在相应表格中查到利率和期限的系数，并求出相应结果。操作方式简单易学且高效，同时存在结果不够精准的问题，有些表格存在年限、利率数据、系数小数点数限制，比如利率一般为 1%、2% 等整数，对于更加精准的利率数据无法查表获得。

财务计算器是理财规划汇总最方便最全面可靠的计算工具，对于理财计算具有便捷和精准的特性，它可以计算到小数点后若干位，精确到每月的现金流量，直接算出投资报酬率及期数。但是操作流程复杂，需要经过专门的学习和练习。随着信息化发展，现在也不需要特地购买实物财务计算器，安卓系统和苹果系统手机均可下载相应 APP。

Office 软件是现代办公软件中应用最广泛的工具，其中 Excel 软件汇总的财务函数为理财师们计算货币时间价值提供了极大的便利。它已经成为各大银行、证券等金融机构投资理财部门工作中常用的计算工具。Excel 表格使用成本低，且操作简单，但是必须要有相应软件和硬件支持，一般需要电脑。随着手机智能化，Excel 在手机上也可实现操作，但是一般不支持财务计算，所以在有电脑的情况下使用 Excel 表格具有特有优势。

专业理财软件较为常用的如"金拐棍"，2012 年 12 月正式嵌入国家标准化管理委员会考试系统，2013 年"金拐棍"正式引入 AFP 资格认证培训课程，2014 年正式引入 CFP 资格认证培训课程，现已成为 CFP 系列考试、培训必备工具。该金融工具集合了理财师常用的小工具，包含金融计算器、投资工具、特殊工具三大类。其中，金融计算器提供更便捷、实用的财务工具，自带图表，可打草稿、可查历史、可拖动调整等功能，工具较为齐全，包含货币时间价值、利率转换、房贷摊销、现金流计算器、日期转换、债券计算器、统计计算器、个税计算器、产品诊断、产品筛选、产品比较、风险测试等功能。可以在电脑端安装相应软件，也可以下载移动手机端相应 APP 使用。

拓展阅读

　　金拐棍理财资讯平台是以支持金融理财师展业为核心，集合金融客户管理、资产管理、理财规划、金融工具及信息资讯五大系统为一体的一站式理财终端，具有快速、便捷、实用、专业等特点，是维护客户关系、提升营销业绩的有力支持。

资料来源：金拐棍理财资讯平台 http://www.financialworld.cn

► 本章小结

　　货币时间价值是理财业务的基础理论之一，理解货币时间价值是进行理财规划计算的前提和基础。熟练使用财务计算器和常用的计算软件是作为一名合格的理财师所需要具备的技能之一。本章通过货币时间价值理论阐述、时间价值参数和计算分析、结合案例介绍财务计算器等金融工具的使用，综合分析介绍理财规划计算内容，为理财规划方案制定奠定基础。

► 实训案例

　　陈先生准备三年后买房，根据陈先生家庭财务情况分析及实际需求，准备购买一套150万元的住房，首付45万元，银行住房贷款利率为7%，按照等额本息方式还款，贷款期限为20年，那么陈先生每月需要向银行还款多少钱？如果投资报酬率为5%，按年定期定额投资，那么为了攒够首付款，需要每年投资多少钱？

　　参考答案：还款的年金现金流为每期期末普通年金，首先计算20年每月需还款额首付45万元，那么贷款额为105万元。使用财务计算器，输入

7/12 $\boxed{I/Y}$ ，20×12 $\boxed{N}$ ，105 $\boxed{PV}$ ，0 $\boxed{FV}$ ；$\boxed{CPT}$ $\boxed{PMT}$ =−0.8141

　　若等额本息还款20年，则每月需要还款8141元。

　　投资回报率为5%的情况下，计算3年每年投多少钱就可以获得首付45万元。使用财务计算器，输入

5 $\boxed{I/Y}$ ，3 $\boxed{N}$ ，0 $\boxed{PV}$ ，45 $\boxed{FV}$ ；$\boxed{CPT}$ $\boxed{PMT}$ =−14.2744

　　每年需投资14.2744万元，三年后就可获得45万元的回报投资。

财务计算器演示9

图书在版编目（ＣＩＰ）数据

理财规划方案设计 / 陆妙燕，裘晓飞主编. -- 杭州：
浙江大学出版社，2021.6（2025.7重印）
ISBN 978-7-308-20689-1

Ⅰ．①理… Ⅱ．①陆… ②裘… Ⅲ．①投资－教材
Ⅳ．①F830.59

中国版本图书馆CIP数据核字(2020)第204488号

理财规划方案设计
陆妙燕　裘晓飞　主编

责任编辑	赵　静
责任校对	董雯兰
封面设计	林智广告
出版发行	浙江大学出版社
	（杭州市天目山路148号　　邮政编码　310007）
	（网址：http://www.zjupress.com）
排　　版	杭州林智广告有限公司
印　　刷	浙江新华数码印务有限公司
开　　本	787mm×1092mm　1/16
印　　张	14.75
字　　数	370千
版 印 次	2021年6月第1版　2025年7月第4次印刷
书　　号	ISBN 978-7-308-20689-1
定　　价	45.00元